【感谢国家社会科学基金青年项目（编号 05CJL011）、国家留学基金青年骨干项目（2009—2010）资助】

管理层收购后的
中国上市公司治理问题

李曜 著

中国出版集团
世界图书出版公司
广州·上海·西安·北京

图书在版编目(CIP)数据

管理层收购后的中国上市公司治理问题 / 李曜著. —广州：世界图书
出版广东有限公司, 2011. 12
ISBN 978-7-5100-4000-9

Ⅰ.①管… Ⅱ.①李… Ⅲ.①上市公司—企业管理—研究—中国
Ⅳ.①F279.246

中国版本图书馆 CIP 数据核字(2011)第 228518 号

书　　名	管理层收购后的中国上市公司治理问题

策划编辑	吴小丹
责任编辑	汪再祥　吴小丹　王　红
出版发行	世界图书出版广东有限公司
地　　址	广州市新港西路大江冲 25 号
编辑邮箱	sjxscb@163.com
印　　刷	广州市快美印务有限公司
规　　格	787mm×1092mm　1/16
印　　张	11.25
字　　数	235 千
版　　次	2013 年 8 月第 2 版　2013 年 8 月第 3 次印刷
ISBN	978-7-5100-4000-9/H·0749
定　　价	41.00 元

目录 ········► CONTENTS

Abstract

Management buyouts (MBOs) involving the acquisition of firms by incumbent managers by who take on financial leverage, often with the involvement of private equity firms, have become an international phenomenon. Over three decades they have diffused from the US, to Europe and to Asia.

This international development has been accompanied by considerable debate about their impact. Evidence from developed economies generally indicates they have a positive economic and social impact, particularly in the first wave of the 1980s although the evidence from the second wave is more mixed. Yet, the ethics of buyouts have been widely debated. In particular, MBOs may be undertaken to advantage particular groups of stakeholders, notably managers, at the expense of others.

In emerging economies, and especially those transitioning from central planning, MBOs raise serious and controversial governance issues in contexts where the legal and regulatory framework is often weak, enabling management to benefit from short-term income distribution by acquiring assets at undervalued prices.

In contrast to MBOs in western, developed economies that involve mechanisms to control agency costs, MBOs of listed corporations in transition economies rarely involve the pressure to service debt or the role of active private equity investors. Rather they raise distinctive principal-principal-agency problems that arise where dominant shareholders may act against the interests of minority shareholders. In particular, related-party transactions concerning managers as shareholders may involve tunneling, that is the transfer of assets and profits out of firms for the benefit of their controlling shareholders. This has been demonstrated by recent empirical research in the Chinese settings.

There are major countervailing points to these arguments. First, MBOs may be necessary to ensure that restructuring occurs in order to avoid firm failure. Second, specifically in the context of transition economies, the challenge is to enhance enterprise efficiency and performance in areas of the economy that have experienced a persistent dearth of entrepreneurship. Buyouts undertaken by entrepreneurial managers may in these circumstances lead to longer-term personal and systemic benefits. Hence, the problem for transition economies is to balance the economic gains of a move to a more free-market system with the agency risks associated with the behavior of agents in those markets.

The major contribution of the book can be summarized as the six aspects:

1. The special Chinese listed company MBO under the economic reform and opening up settings could be classified as the "entrepreneurial MBO".

2. Absent the pressure of debt and the role of private equity firms, boards assume an important place in MBOs in China in achieving this balance. There is therefore a need to assess the extent to which boards in MBOs enable a balance to be achieved between facilitating development of the business while maintaining the interests of other (minority) shareholders. We find in fact little evidence that outside board members have the skills to add value to the MBO firms. Boards appear to focus mainly on related party transactions with some more limited attention to growth strategies. Outside directors do not seem to openly disagree with incumbent managers on the disclosure of their actions but may express their views and exert pressure behind the scenes.

3. After the MBO, the controlling shareholders (the management) stretch out "supporting hands" rather than "grabbing hands" to the companies. As the separation of ownership and control increases, related-party transactions of MBO companies rise mainly associated with increase in buying and selling behavior. The ex-post 3rd and 4th year's related-party transactions are significantly different from that before the MBO. The related-party transaction growth mainly reflects the scale of the support effect of the controlling shareholders, not oppositely tunneling effect.

4. After controlling for industry factors, the overall profitability, asset turnover, cash-flow of MBO listed companies have improved, while the solvency weakened, and the capital investment lowered. In addition, by case studies, we have put forward agency costs of "free controlled assets" (FCA) hypothesis for Chinese MBO. We argue that under the ambiguous enterprise property rights, the high quality asset or potential good assets which are controlled by the management are "free controlled assets", disassociated with the listed companies. And after MBO, the property rights are clarified and the FCA are infused into the listed company, meanwhile with business restructuring to improve the financial performance of listed companies.

5. After MBO the corporate brand value gets increment and owns the guarantee for long-term development. Behind the corporate brand value is the enterprise's property right. By MBO, entrepreneurs acquired not only equity and assets but also enterprise's brand. MBO solved enterprise property rights problem, recognized entrepreneur condensation in the accumulation of enterprise brand. The brand value of listed company will be developed well in the long run.

6. The dividend policy after MBO remains stable and with no increase or changes in dividend payments, but continued to maintain the original dividend policy. We find that MBO companies themselves are a kind of enterprises having a high cash dividend payout propensity. Therefore, the assertion that companies changed dividend policy after MBO and therefore harmed the interests of minority shareholders is wrong.

In the second LBO wave since the beginning of 21st century in the West, the special role of PE institutions becomes a frontier research issue in finance and management science. Therefore, we look forward to the subject of further areas of research: the operating mechanism of PE institutions; the value-added or value creation role of PE institutions on portfolio enterprises governance as Board members, reforming incentive mechanism, and improving operations efficiency etc; PE role on company strategy formation, merger and acquisition, and IPO; the PE firms participation in State-Owned Enterprise (SOE) restructuring and transformation and in the economic structure adjustment etc.. Meanwhile the withdrawal mechanism of PE investment; the characteristics of PE-backed listed firms on Chinese GEM or SMEB(Small and Medium Enterprise Board), including IPO underpricing, the long run performance of PE-backed firms and the post-IPO PE gains after lockup period and so on, require further study.

In addition, the related party transactions(RPT) between controlling shareholders and the listed company still need further in-depth study, like more completed case studies, since the sample statistical description and regression analysis are not enough. In the current circumstance there is an increasing trend of "invisibility" of RPT in Chinese listed company. The RTP in the MBO settings makes it different from that of general characteristics of private companies.

Finally, entrepreneur shares inheritance is one challenging issue of future directions of study on MBO. One of the most important motivation of Western MBO is that founders of private enterprises or family businesses to solve equity exit. The gurus and management of 19 MBO companies in the book are the first generation entrepreneurs since China's reform and opening up. They have solved historical issues with Chinese characteristics and achieved property rights through MBO. But as they are aging, how can they implement equity inherited or exit? After the reform of non-tradable shares has completed, how could the owners of MBO companies(listed companies) exit the enterprises, or looking for successors? What type of equity transfer could be most beneficial to enterprises? We prospect that the Secondary MBO(SMBO) may be a solution that is the existing management implements an equity buyout from the first entrepreneur generation through the assistance of PE firms. In the current explosive growth of private equity capital, whether there will burst out a buyout surge of private enterprises, listed companies, or the State-owned enterprises in China remains to be seen.

引　言

　　管理层收购（Management Buyouts，简记为 MBO），是当前中国经济界的热门话题之一。它被赋予了国有经济战略布局调整、提高国有企业效率、改革国有企业经营者激励约束机制等重大功能。MBO 能否实现这些功能呢？2004 年，以"郎顾之争"所引发的在全国范围针对管理层收购的大讨论，使得这一词汇本身在中国成为一个贬义词。这场大辩论之后，国家政府部门颁布政策，对国有控股的上市公司实施管理层收购进行明文严令禁止；对非国有控股上市公司和一般中小国有企业实施管理层收购则进行了严格规范要求，具体如加强资产评估、必须进入产权交易市场公开竞价、企业管理层不得从企业或银行获取融资等。

　　结果，2004 年之前实施了 MBO 的上市公司成为特定历史背景下完成了 MBO 的一类企业，本书正是针对这类企业进行研究。对管理层收购后的企业绩效和公司治理特征进行研究，这是当前中国企业经济和公司金融学术领域需要完成的内容。

　　管理层收购起源于 20 世纪 80 年代的英美等西方国家。在实践中，管理层收购和杠杆收购（Leveraged Buyout，简记为 LBO）并无明显区分，只要目标企业管理层参与的杠杆收购就是管理层收购。西方 20 世纪 80 年代和 90 年代的实践证明，管理层收购在提高企业经营效率方面有显著作用。大量西方文献对管理层收购效应的研究均认为，MBO 改善了企业经营收入和现金流量，提高了投资者的收益率，增加了企业价值（Smith，1990；Wright，Hoskission，Busenitz，Dial，2001；Bruton，Keels，Scifres，2002；Amess，2003；Lichtenberg，Siegel，1990；Harris，Siegel，Wright，2005；Cumming，Siegel，Wright，2007）。综观西方的研究文献，可以说，新激励机制假说是西方解释管理层收购正面效应的理论主流。MBO 所带来的新激励机制体现在三个方面，即债务的激励、经理报酬中的股权激励和购并专家的监督机制。在上述新激励机制下，企业的代理成本降低，浪费性的资本投资减少；企业的经营收入增加，经营效率提高。

　　21 世纪以来，西方涌现了第二次杠杆收购浪潮（Kaplan & Strömberg，2009）。在此次 LBO/MBO 浪潮中，第一次杠杆收购时的 LBO 协会（LBO Association）被称为私募股权机构（Private Equity Firm，简记为 PE 机构）。PE 机构对被投资企业主要采取了四个措施。第一个措施是股权激励。PE 机构对被投资企业的管理层团队的激励机制高度重视，典型的做法是给予比较大的股票持股或者期权激励。第二个措施是财务杠杆。PE 机构通过高度负债的融资减少了企业中的自由现金流量。第三个措施是董事会变革。这是指 PE 机构控制了被投资企业的董事会，并积极参与到企业的治理中去，而这显著不同于公众公司消极无为的董事会。第四个措施是运营变革。这是二次杠杆收购浪潮中PE投资采用的一个新价值增值方式,指的是PE机构通过由产业专家或运营管理专家组成的PE合伙人来实施对被投资企业的价值增值。从总体看,PE机构给被投资的企业带来了三个方面的变化,即财务结构、公司治理和组织运营上的变化。

国内有关这方面的研究刚刚展开,所涉及的文献主要集中采用两种方法来说明两个问题。第一种方法,以逻辑推理的运用为主,辅以经验验证,目的是为了说明MBO后上市公司治理机制和治理绩效的变化。如有些研究者认为,MBO造成了公司治理机制的弱化,公司被内部人控制,管理层为满足自身利益最大化,可能会转移公司的优质资产,损害中小股东利益,从而降低上市公司价值(段海虹和范海洋,2003;魏建,2005);或者MBO后的上市公司存在强烈的分红动机,在公司内部进行高比例分红(李康,等,2003)。第二种方法,采用事件研究或案例研究的方法,用于发现和解释MBO后企业的财务绩效以及其他各种行为特征的变化。如有些研究者发现,管理层收购发生的当年和收购发生的前1年,公司绩效的各项指标均有较大幅度上升,但是管理层收购后的次年,这些指标却大幅下挫,因此得出的结论是,管理层收购对公司业绩产生了负面影响(益智,2003;朱红军,等,2006;汪伟,等,2006;杨咸月、何光辉,2007);MBO的前1年和后1年,上市公司每股收益、净资产收益率和主业利润率等财务指标显示公司的整体业绩下降,现金流量较为紧张(廖洪、张娟,2004;毛道维,等,2004)。但另一些研究者发现,MBO后上市公司总资产、净资产、每股经营活动现金净流量、净资产收益率等显著增长,MBO带来了公司管理效率的提高,在提高公司业绩的同时,公司分红也大幅度增长(魏兴耘,2003;魏建,2005)。另外,几乎所有研究者都认为MBO后公司股票价格没有显著变化,投资者收益效应不明显。

对中国而言,我们认为管理层收购的最大特点就是,其对管理层激励机制的改善是以公司所有权结构的重大调整为前提的。置于中国经济体制改革的历史背景下研究管理层收购,才能真正理解MBO后公司治理机制和财务绩效等变化的深层原因。中国上市公司的MBO大部分发生在2001—2003年前后,截至2010年底,这些企业在MBO后已经运行了将近10年的时间。对这些企业进行多方面、多角度的考察和研究,可以总结中国上市公司MBO的真实动因、绩效、存在的问题等,从而对中国的管理层收购有更全面、更深入的认识,以探求发现解决问题的办法。

我们从公司实际控制人的角度界定了19家样本上市公司。我们发现,它们属于:乡镇集体企业、城市街道集体企业或国有企业。它们的一个共同特征是,均处于高度竞争性的领域。另一个共同特征是,它们都有一个或数个核心创始人或核心人物。这些核心创始人带领他们的企业经历了改革开放初期的长期发展,使公司从小到大并逐渐繁荣壮大;另一种情形是这些核心人物拯救企业于危难之际,带领企业从濒临破产边缘走出来。在核心创业者的带领下,这些企业在20世纪90年代初期演变成为上市公司。

按照赖特等人(Wright,et al.,2000,2001)的分析,企业管理者的思维模式(Mindset)分为两种,即经理型(Managerial)和企业家型(Entrepreneurial);MBO的目标取向也分为两类,即推进效率型(Fostering Efficiency)和推动创新型(Fostering Innovation)。这

样,按照管理层的思维方式和目标取向进行两两组合以后,可以将 MBO 分为四类:效率型、复苏型、创新型和失败型。我们界定中国上市公司的 MBO 属于创新型 MBO(Entrepreneurial MBO)。在给予中国 MBO 属性界定之后,本课题研究的核心问题是:管理层收购后,能否带来上市公司治理机制的转变?是否出现有利于企业的组织制度优化、财务绩效改善、投融资效率提高,最终实现企业长期价值的最大化?

围绕这个核心问题,我们研究了 MBO 后企业的特征变化,并把这些特征变化归纳为公司的治理绩效特征。具体而言,公司的治理绩效表现在以下几个方面。

第一,董事会机制的变化。根据西方的实践经验,在 PE 支持的 MBO 和 LBO 等交易中,无论是在公司治理还是运营改革上,PE 机构发挥作用的主要通道都是董事会,研究 PE 收购后的董事会变化是最近几年来西方 PE 领域研究中的一个前沿性问题。有鉴于此,我们研究的中国 MBO 后企业在公司治理上变革的核心问题之一就是企业董事会的变化。

第二,MBO 以后的终极控制人的现金流权和控制权两权分离程度的变化。在 MBO 后,终极控制人/管理层股东用较少的资金控制了底层的上市公司。MBO 之后,管理层作为终极控制人的现金流权和控制权是否产生了显著分离?两权分离度是否出现持续扩大的趋势?是否会发生较多的减损企业价值即净利益输出的关联交易?

第三,MBO 以后上市公司的关联交易行为是否大幅度增加?是否显著减损了企业价值?管理层大股东的行为体现为对上市公司的掏空效应(Tunneling)还是支持效应(Propping Up)?

第四,MBO 以后公司的财务绩效如何?我们主要通过分析一些关键财务指标,来研究 MBO 公司的投资、融资政策,分析公司的盈利能力和现金流的变化。我们注重分析公司的投资行为,关注企业是减少了抑或是增加了对外投资,是否增大了企业的经营风险等。

第五,MBO 以后公司的股利分配政策变化。我们主要对企业 MBO 前后股利政策的变化感兴趣,对 MBO 公司具体选择现金股利、非现金股利(股票股利)的股利形式已进行了研究。

第六,我们还选择了企业品牌价值的研究视角。众所周知,经营者行为的短期化、经营者激励机制的短期性等问题,一直是困扰我国企业改革的难题之一。MBO 解决了企业产权问题,承认了创业企业家凝聚在企业品牌中的人力资本投资积累。品牌利益具有长期性,确保了未来目标顾客的持久选购。品牌价值的形成需要企业长期的投入积累。因此,透过对企业品牌价值的研究,可以分析企业管理层行为的利益取向——长期抑或短期。MBO 后企业的品牌价值是否有大幅度提升呢?公司对品牌价值是否会不断增加投入呢?

因此,沿着以上思路,本书的主要内容共分八章:第一章,样本的界定和选择,把中国上市公司的 MBO 界定为"创新型 MBO";第二章,分析了 MBO 后的董事会变革;第三章,分析 MBO 后的关联交易;第四章,分析 MBO 后的公司财务绩效;第五章,针对具体案例的进一步研究;第六章,分析了 MBO 后公司的品牌价值与产权改革的关系;第七章,

MBO 后公司的股息政策;第八章,全文总结。

上述所有角度的研究,均将比较样本公司在 MBO 前后的变化,同时选择配对公司或者与总体公司分别进行特征的比较;在财务绩效研究上扣除同行业公司的行业因素影响;通过对个别案例以及比较案例的研究来更深入具体公司内部,以客观地反映现实。我们在进行各种比较研究之后发现并总结出规律,再提出相应的改进对策。在研究中,我们检验了西方公司金融特别是 MBO 和 LBO 领域的一些著名理论或假说,比如自由现金流量的代理成本假说、公司治理中的董事会作用以及独立董事监督和价值创造的两种角色、股利政策理论中的股利与企业价值无关理论、信号效应假说等。我们将西方经典的公司治理理论与 LBO/MBO 研究文献和中国特色的 MBO 实践相结合,希望能够在有关中国特色 MBO 问题方面取得一定的创新成果。

本书主要的研究方法有:小样本公司的统计描述、均值差异检验和回归方法;样本公司的案例研究以及比较案例研究;实地调查研究;比较分析的方法如自身时间序列比较、配对企业比较、与总体比较等;逻辑演绎推理等。

第一章 MBO 公司的界定

在何为 MBO 公司的界定上，目前国内学术界的理论文献并不统一（益智，2003；廖洪、张娟，2004；毛道维，等，2004；魏建，2005；汪伟，等，2006；杨咸月、何光辉，2007；等等），包括实务界和社会传媒在内的各界给出的样本也是众说纷纭，争议颇大。如能给出清晰定义并准确界定 MBO 公司，这将是一个重要贡献，并有利于后续研究。因此本书开篇明确 MBO 界定的问题，以图概念清晰、为后续研究奠定基础。

第一节 改革开放背景下的中国 MBO 历程

20 世纪 90 年代后期，我国上市公司开始了 MBO 的探索。不过在此之前，伴随着我国国有企业、乡镇集体企业等的改革历程，管理层收购现象的出现经历了一个较长的筹备、萌芽、成长、变迁过程。

我国以国有企业为核心的企业改革可以以 1993 年为界划分为两个主要阶段：1993 年之前的主要改革思路是放权让利、承包经营；1993 年之后的主要改革思路是建立现代企业制度，核心是进行产权改革（吴敬琏，2010；张军，2008）。伴随着我国企业改革主线的转变，20 世纪 80 年代后期，地方乡镇企业出现了股份合作制现象，主要特征表现为劳合资本、平均持股、一人一票；20 世纪 90 年代初期，国有中小企业以及乡镇集体企业在改制中出现了自发向企业员工出售产权的现象，比较具有代表性的为山东诸城、辽宁海城、辽宁兴城等地的国有和乡镇企业。另外，在一些乡镇企业中出现了给"假集体"和"假国营企业"摘"红帽子"的现象①。这些均是管理层收购的萌芽现象。1997 年，党的十五大确立了"抓大放小"、对国有企业实施战略改组的方针。国有中小企业的产权改革迅速扩大，向企业经营者职工出售股权的现象开始普遍起来。在出售股权的过程中，一些企业的股权向经营者集中，结果形成了经营者控股的格局，这被称为国有中小企业的"二次改制"。另外，为了打破股份合作制中存在的平均持股格局，一些企业在改制过程中也普遍开始将股权向管理者集中。其时，也出现了少数大型国有企业和上市公司将控制权转让给管理层和职工，不过数量是非常有限的。1999 年，

---

① 所谓"红帽子"，是指在一些中国乡镇企业中，地方政府并未进行投资、成立初期产权模糊，企业将自己界定为"集体所有制企业"，以获取当时公有制区别于非公有制企业的优惠政策。这种现象在一些城市集体企业乃至国有企业中也有存在。这些"红帽子"企业进行股权清晰、重新明确自身股东的过程，则被称为"摘红帽子"。

党的十五届四中全会提出了"有进有退"、"有所为有所不为"的国有企业战略布局调整的改革方针,在一些国有大中型企业和国有控股上市公司中开始出现管理层收购现象。

2001—2003 年期间,我国涌现了十多家 MBO 的上市公司,加上之前已经完成管理层收购的极少数公司,在 2004 年以前,我国实现管理层收购的上市公司接近了 20 家,同时还有大量准备着进行 MBO 的上市公司。在此期间,由于国有企业在向管理层实施产权转让的过程中存在着诸如暗箱操作、定价过低、国有资产流失、融资来源不清等现象,2004 年夏,我国经济社会中爆发了以"郎顾之争"[①]为代表的一场关于管理层收购的争议,并演变为由学者乃至社会公众参与的对国有产权改革方向的大讨论。很快,政府宏观经济管理部门也相应做出了反应。2004 年 9 月 29 日,国资委对国有企业的改革方向问题首次明确表态,"推进国有大企业的改革,必须坚持所有权与经营权分离的改革方向,重要的企业由国有资本控股。实施管理层收购并控股,是将所有权和经营权合一,这不利于形成有效的公司治理结构,不利于建立市场化配置经营管理者的机制,不利于维护国有经济的控制力,与中国国有企业建立现代企业制度、推进股份制改革的方向并不符合。"[②]2004 年 12 月,国资委再次明确公开表示大型国有企业不能进行管理层收购[③],并于 2005 年 4 月出台文件禁止国有上市公司实施管理层收购。因而,从政策层面上,我国上市公司的管理层收购活动已于 2005 年停止。

在这一段思想碰撞风云际会的时期(2003—2005),财政部、国资委等主要国有资产管理机构[④]先后出台了关于国有企业产权改革的四个文件。这些政策文件中直接针对或者涉及到管理层收购的相关主要规定,本书罗列如下(按颁布时间先后)。

第一,《关于规范国有企业改制工作的意见》(国办发[2003]96 号,2003 年 11 月 30 日颁布实施)中规定:(1)经营管理者筹集收购国有产权的资金,要执行《贷款通则》的有关规定,不得向包括本企业在内的国有及国有控股企业借款,不得以这些企业的国有产权或实物资产标的物为融资提供保证、抵押、质押、贴现等;(2)向本企业经营管理者转让国有产权方案的制订,由直接持有该企业国有产权的单位负责或由其委托中介机构进行,经营管理者不得参与转让国有产权的决策、财务审计、离任审计、清产核资、资产评估、底价确定等重大事项,严禁自卖自买国有产权;(3)经营管理者对企业经营业绩下降负有责任的,不得参与收购本企业国有产权。

① "郎顾之争",发生于 2004 年 7—8 月。香港中文大学公司治理领域的郎咸平教授对科龙电器(香港和深圳两地上市的乡镇集体控股企业)的管理层买入(Management Buy-in,简记为 MBI)过程中的定价、资金以及事后的操作发出了挑战,认为存在大量违法、违规和犯罪行为,而科龙电器的外部收购者顾雏军则争锋相对予以否认。最终,该次争论引发了在全国范围对国有企业改革方向的讨论,在配套制度不完善环境下的"管理层收购"一词也变为负面词语。
② 国务院国资委研究室.坚持国企改革方向,规范国企改制[N].人民日报,2004-09-29.
③ 参见 2004 年 12 月 14 日召开的中央企业负责人会议上,国资委主要领导的讲话。
④ 根据党的十六大和十六届二中全会精神,第十届全国人民代表大会第一次会议通过了关于国务院机构改革方案的决定,成立了国务院国有资产监督管理委员会(简称国资委),同时《企业国有资产监督管理暂行条例》于 2003 年 5 月 27 日由国务院第 378 号令公布施行。国资委于 2003 年 5 月成立,接替财政部承担起国有资产的出资人以及监督和管理职责。

　　第二,《企业国有产权转让管理暂行办法》(国资委、财政部令第 3 号,2003 年 12 月 31 日颁布,2004 年 2 月 1 日起施行),明确了国有产权的转让程序应当在依法设立的产权交易机构中公开进行,采取拍卖、招投标、协议转让等方法,但并未提及管理层收购。

　　第三,《企业国有产权向管理层转让暂行规定》(国资委和财政部颁布,国资发产权[2005]78 号,2005 年 4 月 14 日颁布实施),这是最详尽的一个关于管理层收购的监管政策。规定中明确指出:"大型国有及国有控股企业的国有产权不向管理层转让,大型国有及国有控股企业所属从事该大型企业主营业务的重要全资或控股企业的国有产权也不向管理层转让。上市公司的国有股权不向管理层转让。"该文件详细规定了管理层收购国有产权的评估程序、交易场所和交易方式、定价、融资等。

　　第四,《关于进一步规范国有企业改制工作的实施意见》(国办发[2005]60 号,2005 年 12 月 19 日颁布实施),该文件在 78 号文的基础上对管理层收购作了进一步的明晰。(1)国有及国有控股大型企业实施改制,应严格控制管理层通过增资扩股以各种方式直接或间接持有本企业的股权。(2)凡通过公开招聘、企业内部竞争上岗等方式竞聘上岗或对企业发展做出重大贡献的管理层成员,可通过增资扩股持有本企业股权,但管理层的持股总量不得达到控股或相对控股数量。(3)存在对改制企业经营业绩下降负有直接责任的;故意转移、隐匿资产,或者在改制过程中通过关联交易影响企业净资产的;故意压低资产评估值以及国有产权折股价的;违反有关规定,参与制订改制方案、确定国有产权折股价、选择中介机构等重大事项的;无法提供持股资金来源合法相关证明等。所有具有这些行为的管理层成员,不得通过增资扩股持有改制企业的股权。

　　根据以上规定,国有控股上市公司的管理层收购行为在 2005 年 4 月以后属于违反政府政策的行为,将得不到政府管理部门的批准。[①] 实际上,上市公司国有股权向管理层协议转让的申报审批,2004 年就已经在国资委和财政部层面被停止批准。所以从时间点上,我们可以明确界定:在 2003 年 12 月 31 日之前,我国存在国有控股上市公司的管理层收购行为,之后不再存在。但是在实践中,由于政府审批时间的滞后性,在 2004 年以后乃至 2006 年,涉及国有上市公司管理层收购的事件仍然时有发生,上市公司的经营者们采取了各种所谓的"创新"作法,以获取对上市公司的控制权。[②]

　　另外,我们界定 2003 年年底这个时间点的另一个重要原因,是为了获取较长时间段内可供观察的财务数据及其他公司治理方面的分析数据和资料。由于我国上市公司在 2007 年开始实施《新会计准则》,导致 2007 年以后的财务数据与之前的财务数据缺少可

---

　　① 值得注意的是,所有政府文件均针对国有控股上市公司,换言之,目前的政策对非国有控股(民营、外资控股)上市公司进行管理层收购,并不禁止。

　　② 这些可称为"隐性 MBO"、"曲线 MBO"等,具体做法有以下四类:(1)如康缘药业、海南新大洲等通过大股东解体、股权转让给其他法人,而控制企业的管理层本来就是上市公司第二或者位居前列的股东,从而自动升格为第一大股东;(2)如山东海龙大股东的持股被司法拍卖,控制企业的管理层通过竞拍股权而成为第一大股东;(3)海正药业、罗牛山、大亚科技、亚宝药业、张裕、海南海德等公司通过对上市公司的国有母公司进行改制,管理层成为实质的控制股东;(4)广东梅雁、山东华泰纸业、沈阳银基发展、粤宏远等通过对上市公司集体所有制的母公司进行改制,使得管理层成为控制股东。上述 14 家公司的管理层收购都是发生在 2004 年以后,因为在形式上都没有违反本书正文中所提及的 78 号、60 号文件,因此获得了国资管理部门的批准。这说明我国政府部门在执法中并没有遵循"实质重于形式"的原则,即没有能够准确鉴别"形式上非 MBO、实质上属于 MBO"的管理层收购上市公司行为。

比性。所以，界定 2003 年 12 月 31 日之前发生的股权转让行为，使我们可以分析 MBO 后的后 3 年亦即 2004—2006 年的财务数据，并进行前后比较。这也是之所以界定这个时间点的重要原因。

第二节　从公司控制权和实际控制人的角度界定管理层收购公司

那么，究竟何为管理层收购公司呢？

本书给出的定义为：上市公司的时任在职管理层通过股权转让活动成为上市公司的第一大直接股东或间接股东，并拥有对公司的实际控制权。即，公司内部管理层成为上市公司的实际控制人。该定义可以具体阐述为以下几点。

第一，上市公司于 2003 年 12 月 31 日前发布已经完成管理层收购的公告。某些公司如天目药业等，虽然在 2003 年前发布了拟实施管理层收购的公告，但最终并未获得国资委批准。2005 年该公司在其年报中披露，其控股股东为浙江省临安市国资委。某些公司如中兴通讯等，自成立以来就是管理层为第一大股东，从未发生控制性股权变更，因此均予以排除。

第二，上市公司 2005 年年报[1]中的公司管理层包括了工会、职工持股会等，他们是上市公司的实际控制人，或者已实现对上市公司第一大股东直接或间接的控制。某些上市公司如大众交通、大众公用、强生控股等，借工会或职工持股会名义控股了公司，而持股会内部的最大股东和公司的实际控制人都属于企业内部的管理层，因而也被我们界定为管理层收购。由工会、职工持股会控股的公司也可称为员工管理层收购（Employee Management Buyout，简称 EMBO）。

第三，依据以上标准判断即便符合 MBO 标准、但公司年报中明确声明实际控制人为国资委或者国有资本的予以剔除。如宁波富邦、江苏吴中、京东方等，尽管其管理层及员工已经是该上市公司的间接大股东，但这些公司均在 2005 及 2006 年年报中披露，"地方国资委通过股权托管等关系为公司的实际控制人"，宣称"管理层持股只是股权激励行为"等。因此，此类公司不能算作 MBO 公司。[2]

第四，在筛选中，我们注意到了大量民营资本收购上市公司以获得控制权的案例，该类股权变更并非管理层收购。[3]

---

[1]　之所以选择 2005 年年报而不是 2006 年或 2007 年年报作为挑选样本的标准，是考虑到我国的资本市场在 2006 年开始了大范围的股权分置改革，股改对上市公司的股权结构影响很大。2006 年，管理层股东的股权比例一般都因股权分置改革的实施而发生了变化，而股权结构的变化会改变管理层股东的控制权和现金流权，并进一步影响公司治理如股利政策、投资政策等行为的稳定性。

[2]　虽然有人如胡杰武（2008）等认为，江苏吴中等公司的实际控制权掌握在内部人手中，但是我们的分析是根据上市公司的公告作出。

[3]　刘平（2007）专门对民营资本收购上市公司控股权（她称之为 Private Buyout，简记为 PBO）和 MBO 进行了比较研究。她从关联交易的角度对二者在控股权变更以后的"隧道效应"（Tunneling）进行了实证分析和比较，认为 MBO 公司比 PBO 公司具有更大的关联利益输送行为。该问题我们将在第三章中分析。

　　这里,界定管理层收购中所使用的"实际控制人"或称"终极控制人(Ultimate Controller)"的概念十分重要。为什么我们没有采用控股股东(Controlling Shareholder)的概念呢?控股股东是从股权角度对有关主体进行界定,实际控制人是从控制权角度对有关主体进行界定。因此,控投股东与实际控制人是属于不同范畴的概念。根据《公司法》对控股股东及实际控制人的定义,控股股东是拥有公司控制性股权的股东;实际控制人是拥有公司控制权的公司股东以及其他主体,这个主体并不一定是股东。在实践中,社会公众投资者往往很容易从上市公司的年报中获知某一上市公司的控股股东是谁。但是,上市公司的实际控制人在某些情况下则很难辨别。实际控制人可以是控股股东,也可以是控股股东的股东,甚至可以是除此之外的其他自然人、法人或其他组织。根据我国证券交易所的要求,上市公司在进行年度信息披露时,上市公司的实际控制人最终要追溯到自然人、国有资产管理部门或其他最终控制人。

　　根据我国证监会对上市公司控制权的定义,"有下列情形之一的,为拥有上市公司控制权:(1)投资者为上市公司持股50%以上的控股股东;(2)投资者可以实际支配上市公司股份表决权超过30%;(3)投资者通过实际支配上市公司股份表决权能够决定公司董事会半数以上成员选任;(4)投资者依其可实际支配的上市公司股份表决权足以对公司股东大会的决议产生重大影响。"①

　　因此,从此定义看,公司的实际控制人是涵盖了控股股东意义范围的,采用"实际控制人"而非"控股股东"、"第一大股东"来判断管理层收购的上市公司,更具有准确性和包容性。另外,我们设定一家公司的实际控制人是唯一的。

　　若为公司第一大股东,则必然满足公司控制权的四种情形之一,事实上,第(3)和第(4)条是肯定满足的;反之,若满足公司控制权的条件,是否可能并非第一大股东呢?除第一种情形外,在其他三种情形下,拥有控制权的股东也可能并非第一大股东。由于我们的前提界定,一家公司只可能拥有唯一的一个实际控制人,因此,在实际控制人和第一大股东并非一致的情形下,我们假设了以下三种情况。

　　其一,管理层股东虽为第二、第三股东乃至更低顺序的股东(甚至并未持股)但掌握了公司控制权。此时,第一大股东则为一个产权虚置的持股主体②。实践中,这样的公司一般是产权改革未完成的公司,比如2000年前的粤美的。现实中并没有类似的案例发生过,即公司公告的管理层股东虽为第二或更低序位的股东,却掌握了控制权,为公司的实际控制人。③

---

　　①　中国证监会.上市公司收购管理办法·附则[Z].2006-09-01实施.第84条.
　　②　针对我国国有股权管理来说,寺股主体被明确界定为财政部门和2003年后的国资管理部门以及各类国有控股公司等,持股主体没有控制权的现象并不存在。产权虚置主要发生在集体性质的股权上。
　　③　现实中,大量集体产权不清的公司在产权改革之前已被管理层控制,这种情况我们统称为"内部人控制",即管理层没有股权,但可以拥有控制权。在乡镇企业、集体企业甚至国有企业,都存在内部人控制的现象。周其仁曾称此类企业为"企业家控制的企业"(周其仁,1997),认为企业家拥有控制权回报,说明这种现象在乡镇公有制企业中普遍存在。在上市公司层面,确实可能存在管理层拥有了公司控制权,但是上市公司并未在公告中揭示。这种类型的企业,属于产权改革不彻底的企业,基本上是集体所有制股东控股的企业。在2000—2003年MBO浪潮前,存在一些此类的公司。本书研究目的要针对产权改革后管理层股东明确公告成为大股东且为实际控制人的公司。

其二,管理层为第二或更低顺序的大股东,但是存在管理层股东的"一致行动人"①,从而使得管理层的直接持股加上其一致行动人的持股,满足了上述控制权条件的(3)或者(4),例如 TCL 集团。② 2006 年 9 月,中国证监会颁布实施的《上市公司收购管理办法》附则中,第 83 条对"一致行动人"作了详尽界定,③并列举了 12 种情况。附则中规定,凡符合此 12 种情形之一的,自动作为一致行动人。特别值得一提的是,中国证监会将否认的举证责任留给了辩方。

在中国证监会列举的 12 种一致行动人中间,第(10)、(11)两种情形,就属于管理层、员工共同持股本公司的情况,被认为是一致行动人。"……(10)在上市公司任职的董事、监事、高级管理人员及其前项所述亲属同时持有本公司股份的,或者与其自己或者其前项所述亲属直接或者间接控制的企业同时持有本公司股份;(11)上市公司董事、监事、高级管理人员和员工与其所控制或者委托的法人或者其他组织持有本公司股份;……"。一致行动人的概念在 2006 年 9 月以后引入我国上市公司的监管实践中。在存在管理层一致行动人的这类公司中,均未曾有任何一家公司公开公告宣称——管理层团队或者员工、亲属等利益相关主体作为一致行动人,持股甚至超越第一大控股股东,成为公司实际控制人。这种现象可以被认为是上市公司主动回避被界定为管理层收购公司,因此,在公司的定期公告中均把第一大控股股东公布为公司的实际控制人。④

有趣的是,相反的案例却有发生,即管理层等内部人股东已经为第一大股东,但公司公告的实际控制人却并非管理层,如江苏吴中。⑤

---

① "一致行动人"(Persons Acting in Concert)的概念最早出现在英国的《伦敦城市守则》(London City Code)中。根据《伦敦城市守则》的规定,"一致行动人"系指根据正式或非正式的协议或默契,积极地进行合作,通过其中任何人取得目标公司股份以获得或巩固对目标公司控制权的人,并且列举了 6 种推定为一致行动人的关联人,除非相反证明成立。根据美国的立法和司法实践,判断一致行动以合意(Act in Concert)为要件,只要有为获得目标公司的经营控制权而进行共同行为的合意即可认定为一致行动,而且,合意并不需要书面的协议,只要有一致行动的事实。我国《证券法》并未明确提出"一致行动人"的概念,而是代之以"投资者持有或者通过协议、其他安排与他人共同持有一个上市公司已发行的股份"这一宽泛的提法,但在法律层面上正式确立了这一法律制度。

② TCL 集团在 2004 年 1 月增发新股、吸收合并 TCL 通讯实现整体上市后,其第一大股东为惠州市政府,持股 25.22%,管理层持股 16.14%,员工持股 9.10%,另有战略投资者持股 11.08%,其余为社会公众流通股。若界定管理层和员工为一致行动人,那么管理层控制的股份(包括员工股份)就超过了第一大股东。但是,该公司 2004 年以来的各个定期公告中均公布,公司的实际控制人为惠州市投资控股有限公司,其持股为国家股。因此,TCL 实际上是一个国有控股、管理层和员工持有重要股份、产业战略投资者加入持股的股权多元化的上市公司,但控制权掌握在地方政府手中。

③ 该法规的原文是:"本办法所称一致行动,是指投资者通过协议、其他安排,与其他投资者共同扩大其所能够支配的一个上市公司股份表决权数量的行为或者事实。在上市公司的收购及相关股份权益变动活动中有一致行动情形的投资者,互为一致行动人。"

④ 由于未将一致行动人考虑在内,公司公告的实际控制人可能出现错误。一个典型案例是宁波富邦。在 2007 年中国证监会发起的公司治理自查运动中,在地方证监局的帮助下,该公司发现之前对公司实际控制人的信息披露(将地方国资委公告为控制人)存在误导,并进行了纠正。公司在 2007 年的公司治理自查报告以及 2007 年年报中,均公告"公司的实际控制人为宋汉平等经营管理团队",因此,该公司应属于管理层收购,属于本报告的研究样本。但由于该公司公告滞后(2008 年才公告),等到我们发现该案例时,课题组已经进行了大量实证数据研究,因此本研究报告未包含该案例。

⑤ 上市公司江苏吴中的第一大股东吴中集团在 2003 年 12 月进行了改制,由集体企业改制为股权多元化的企业,陈雁男等 15 位自然人公司高管成为吴中集团持股 51% 的股东。但是在改制方案中,陈雁男等 15 位自然人承诺:将不以任何结盟方式在改制后的吴中集团内构成一致行动人,在审议集团和上市公司的关联交易时,自动放弃表决权;在集团内部决策程序中(上市公司召开股东大会前),自愿放弃表决权。在 2009 年之前的年报中,该公司的实际控制人一直公告为地方国资部门。直到 2010 年,江苏吴中公告完成了管理层收购。

其三,存在外资或者信托、创业投资公司、私募股权投资公司之类,他们作为上市公司的最大股东,实际上是管理层的融资来源。对于这类公司,实际控制人并不是管理层,而是属于此类机构或融资者,这些融资机构拥有公司实际的控制权。在西方的管理层收购中,管理层就并非收购后公司的最大股东,而是类似 KKR 集团(Kohlberg Kravis Roberts & Co. L. P.,简称 KKR)之类的 LBO 机构是收购后企业的最大股东,掌握着公司的实际控制权。在西方国家,20 世纪 80 年代的第一次 LBO 浪潮中,LBO 机构被称为 LBO 协会;当前 21 世纪的第二次 LBO 浪潮中,LBO 机构更名换姓被称为私募股权机构。[①] 随着公司在未来经营的成功,私募股权机构实现退出。其中,退出的一种方式是将股权让渡给管理层,最终实现管理层控股。当然,私募股权机构还有通过首次公开募股(Initial Public Offerings,简记为 IPO)、卖给相关产业公司(这种方式在英文中被称为 Trade off)等其他退出方式的选择。类似的个别案例在我国也存在,如美罗药业、张裕等。不过,这些案例发生的时间均在 2003 年之后,由于研究时间的限制,本书的研究中没有包含此类公司。

最终,本书将研究的对象界定为管理层股东必须为第一大股东的上市公司。根据以上标准,我们最终筛选出了 19 家上市公司作为样本,具体见第三节表1.1。

第三节 本书的样本筛选及与其他文献样本的比较

按照本课题的严格筛选标准,使得本书的样本相比较于国内大部分有关 MBO 的研究文献来说要更少,如杨咸月(2007a)的 45 家、杨咸月(2007b)的 37 家、黄小花等(2004)的 24 家等。由于我们是在 2006—2008 年间进行的此项研究,具有时间优势,因此,本书的样本又超过了国内另外一些较早时间的研究文献,如毛道维(2003)的 8 家、益智(2003)的 18 家、姚圣(2003)的 7 家等。

何为 MBO 公司?目前,国内现有文献存在着很大的差异,即使同一人如杨咸月的研究论文,前后都有不同。在 2005 年以后,我国上市公司 MBO 普遍已经实施 3 年甚至更长时间,相比其他同样在 2005 年以后的研究,为什么我们的筛选样本只有 19 家呢?

在张立勇(2005)的《上市公司管理层收购研究》一书中,他给出了 58 家样本公司;在胡杰武(2008)的《股权风云——中国上市公司管理层收购案例全集》一书中,他给出的成功上市公司管理层收购案例有 56 家,另外,该书还给出了上市公司子公司 MBO 案例 1 家,失败的上市公司 MBO 案例 9 家。这是我们发现迄今为止范围最广的两个样本集。可以说,张立勇(2005)和胡杰武(2008)的样本已经将各种不同研究文献中所提及的目标公司"一网打尽",所有 MBO 文献提及的样本公司,都已经涵盖在内。本课题以张立勇(2005)和胡杰武(2008)的样本数据为基础,依照本书第一章第二节的排查标准,对所有疑似案例进行了逐一检查,最终筛选出 19 家 MBO 样本公司作为本书的研究对象。具体

---

① 李曜. 私募股权基金浪潮及其前沿研究问题[J]. 证券市场导报,2010(6).

情况见表 1.1,筛选结果和 MBO 发生的年份等见表 1.2。

表 1.1 国内 MBO 和类似 MBO 的上市公司筛选分析表

代码	上市公司	2005 年年末第一大股东的持股比例	备注说明
000527	**美的电器**	22.19%	属于 MBO。管理层控制的公司/壳公司为第一大股东
000055	**方大 A**（现为方大集团）	20.24%	属于 MBO。管理层控制的壳公司为第一大股东
000973	佛塑股份（现为佛塑科技）	36.00%	剔除。第一大股东为国有股权持股者,第二大股东为持股管理层。公司公告的控制人为国有股权持股者
000407	**胜利股份**	18.12%	属于 MBO。管理层控制的壳公司为第一大股东
600089	**特变电工**	17.41%	属于 MBO。管理层控制的壳公司为第一大股东
600257	**洞庭水殖**（现为大湖股份）	29.91%	属于 MBO。主要管理层中的个人控制了上市公司成为第一大股东
600796	钱江生化	48.19%	剔除。第一大股东持股为国有股,公司公告均为国有控股
600295	**鄂尔多斯**	43.80%	属于 MBO。通过分阶段收购股权,管理层和员工间接成为上市公司的最大股东
600779	**水井坊**	48.44%	属于 EMBO。管理层、公司骨干成员和工会联合成为集团公司的股东
000513	丽珠集团	12.72%	剔除。东盛公司为第一大股东;健康元为第二大股东;朱保国控制的关联公司即健康元、天诚实业、深圳海滨制药分别持有上市公司 10.55%、3.00%、1.75% 的股权,分别是上市公司第二、四、七大股东。健康元通过质押、托管等持有上市公司 14.7% 的股权,成为上市公司的实际控制人。但朱保国并非公司管理层,因此属于民营企业收购
600066	**宇通客车**	27.65%	属于 EMBO。管理层和员工收购了上市公司的母公司,借助司法拍卖(司法效力高于行政权限),巧妙规避上市公司国有股权转让审批
600084	新天国际（现为 *ST 中葡）	27.65%	剔除。第一大股东持股为国有股,公司在 2000、2001、2002、2005 年的年报中均公告为国有控股。曾公告过欲采取并未完成的员工股权激励方案
600671	天目药业（现为 *ST 天目）	50.30%	剔除。第一大股东的杭州天目山药厂在 2000 年改制为杭州天目永安集团。天目药业的高管钱永涛、高洪和职工持股协会分别拥有天目永安 65%、10%、25% 的股份,但天目永安集团在上报国家财政部进行股权性质的重新认定时审批未果,2005 年 4 月 19 日,第一大股东恢复为杭州天目山药厂。恢复后的天目山药厂股权结构不详。2005 年的年报称,天目山药厂的实际控制人是临安国资委
600662	**强生控股**	30.16%	属于 EMBO。强生集团的职工持股会成为改制后的集团公司最大股东

代码	上市公司	2005 年年末第一大股东的持股比例	备注说明
600768	宁波富邦	32.87%	剔除。第一大股东为宁波富邦控股集团有限公司,该公司的股权结构中,宁兴(宁波)资产管理有限公司(宁波国资委通过全资所有的香港宁兴持股90%)持股25%、宁波康德投资有限公司持股18.1%、宁波康骏投资有限公司持股13.9%、宋汉平、华声康等20名自然人持股43%。其中,康德投资的股东为姜家昂等45名自然人、康骏投资的股东为曹智明等45名自然人。在2005、2006年报中披露,宁波富邦的实际控制人为宁波市国资委。但在2007年年报中及后续年报中公告,公司的实际控制人为宋汉平等经营管理团队
000062	深圳华强	28.72%	属于EMBO。华强集团股权的46%分别转让给了公司的10名高管,45%转让给了深圳华强合丰投资股份公司(华强集团1348名员工联名发起设立)
600400	红豆股份	52.52%	属于MBO。苏南集体所有制企业的清晰产权是分步完成的。2002年,确立了由120人组成的集团工会委员会的控股地位,并分两步在工会内部进行股权转让,最后变工会持股为自然人持股。2003年,企业产权彻底明晰,以周耀庭为首的周氏家族及公司高级管理层掌握了绝对控制权,属于乡镇集体企业的MBO
600237	铜峰电子	58.53%	剔除。第一大股东持股为国有股。第一大股东安徽铜峰电子集团为地方国资委下属的铜陵工业国有资产经营公司的全资子公司。管理层员工持股的公司为第三大股东,持股6.22%
600240	华业地产	24.43%	剔除。田强、巫喜明分别持有公司第一大股东华业发展42.4%、16.6%的股份,但二人并非原上市公司高管,属于国内民营企业收购。同时由于其发布的公告日是在2004年,时间段不符本研究的区间
000661	长春高新	25.71%	剔除。2005年末,公司第一大股东为长春市人民政府持股100%的长春高新技术产业发展总公司
600557	康缘药业	34.63%	剔除。股权转让行为发生在本研究的年度时间窗之外
600502	安徽水利	27.32%	剔除。股权转让行为发生在本研究的年度时间窗之外
600499	科达机电	27.14%	剔除。公司高管卢勤、边程、鲍杰军为公司前三大股东,分别持有本公司26.79%、12.82%、7.70%的股份。这个案例并不是管理层收购案例。公司在2002年上市的时候,卢等管理层就是最大的股东,只是2003年,卢等将其控股的公司持有的上市公司股权转给管理层个人直接持股,减少了持股层次,而上市公司的实际控制权并没有发生转变
000933	神火股份	26.79%	剔除。第一大股东为河南省商丘市国资委全资子公司

续表 1.1

代码	上市公司	2005 年年末第一大股东的持股比例	备注说明
000895	双汇发展	25.20%	剔除。2005 年末,第一大股东为河南省漯河市国资委全资子公司
000418	小天鹅 A	35.72%	剔除。2005 年末,公司第一大股东——江苏小天鹅集团有限公司的实际控制人为严晓群,但未找到资料能够表明此人为原小天鹅 A 的高管,属于国内民营企业收购
600275	武昌鱼(现为 ST 昌鱼)	27.84%	属于 MBO。2005 年末,公司第一大股东——鄂州武昌鱼集团有限公司的实际控制人为傅小安。此人为武昌鱼集团的董事长,实际控制公司,后于 2005 年卸任董事长之职,退出公司管理层。新的管理层以翦英海为核心,翦担任公司董事长并间接持有公司股份
600105	永鼎光缆(现为永鼎股份)	27.12%	属于 MBO。该企业的改制属于苏南乡镇集体企业的改制
000533	万家乐	36.80%	剔除。2005 年末,公司第一大股东——广州汇顺投资有限公司的实际控制人为张明园,但从 2003—2005 年年报中,并未找到资料能够表明此人为原万家乐的高管,因此属于国内民营企业收购
000156	安塑股份(现为* ST 嘉瑞)	24.94%	剔除。该上市公司通过收购其他公司的资产,再转移至董事长名下;另涉嫌鸿仪系资本运作,侵吞国有资产。从安塑股份—嘉瑞新材—* ST 嘉瑞—S* ST 嘉瑞,因 2003—2005 年的亏损已暂停上市,2006 年恢复盈利并申请恢复上市
600635	大众公用	29.85%	属于 EMBO。职工持股会持有第一大股东——上海大众企业管理有限公司 90% 的股权
600611	大众交通	25.87%	属于 EMBO。职工持股会持有上海大众企业管理有限公司 90% 的股权,而上海大众企业管理有限公司持有大众交通第一大股东——上海大众公用事业(集团)股份有限公司股权的 25.54%
600079	人福科技(现为人福医药)	23.38%	属于 MBO。公司高管是第一大股东——武汉当代科技产业集团股份有限公司的实际控制人
600193	创兴科技(现为创兴资源)	20.93%	属于 MBO。董事长陈榕生间接控制的厦门大洋集团、厦门百汇兴投资公司、厦门博纳科技有限公司分别持有上市公司 16.88%、16.41%、16.30% 的股份,为上市公司的第二、三、四大股东,汇总后为公司控股股东
600200	江苏吴中	19.36%	剔除。第一大股东持股为国有股。包括陈雁男等原高管在内的 11 人,持有江苏吴中集团 51% 的股权;苏州市吴中区校办工业公司持有吴中集团 20% 的股权;苏州润业风险投资管理公司持有吴中集团 29% 的股权。该企业 2005 年的年报称,吴中区校办工业公司托管润业风险投资管理公司 29% 的股权,并是第一大股东——吴中集团的实际控制人

续表 1.1

代码	上市公司	2005 年年末第一大股东的持股比例	备注说明
000542	TCL 集团（现为 TCL 通讯）	21.29%	剔除。管理层持股为企业施行的激励机制，控制人为惠州市政府
000725	京东方 A	56.70%	剔除。第一大股东持股为国有股。由公司高管等组建的壳公司持有上市公司第一大股东——京东方投资发展有限公司 33.75% 的股份，京东方投资发展公司为北京市国资委全资子公司——北京电子控股有限公司的绝对控股公司，持股比例为 56.25%。管理层持股仅为激励手段
600486	扬农化工	32.86%	剔除。第一大股东持股为国有股。江苏省扬州市国资委全资子公司——扬州市化工资产经营管理有限责任公司持有上市公司第一大股东——江苏扬农化工集团有限公司 52.81% 的股份，扬农化工集团持有上市公司 55.79% 的股权
600884	杉杉股份	55.79%	属于 MBO。浙江省宁波市鄞州区甬港职工保障基金协会（社团法人）持有上市公司第一大股东——杉杉集团 63% 的股权，杉杉集团持有上市公司 36.66% 的股权，甬港职工保障基金协会的法定代表人为公司董事长郑永刚
000035	*ST 科健	36.68%	剔除。曹小竹、范伟是科健集团的实际控制人，没有资料表明，此二人为上市公司高管或者高管的代理人，因此属于国内民营企业收购
600297	美罗药业	29.01%	剔除。高管虽间接持有美罗集团股权，但不是美罗集团及美罗药业的实际控制人
600585	海螺水泥	63.33%	剔除。第一大股东持股为国有股。安徽省投资集团有限公司持有海螺集团 51% 的股权
000023	深天地 A	49.57%	属于 MBO。高管及员工是深圳东部投资发展股份有限公司的实际控制人。该公司持有深圳市东部开发（集团）有限公司 74.2% 的股权，深圳市东部开发（集团）有限公司持有上市公司 40% 股权
000301	丝绸股份（现为东方市场）	40.02%	剔除。第一大股东持股为国有股。江苏省吴江市国有（集体）资产管理委员会全资子公司吴江丝绸集团持有上市公司 62.5% 的股权。因集团公司的股权转让未获批准，2005 年恢复为国有独资公司
000910	大亚科技	62.44%	剔除。上市公司董事长陈兴康等 17 名自然人持股的江苏省丹阳市意博瑞特创业投资公司，持有上市公司大股东——大亚科技集团有限公司 40% 的股权，大亚集团持有上市公司 29.58% 的股权
600383	金地集团	29.53%	剔除。第一大股东持股为国有股。深圳市福田区国资委全资子公司——深圳市福田投资发展公司持有上市公司 17.62% 的股权，为第一大股东

续表 1.1

代码	上市公司	2005 年年末第一大股东的持股比例	备注说明
000892	SST 星美 （现为 * ST 星美）	17.62%	剔除。曲继发持有卓京投资控股有限公司 80% 的股权，卓京持有上市公司 26.61% 的股权。我们没有找到有关曲继发为公司原高管的资料，而曲继发目前也不是上市公司高管，属于国内民营企业收购
000688	S * ST 朝华 （现为 * ST 朝华）	26.61%	剔除。赵晓轮持有四川立信投资有限责任公司 70% 的股权，而四川立信是上市公司第一大股东。我们没有找到有关赵晓轮为公司原高管的资料，赵晓轮目前也不是上市公司高管人员，属于国内民营企业收购
000922	阿继电器 （现为 ST 阿继）	21.39%	剔除。第一大股东持股为国有股。阿城继电器股份有限公司持有上市公司 55% 的股权，黑龙江哈尔滨市国资委的全资子公司——哈尔滨电站设备集团公司持有阿城继电器股份有限公司 100% 的股权
600690	青岛海尔	29.95%	剔除。海尔集团公司持股 12%，海尔电器国际股份有限公司持股 29.95%，前者持有后者 93.44% 的股权。海尔集团公司为集体所有制企业
600606	金丰投资	55.45%	剔除。第一大股东持股为国有股。上海地产（集团）有限公司持有上市公司 55.45% 的股份，上海地产（集团）的全部股权由上海市国资委全资子公司持有
600255	鑫科材料	51.76%	剔除。李非列为芜湖恒鑫铜业集团公司的实际控制人，但并非上市公司原高管。恒鑫铜业集团原为芜湖市经贸委全资子公司，2002 年进行改制，属于国内民营企业收购
600575	芜湖港	60.81%	剔除。李非列为芜湖港口有限责任公司的实际控制人，但并非上市公司原高管。芜湖港口有限责任公司原为芜湖市经贸委全资子公司，2004 年进行改制，属于国内民营企业收购
000921	S * ST 科龙 （现为 ST 科龙）	26.43%	剔除。顾雏军并非出自公司管理层，属于国内民营企业收购
600755	厦门国贸	35.90%	剔除。第一大股东持股为国有股。厦门市商贸国有资产投资有限公司为上市公司第一大股东，持股 35.9%。此公司为厦门市国资委全资子公司
600854	春兰股份 （现为 ST 春兰）	31.30%	剔除。第一大股东为春兰集团，2005 年年报显示，其为集体所有制企业，属于未改制的乡镇集体企业控股
600060	海信电器	58.72%	剔除。第一大股东持股为国有股。海信集团持有上市公司 58.72% 的股权。海信集团是青岛市国资委的全资子公司

续表 1.1

代码	上市公司	2005 年年末第一大股东的持股比例	备注说明
600645	望春花（现为 ST 中源）	27.27%	剔除。陈照、陈亚双、沈明瑜分别持股安达新世纪·巨鹰投资发展有限公司 41%、39%、20% 的股权,安运新世纪·巨鹰投资发展有限公司持股协和健康医药产业发展有限公司 55% 的股权,而协和健康持有望春花 27.27% 股权,为第一大股东。陈照、陈亚双、沈明瑜并非出自望春花管理层,2005 年也未担任公司高管,属于国内民营企业收购
000040	深鸿基（现为宝安地产）	29.36%	剔除。深圳市东鸿信投资发展有限公司持有深鸿基 29.36% 的股权,为第一大股东。深圳市鸿基（集团）股份有限公司工会委员会和深圳市多智能投资有限公司各持有东鸿信投资 50% 的股权
600888	新疆众和	29.42%	剔除。公司第一大股东特变电工持股 29.42%,新疆天山电气有限公司持有特变电工 14.06% 的股权(是其第一大股东),张新、陈伟林、王秀芝、叶军分别持有天山电气 32.32%、28.36%、8.10%、8.21% 的股权。其中,张新 2003 年期任新疆众和董事,此前并非上市公司高管,属于国内民营企业收购
600776	东方通信	57.33%	剔除。第一大股东持股为国有股。国家国资委全资持股中国普天信息产业集团,中国普天信息产业集团全资持股中国普天信息产业股份有限公司,中国普天信息产业股份有限公司持股普天东方通信集团公司 99.03%,后者持股东方通信股份有限公司 57.32%
600152	维科精华	29.70%	剔除。第一大股东持股为国有股
000063	中兴通讯	37.41%	剔除。董事长侯为贵为法定代表人的深圳市中兴维先通设备有限公司持有深圳市中兴新通讯设备有限公司 49% 的股权,而中兴新为中兴通讯第一大股东,持股 37.41%,但公司披露中兴新所持的股权为国有股权。中兴新公司本身并无实际控制人
600682	S 宁新百（现为南京新百）	24.49%	剔除。董事长王恒持有南京金鹰国际集团有限公司 100% 的股权,南京金鹰国际集团有限公司分别持有南京新百投资控股集团公司、金鹰申集团有限公司、南京华美联合营销管理有限公司 91.86%、100%、100% 的股权,后三者分别是 S 宁新百的第二、三、四大股东,分别持有 S 宁新百 12.95%、6.59%、5.01% 的股权。S 宁新百的第一大股东为江苏省南京市国有资产经营（控股）有限公司,其持有上市公司 24.49% 的股权,低于作为一致行动人的第二、三、四大股东的持股数之和 24.55%。王恒出自原公司高管,目前担任上市公司董事

续表 1.1

代码	上市公司	2005 年年末第一大股东的持股比例	备注说明
600533	栖霞建设	48.57%	剔除。第一大股东持股为国有股。江苏省南京市栖霞区国有资产投资中心持股栖霞建设集团 51% 的股权,栖霞建设集团持股上市公司 48.57% 的股权
000619	海螺型材	42.50%	剔除。第一大股东持股为国有股。安徽省投资集团有限公司持有海螺集团 51% 的股权,海螺集团持有海螺建材 81% 的股权,海螺建材为上市公司第一大股东,持股 42.5%
600351	亚宝药业	23.83%	剔除。任武贤、许振江等上市公司高管持有芮城欣钰盛科技有限公司 70% 的股权,芮城欣钰盛科技有限公司是亚宝药业第一大股东,持有 23.83% 的股权
600883	博闻科技	20.44%	剔除。王绥义持有深圳得融投资发展有限公司 96% 的股权,深圳得融投资发展有限公司持有博闻科技 20.44% 的股权,为上市公司第一大股东。第一大股东的实际控制人并非出自上市公司管理层,2005 年也不在上市公司担任高管,属于国内民营企业收购
600823	世茂股份	26.43%	剔除。许世永持有上海世茂企业发展有限公司 93.33% 的股权,上海世茂企业发展有限公司持有上市公司 26.43% 的股权,为第一大股东。许世永是上市公司董事长许荣茂的侄子,但许荣茂、许世永并非出自原上市公司高管,属于国内民营企业收购
600641	万业企业	56.16%	剔除。林逢生(印度尼西亚人)是三林万业(上海)企业集团有限公司的实际控制人,三林万业(上海)企业集团持有万业企业 56.16% 的股权。林逢生担任上市公司董事长,但林逢生并非出自原上市公司高管,属于外资收购
600653	申华控股	13.75%	剔除。第一大股东持股为国有股。辽宁省人民政府全资子公司华晨汽车集团控股有限公司持有珠海华晨控股有限责任公司 90% 的股权,华晨汽车集团控股有限公司和珠海华晨控股有限责任公司分别持有辽宁正国投资发展有限公司 75%、25% 的股权,辽宁正国投资发展有限公司持有申华控股 13.75% 的股权,是第一大股东

注:表中加黑色字体的上市公司为 MBO 样本。其他具体选择标准参见正文。

表 1.2 完成 MBO 的 19 家上市公司(2004 年前完成)

上市公司代码	公司名称	公告日期(年/月/日)	MBO 完成年度(年)	第一大股东的持股比例(2005 年末)
600635	大众公用	1997.05.07	1997	29.85%
600884	杉杉股份	1998.11.16*	1998	36.66%
600611	大众交通	1999.11.13	1999	25.87%

上市公司代码	公司名称	公告日期（年/月/日）	MBO 完成年度（年）	第一大股东的持股比例（2005 年末）
000527	美的电器	2001.01.19	2001	22.19%
600079	人福科技（现为人福医药）	2001.03.03	2001	23.38%
000055	方大 A（现为方大集团）	2001.06.20	2001	20.24%
600066	宇通客车	2001.06.21	2001	27.65%
600662	强生控股	2001.12.29**	2001	30.16%
600105	永鼎光缆（现为永鼎股份）	2002.04.05	2002	27.12%
600275	武昌鱼（现为 ST 昌鱼）	2002.07.27	2002	27.84%
000407	胜利股份	2002.09.17	2002	18.12%
600257	洞庭水殖（现为大湖股份）	2002.09.24	2002	29.91%
600089	特变电工	2002.09.26	2002	17.41%
600295	鄂尔多斯	2002.10.16	2002	43.80%
600193	创兴科技（现为创兴资源）	2002.11.14	2002	20.93%
600400	红豆股份	2002.11.19	2002	52.50%
600779	水井坊	2003.02.17	2003	48.44%
000023	深天地 A	2003.09.30	2003	49.57%
000062	深圳华强	2003.12.27	2003	28.72%

注：* 杉杉股份从未公告披露管理层控股的公司大股东宁波市鄞州区甬港职工保障基金协会改制的相关公告，此日期是来自后续公司年报中对实际控股股东成立日期的信息披露。** 强生控股没有直接披露大股东强生集团改制的相关公告，此日期来自于公司 2001 年年报中披露的资料。

第四节 中国 MBO 的制度背景及"创新型 MBO"的界定

一、中国 MBO 的制度背景

中国的 MBO 有一个突出的制度背景特征。在改革开放的进程中，在中国从计划经济体制向市场经济体制转型的过程中，存在着一批民营、乡镇企业，他们在发展的初期受制于体制障碍，因此在所有制形式上采取了集体所有制——乡镇集体（如美的、红豆、永鼎）或者城市街道集体（如杉杉、特变电工）等公有制形式；也有一些企业中的个人或管理层团队以其技术、管理能力或者专利等和国有资产合作（如方大），国有资产主要提供的是土地资产①或其他自然资源②等,不过最核心的是政治保护。这些企业被界定为公有制企业。所有这些企业都可以被称为"带上红帽子"的企业,这是一个中国经济社会发展特殊阶段的特殊术语,具有鲜明的时代特征。在"红帽子"的政治庇护下,企业获取了自然垄断资源、银行信贷资源、自营进出口及外汇用汇权利等属于公有制企业专有的权利,没有"红帽子",则就没有这一切。③

另一类企业是国有企业,这些企业并非处于垄断性行业或者关系国计民生的重要行业,而是处在被政府忽视的行业领域④。当新的外部企业经营者进入后,经营者最终将这些企业从破产边缘拯救,并使得企业在 20 世纪 80 年代和 90 年代得到发展。这些企业的经营者相当于企业的"救星"。不过在整个拯救企业的过程中,他们的薪酬水平都非常低⑤。管理层是主要的价值增长来源,但管理层的努力并没有得到应有的回报,更没有企业股权赠送。这些企业包括鄂尔多斯、宇通客车、水井坊、洞庭水殖、创新科技、上海大众交通等。

在企业价值成长的长期过程中,核心管理层和其管理层团队的贡献极大。因为在这些竞争性行业中,同样属于公有制的企业、同样享受着上述公有制企业特殊权利的其他企业,这些企业中的大量企业被证明效益差甚至走向了破产倒闭。而这些最终被 MBO 的企业则不仅生存下来而且发展壮大,说明核心管理层及其团队的创造能力是企业发展的充分必要条件(公有制是其必要条件,而非充分条件)。21 世纪初,随着中国改革开放进程的深入,在竞争性行业中,公有制企业"红帽子"的特殊权利基本上消失了,在获取银行信贷、进出口和外汇用汇权限、劳动力用工、包括获取土地等资源上面,企业所有制性质的差异基本消失,民营企业和公有制企业站在同样的竞争起跑线上。此时,企业的所有制性质不仅不再是企业发展的促进因素,反而在某些竞争性行业中成为一个阻力因素。在公有制的所有制性质下,企业的战略、运营、薪酬和激励机制等,受制于地方政府或乡镇政府官僚决策体制的阻碍而无法有效、迅速的决策,战略制定受到阻力,薪酬和激励机制缺乏竞争力。在这些上市公司中,管理层团队没有股权,存在着代理成本,无法实现股东价值最大化(Jensen & Meckling,1976)。

在这些企业的长期发展过程中,形成了管理层团队的核心,即在这些公司中都存在

---

① 我国政府拥有城市土地所有权,乡镇政府拥有农村土地所有权。在 20 世纪 80 年代和 90 年代,土地使用权的价值是廉价的,公有制企业可以免费或者廉价使用土地。

② 如"洞庭水殖"和"武昌鱼"公司拥有的水面渔业捕捞权。

③ 以美的电器为代表,美的公司的领导层在 2000 年 MBO 之后曾说,美的和当地镇政府的关系一直是"相互尊重、相互帮助"的,"美的的每一步发展都离不开镇政府的支持"。参见康伟平.若明若暗的 MBO[J].财经,2000(4).何享健在谈到美的的历史时曾经说,"80 年代改革开放,引进技术和设备。1985 年,获得自营进出口权利,这在当时的乡镇企业是非常困难的……美的给政府贡献了很多利润、税收,但企业创利的时候,政府没有拿出一分钱,只是挂了个红帽子。但是那个时候就是因为挂着公有制、有了这块招牌,企业就能发展得更好。所以要辩证地去看。"参见牛文文,刘涛.对话何享健[J].中国企业家,2007(15).

④ 在亚诺什·科尔奈的名著《短缺经济学》中,国有企业与政府的关系被形容为孩子与父亲的关系,政府对国有企业存在"父爱"。而这些处于边缘的国有企业似乎像是失去父爱的孩子。

⑤ 我国劳动部曾经在 1994 年颁布法规,限制国有企业经理的薪酬包括工资、奖金等不得超过企业职工平均水平的 8 倍。在各省制定的具体政策中,存在 4 倍、5 倍、8 倍等不同规定,这些规定在 20 世纪 90 年代后期被取消。

一个或数个核心人物(Key Person),可以称为企业"领袖"(Guru[①])。我们从19家企业中挑选出26位企业核心人物,见表1.3。我们的挑选标准是至少在MBO前2年开始担任董事长或总经理,时间至少长达5年。根据企业的发展历史介绍和人物背景分析,这些人是企业发展过程中最为重要的领袖,这26位企业领袖的年龄,在MBO当年的平均年龄为45.04岁,中位数为44岁。

表1.3 公司领袖在MBO发生时的年龄(岁)

姓名	年龄	姓名	年龄
周海江	36	罗祖亮	45
叶军	38	王鹏	45
黄建勇	38	艾路明	45
方德厚	39	付小安	47
莫林弟	40	汤玉祥	47
朱启珍	40	周秀华	48
梁光伟	40	胡三兴	50
翦英海	41	郭恒达	51
张新	41	王林祥	51
郑永刚	41	张同恩	51
杨国平	41	杨玉科	54
陈榕生	44	杨肇基	55
熊建明	44	何享健	59
平均年龄	45、		

资料来源:各公司年报。由于我国上市公司从2004年年报开始披露董事高管的个人简历,年龄是我们根据2004年年报推算的。

从年龄上分析,这些企业家在公司完成MBO时都是非常年轻的。在MBO之前,这些企业已经成为上市公司,而在改革开放以后,这些领袖就带领这些企业逐步发展壮大,在计划经济及后续的转型经济制度背景下,成长为上市公司。这说明这些领袖实际是具有创新精神的企业家[②],而非一些国有企业中由政府指派的不具备企业家精神的官员,否则在计划经济时代,或称"计划经济为主,市场调节为辅"、"计划调节和市场调节相结

---

① Guru一词是指印度社会中的宗师、领袖。笔者认为,中国MBO企业中的这些关键人物,实际上相当于各个企业中的精神领袖,并非一般的职业经理人,用Guru一词比Leader,Master,Manager,CEO等更能准确反映这些人的实际位置。

② 在26个企业领袖中,年龄最大约为何享健——美的电器的创始人,他在美的完成MBO的2001年为59岁。何享健在1968年创办了美的电器,其人是一个充满创新精神的企业家。有一个例证是,在2007年他65岁的时候,他在公司高管会议上大声疾呼,"我要否定我自己,去变革。"参见牛文文,刘涛.对话何享健[J].中国企业家,2007(15).

合"、"有计划的商品经济"等的 20 世纪 80 年代末和 90 年代初期,这些处于竞争性行业中的企业也就无法成长壮大,无法成为上市公司。[①]

按照赖特等人(2000,2001)的分析,企业管理者的思维模式分为两种:经理型和企业家型;MBO 的目标取向也分为两类:推进效率型和推动创新型。这样,按照管理层的思维方式和目标取向进行两两组合以后,可以将 MBO 分为四类:效率型、复苏型、创新型和失败型,见表 1.4。

表 1.4　MBO 的类型界定(按管理者的思维模式与 MBO 的目标取向划分)

MBO 的目标取向		企业管理者的思维模式	
		经理型	企业家型
MBO 的类型	效率改进型	象限 1:效率型 MBO	象限 4:失败的 MBO
	＊收购前的特征	＊代理问题存在;低风险行业;决策机制建议在系统化数据和财务数据基础上	＊管理者的思维模式、激励机制和治理机制不匹配
	＊收购后的激励机制	＊管理层持股以使得利益一致,获得效率改进	＊激励机制主要针对效率改进,与管理者的企业家认知模式和创新技能不匹配
	＊收购后的治理机制	＊LBO 协会监督;负债的财务控制	＊LBO 协会监督;负债的财务控制
	推动创新型	象限 2:复苏型 MBO	象限 3:创新型 MBO
	＊收购前的特征	＊官僚决策体制阻碍了创新和投资;风险适度行业;决策机制主要依赖过去的成功经验	＊官僚决策体制阻碍了激进的创新,这种创新不确定性强,信息有限;或技术领域的企业发生了方向错误;处于高风险行业;探索型(Heuristic)的决策方式有利于战略创新和有效决策
	＊收购后的激励机制	＊长期激励,主要是股权激励,适度杠杆负债,以推动管理者进行增量创新	＊长期激励,主要是股权激励,适度杠杆负债。这种激励使得拥有企业家思维的经理股东能够进行战略创新
	＊收购后的治理机制	＊风险资本/LBO 协会;适度的财务控制	＊风险资本/LBO 协会提供适度的财务控制和技术

来源:Wright,et al.(2001),Meuleman,et al.(2009)。

当企业管理者的思维模式和决策模式属于经理型时,再依据 MBO 的目标取向可以划分为两种类型的 MBO。当 MBO 的目标为效率改进即第 1 象限时,此时的企业处于低

[①]　我们一般称这类企业家为改革开放以后的第一代中国企业家,这 19 家企业中的 26 位 Guru 领袖,代表的就是中国的第一代企业家。第一代中国企业家发源于计划经济时代,但成长在转型经济时代。

风险行业,经理可以依据系统性的数据和各种财务指标进行决策,通过管理者持有股权降低代理成本,并借助杠杆收构机构(LBO协会、PE机构)的严格财务控制,比如降低成本、解雇工人、提高单位产出、削减投资、处置亏损资产等,以获取企业效率增进,此为"效率型MBO"。这种MBO就是传统的经典意义上的MBO。20世纪80年代,在美国发生的第一次杠杆收购浪潮中,大量传统行业中的MBO或LBO属于"效率型MBO",这也是如詹森(Jensen)、卡普兰(Kaplan)等美国学者论述的MBO。

当MBO的目标是推动创新即第2象限时,此时的企业处于适度风险行业,但是政府官僚决策体制限制了企业创新,政府通过出售国有企业股权给予管理层,使得管理者能够进行增量创新,此为"复苏型MBO"。这种MBO的代表是20世纪80年代的英国撒切尔政府时期,当时英国政府将国有企业出售给管理层进行私有化的改革。另外,在一些大型集团中,母公司剥离其处于竞争性行业的子公司时,也往往采用出售股权给管理层的方法,这种MBO一般也是"复苏型MBO"。因为在母公司的体系内,子公司的业务不符合母公司的战略取向,并受制于母公司繁缛的管理决策体制,子公司经理层的战略构想和创新精神受到压制,企业无法生存扩张。[①]

当企业管理者的思维模式和决策模式属于企业家型时,再依据MBO的目标取向可以划分为两种类型的MBO。当MBO的目标为推动创新即第3象限时,管理者的思维决策模式是企业家型,即更多的是根据直觉、经验进行即时决策,属于探索型(Heuristics)的决策方式。这种情形下的MBO企业本身处于高风险行业,不确定性很大,通过赋予管理者以股权,推动企业家进行创造性的创新,此为"创新型MBO"。

当MBO的目标是效率改进即处于第4象限时,此时MBO后的企业财务控制机制非常严格、股东目标短期化、收购后的企业存在高度的负债压力等,这些情形使企业被强调要求追求短期利益,以尽早实现清偿负债和完成收购者的退出。追求效率改进、实现短期绩效提升与企业管理者追求激烈创新、追求突变、追求长远利益不相符合,二者的冲突使得MBO失败,此为"失败型MBO"。

二、"创新型MBO"的界定

根据前文对我国MBO发生的制度背景介绍,以及对样本上市公司中的企业家和企业所处行业的发展阶段分析,我们认为,中国的MBO属于创新型MBO。因为这些企业家领袖具有近十年甚至更长时间的带领企业实现成功发展的经历。在中国经济社会处于转型的动荡变革大背景下(并非西方国家处于成熟稳定的经济制度环境下),这些企业家能够迅速决策,更多时候是根据个人的经验、信念和观点直接决策,而非通过系统化的数据和财务标准等进行程序性的科学分析后再进行企业投资决策。他们勇于和善于捕

---

① 母公司通过MBO的方式剥离(Divestment)子公司,比较著名的例子有美国的金霸王(Duracell)电池从卡夫(Kraft)食品中通过管理层收购实现剥离的案例(参见Baker & Smith,1998),我国的上海恒源祥从母公司万象股份剥离的案例也属于此类。但在上市公司层面进行的管理层收购并没有此类案例。一般资产剥离型的管理层收购属于复苏型MBO或者创新型MBO,收购后的绩效显示大多比较成功。

捉企业发展机遇,进行战略变革,并取得成功。因此,这些 MBO 企业领袖是典型的具有创业者思维模式的企业家,绝非管理者型。

在 MBO 企业家是具有创新精神企业家的情形下,MBO 要获得成功,目标取向必须是推动创新,而非促进效率改进。因为效率改进型的 MBO,以高负债、财务杠杆的严格控制为特征,侧重于实现短期业绩的激励模式,和企业管理者的创新精神和理念是不相符合的。这种错配将导致失败型 MBO。因此,只有将 MBO 的目标取向界定为推动创新,才能和管理者的企业家精神相匹配,发展为创新型 MBO。创新型 MBO 侧重于以股权为主的长期激励、适度负债,经常发生在不确定性大、风险较高的行业中,并根据有限的信息进行较为激烈的创新和战略变革,管理层决策有较大的自由度,此时,LBO 协会或 PE 机构提供适度的财务监控和战略、技术上的帮助。

因此,我们认为中国的 MBO 理论上应归属于创新型 MBO。创新型 MBO 需要外部力量的帮助,并非仅仅是负债的财务控制,外部力量的支持主要是在企业战略、运营机制和企业技术上的支持。西方 MBO 后,公司董事会中会加入 PE 机构或 LBO 协会的合伙人,以实现公司治理、战略和运营的变革。这些变革的主要渠道在于改革公司董事会。那么,创新型的中国 MBO 是否同样会出现董事会变革呢?是否会借助董事会变革来实现企业战略和运营的变革?下面我们就分析样本公司 MBO 后董事会的变化。

第二章　MBO 后的董事会变革

第一节　西方 MBO 后董事会变革的研究文献

一、董事会作用的几个经典理论

(一)代理理论

代理理论(Agency Theory)认为,董事会主要是股东利益的受托人(Fiduciary),因此,董事会的主要责任是监督经理,以确保经理的行为符合股东利益。(Johnson,et al.,1996;Zahra & Pearce,1989)

因此,为了有效监督,董事会的独立性就被认为是保证有效监督的最主要因素,自然而然地外部董事等就被认为是构成有效董事会的关键。独立的董事会被认为能够最有效地行使监督职能。

(二)资源依赖理论

资源依赖理论(Resource-Based View Theory,简记为 RBV 理论)认为,企业是一个依赖外部组织和环境因素的开放系统,[①]董事会的主要作用是管理企业和调整企业对外部环境的依赖性,减少外部环境的不确定性、降低交易成本。这种观点认为,董事会的主要作用是作为资源提供者。(Pfeffer & Salancik,1978;Williamson,1984)按此逻辑发展,董事会提供了四种主要资源类型:(1)建议和咨询;(2)合法性;(3)在企业和其他外部组织之间作为信息沟通的渠道;(4)帮助企业从外部的重要来源处获得资源或各种承诺。因此,董事会主要是为管理层提供重要的建议和咨询,并为企业提供声誉、增加企业的合法性等。现实企业界中广泛存在的董事互锁(Interlocks)现象,按照这种理论就可以得到很好解释。因为互锁董事是在企业之间扮演信息资源的重要传播角色,以确保企业可以优先获取关键资源。(Useem,1984;Mizruchi & Stearns,1994)

从资源依赖的角度看(Barney,et al.,2001),在最小化代理成本的董事会和最大化价值创造潜力的董事会之间,董事会的结构和功能存在着重要区别。在董事会的构成上,

---

① 这是从管理学上研究企业的一个理论视角,被称为"资源基础上的视角"理论。RBV 理论对企业战略管理、运营、公司治理等均有重要的理论创新价值。可参见 Barney,Wright,Ketchen,2001。

资源依赖理论认为,公司董事会应反映企业所处的外部环境特征,董事会成员应该最大化提供企业所需的重要资源,每个董事能够给董事会和企业带来不同的资源、建立和外部环境的不同联系。因此,与代理理论简单将董事会构成划分为外部董事和内部董事不同,资源依赖理论认为,应该精确构造董事会,每个企业的董事会构成,应该反映每个董事会成员获取潜在资源的能力和企业面临的资源依赖性相匹配。(Hillman,et al. ,2000; Boyd,1990)

代理理论主要聚焦于公司治理的监督和控制功能方面,特别是侧重于董事会的监督与控制。基于资源依赖和战略变化的角度看,除了监督控制的职能,董事会也发挥服务功能或在公司决策中提供资源和战略作用(Pfeffer,1972;Zahra & Pearce,1989)。当公司处于一个重要的过渡阶段,如在首次公开发行 IPO 时,这种功能的发挥就特别明显。(Daily & Dalton,1992;Cumming,Siegel,Wright,2007)

(三)社会关系网理论

社会关系网理论(Social Network Theory)是一种社会学理论,认为企业的经济行为是建立在其社会关系网络中的。企业管理层总是喜欢和有声誉的个人打交道,建立在自身或者第三者过去行为的认识基础上,确认该人是值得信任的信息提供者。因此社会关系网理论认为,董事会成员的构成反应了企业主要的利益相关者如 CEO、大股东和主要外部融资方等的社会关系网络,董事会成员会体现出一定的人口统计学上的集聚性,如来自同一个地区、毕业于同样的学校、有过类似同样的经历等,这种集聚性反应了一个企业正在形成中的社会关系网络。

社会关系网理论和资源依赖理论是一致的,资源依赖理论强调了董事会获取外部资源的重要性,而社会关系网理论则强调了董事会如何获取外部资源。社会关系网理论强调了关系网络的形成是建立在声誉、信任、互惠、相互依赖的基础上(Larson,1992)。企业主要通过利益相关者事先存在的社会关系网络找到需要的董事,也即需要的外部资源。这样,社会关系网就预测了企业董事会成员的构成。

(四)制度理论

新制度学者认为,标准、规范等各种制度主导了企业的组织构架和企业行为。在公司治理领域,学者们观察到,董事会在进行 CEO 选择和管理层薪酬决定方面,考虑更多的是符合社会标准和规范,出于制度因素的原因更多于源自代理理论的解释。

为满足法律制度的要求,各种不同特征的企业会出现共性。在相同制度环境下生存的企业,董事会的构成具有趋同性。这反映了企业董事会的构成主要取决于当前的制度规范。但是,不同特征、不同行业的企业出现趋同的董事会构成并非一定是有效的。

(五)企业生命周期理论

根据公司治理的生命周期理论,在企业的不同发展阶段,企业需要不同的法人治理结构。企业面对的关键问题是如何在其生命周期中跨越一个个门槛,进入下一个阶段,在此过程中,公司治理机制应该如何发挥其适应或阻碍作用?从组织的生命周期理论视角看,公司治理需要被视为一个随企业生命周期的不同阶段而动态变化的系统(Filatotchev & Wright,2005)。公司的发展伴随着企业股权结构、董事会组成、创办人参与程度的变化,等等。在企业的成立、成长、成熟和下降等不同阶段,公司治理各种要素包括董事会的角色也在企业的生命周期中发生着变化,在问责性(Accountability)及成长性(Enterprise)之间进行平衡并不断发生着演化。

二、关于董事会的职能——从公司治理准则的角度

现代公司治理准则起源于英国。1992年英国的Cadbury报告(Cadbury Report on the Financial Aspects of Corporate Governance in 1992)对公司治理内容的界定主要侧重于财务报告和问责机制(Accountability),但是对于Cadbury报告的这种倾向观点,英国国内持批评意见的非常多。1998年,Hampel报告中特别强调,董事会的首要职责是增强企业的长期繁荣(Enterprise),问责本身并不能带来企业的成功。Hampel报告强调了在企业繁荣和问责之间的平衡,这种观点也体现在1998年英国公司治理委员会的联合准则上。

1998年,英国公司治理委员会的联合准则要求:一个有效的公司董事会,必须做到既考虑公司管理层的效率,能够推动管理层为企业价值最大化和股东价值而工作;又考虑到管理层的权利和自由是在一定范围内的,即要实现有效的问责,而非只是名义上的问责机制("打钩选择"式的问责是只重形式而不重实质)。公司治理既有问责机制,又有进取和创新的含义。

Cadbury报告要求,董事会拥有至少3名非执行董事,其中2名为独立董事。执行董事的任期不能超过3年,董事会必须建立至少由3名非执行董事构成的审计委员会等。但Cadbury准则是建立在公司自治基础上的。随后,Greenbury报告又要求独立董事至少要3名,并对董事会薪酬委员会的构建和董事薪酬的信息披露做了规定。1999年颁布的Turnbull报告强调了企业内部控制体系尤其是风险识别和风险管理体制的重要性,因此Turnbull报告建议,在董事会特别是审计委员会中强调独立董事的责任,那就是独立董事必须能够识别技术、市场和环境等的风险。因此,独立董事必须是技术、市场等方面的专家。

三、LBO/MBO后绩效改善的核心渠道——董事会作用的经验研究

对于LBO/MBO之后企业董事会的变化,西方文献主要是从并购后企业绩效变化原因的角度去认识的,并在观点上基本达成一致。

在杠杆收购领域,并购后企业经营绩效的提升被认为主要来自于三个方面,即财务上的、公司治理上的、组织运营上的,分别称为财务措施(Financial Engineering)、公司治理措施(Governance Engineering)、运营措施(Operational Engineering)。[①]

---

① 这种分类主要是借鉴了Kaplan & Strömberg(2009)的总结。

财务措施主要是指杠杆收购后，企业采取的高负债措施。高负债是指企业的负债率会从平均 20% 提升到平均 90%，负债的压力迫使企业"回吐"现金流量。财务措施能够提高公司绩效的主要原因在于，MBO 发生在成熟行业，这些行业缺乏投资机会、存在大量自由现金流量并且存在代理成本，也即财务措施能够解决自由现金流量假说所提出的代理成本问题，使得企业绩效提升。

有效的公司治理主要有两个方面：一是股权激励，即给予管理层持股或者期权；二是积极的监督，主要是 LBO 协会或 PE 机构作为大股东，成为积极的投资者，在董事会中担任主席或多位董事，通过董事会来监督运营。在西方的第一次并购浪潮中，杠杆收购后企业绩效的变化主要是通过财务上和公司治理上的改革而实现的。

随着杠杆并购市场的发展，越来越多的 PE 加入进来，新资金不断涌入，并购报价中的竞争日益激烈，上市公司也开始普遍给予管理层股权激励。例如 2007 年以后西方金融危机导致的信贷资金紧缺等，这些因素都使得财务上的和公司治理上的改革不足以使得优秀的 PE 机构具备充分的竞争力。因此，最优秀的 PE 机构目前都在发展产业和运营方面的技能，以便为所投资的企业提升价值。在 2004—2007 年的第二次世界杠杆收购和私募股权投资浪潮中，私募股权机构的成功主要来自于运营方面的改善，而非依赖于财务上的改善。

当前，运营管理的改善被认为是 PE 机构能为被投资企业提供价值增值的关键因素。(McKinsey & Co.，2005；Matthews，Bye，Howland，2009) PE 机构雇佣运营合伙人(Operating Partner)，有很多是知名的其他企业退任 CEO。如郭士纳（Lou Gerstner）——前 RJR 和 IBM 的 CEO，现在是凯雷的投资专家；杰克·韦尔奇（Jack Welch）——前通用电气的 CEO，现在是私募股权机构 Clayton，Dubilier & Rice 的投资专家。[①] 这些 PE 机构的合伙人通过进入被投资企业的董事会（常常成为董事会主席），发挥主动投资者的作用。

因此，公司治理和运营上的改革都需要进行董事会的变革。PE 机构控制了被投资企业的董事会，并积极参与到企业的治理中去。PE 机构控制下的公司董事会显著不同于公众公司相对来说显得消极无为的董事会。西方学者已经对此问题进行了研究，并且发现了 MBO/LBO 之后公司董事会的变化。他们的研究结论认为：PE 基金所投资企业的董事会，规模比上市公司更小，会议频率更频繁。

格特纳和卡普兰(Gertner & Kaplan，1996)采取了一种比较新颖的方法，考察了反向杠杆收购（Reverse Leverage Buyout，简记为 RLBO[②]）公司的董事会。基于反向杠杆收购的原因，这些公司更可能选择"价值最大化的董事会"。格特纳和卡普兰发现，与其他

---

① 聘用退任的公司 CEO 和高管担任 PE 机构的运营合伙人，这条经验被称为 PE 行业利用"白发智慧"。在我国的 PE 行业中，也开始出现了"白发智慧"。例如，作者在 2010 年参加上海国际股权投资协会年会时，发现 TPG 聘用了中国联想集团前退休的财务总监马雪征担任合伙人；著名企业家、前上海光明乳业总经理王佳芬退休后担任了纪源私募股权基金的合伙人等。

② 所谓反向杠杆收购，是指通过杠杆收购后下市的企业重新上市的现象。

类似公司相比，这些公司的董事会规模都呈现出较小的趋势，董事持股较多，会议频率较少。

赖特等人(2000,2001)阐述到，在涉及企业家创新行为的 PTP 交易中①，存在对企业家创业思维模式的需要。这种杠杆收购中，拥有特殊产业知识及更灵活融资结构的 PE 机构，可以采用较低的财务杠杆，投资于不确定的经营活动。与传统效率型 MBO 存在的目标取向差异会影响到这些企业 PTP 后董事会的组成和经理的聘用不同，这一过程到目前为止并没有被充分了解。他们提出了问题：在 PTPs 后，董事会的运作要如何改变以适应因业务增长和重组所带来的拥有特殊技巧的执行与非执行董事？

对于 PTP 交易，韦尔、莱恩和赖特(Weir,Laing & Wright,2005)发现，将公司下市后，企业倾向于采取董事长和总经理两职合一，但在非执行董事比例上，并没有发现在统计意义上发生显著变化。

阿查亚、基欧和雷纳(Acharya,Kehoe,Reyner,2008)对曾在上市公司和 PE 所投资企业均担任过董事(姑且可称为"两栖董事")的 20 人进行了深度访谈，并对 12 家 PE 基金所投资的英国的 66 个企业的董事会进行了详细分析。他们经分析得出以下结论。(1)PE 董事会主导了公司战略的形成，而公众上市公司(Public Listed Company，简记为 PLC)董事会只是配合管理层制定战略，董事会只是一个"随从角色"。(2)PE 董事会和 PLC 董事会最显著的区别是绩效管理文化和措施。PE 董事会是"残酷无情地关注于价值创造的各个层面"，PE 董事们能够识别关键的价值来源，设计关键的业绩考核指标(Key Performance Index，简记为 KPI)并主动和密集地监督企业的执行过程和进展；而 PLC 董事会的业绩管理重心不是放在基本价值的创造过程，而是放在季度利润指标的完成和能否实现证券市场的预期。(3)PE 董事会高度聚焦于企业高层管理者特别是 CEO 和 CFO 的素质，他们会迅速更换业绩较差的高管。在 66 个案例中，39% 的 CEO 和 33% 的 CFO 于 PE 收购后的第一个 100 天内被更换。(4)PE 董事会的人数较少，董事成员投入了更多时间，而且花费时间的方式不同，更多的时间是花费在现场调研、电话、和管理层举行特别会议等非正式沟通上面。因此，PE 董事会扮演了一个完全不同的、更多基于价值创造的角色。

科尔内利和卡拉卡什(Cornelli & Karakas,2008))研究了英国 1998—2003 年间 PE 支持的 88 个 PTP 收购案例，结果发现：收购后的董事会规模减小了；外部董事的数量大幅度下降；公司越困难、越需要外部经验、越需要进行重组等，PE 董事的介入程度就越高；收购后董事会成员和 CEO 的更换率都非常高。他们的结论认为：董事会在 PE 收购后扮演着关键作用，变革董事会是收购后 PE 机构进行公司重组的关键渠道。

以下是吉利根和赖特(Gilligan & Wright,2010)总结的西方大型上市公司下市类型的杠杆收购之前的公司治理特征(并不仅仅是董事会特征)，见表 2.1。

---

① 所谓 PTP(Public to Private，简记为 PTP)，指将上市公司下市，是杠杆收购的一种主流模式。

表 2.1 上市公司下市的杠杆收购(PTP)交易之前的公司治理特征

作者	样本国家	交易类型	主要发现
Maupin(1987)	美国	PTP(MBO)	所有权集中度、市净率、现金流/净资产、现金流/总资产、市盈率、股息支付率、资产的账面价值与原始成本等指标,PTP 公司和非 PTP 的可比公司均存在显著差异
Singh(1990)	美国	PTP(MBO 和 LBO)	上市公司存在事前被收购的威胁;公司的现金流/销售收入比例、净资产/应收账款等比例预示了 Buyout 的可能性
Eddey(1996)	澳大利亚	MBO	收购威胁和下市有强烈关系
Evans	澳大利亚	上市公司的 MBO	下市公司拥有更高的流动性资产、更低的增长率、更低的负债、更低的研究开发支出。自由现金流量(Free Cash Flow,简记为 FCF)没有显著差异。存在的收购威胁和公司下市没有关系
Boulton,lehn & Segal(2006)	美国	PTP(管理层领导的和非管理层领导的,即 MBO 或非 MBO 类型的杠杆收购)	与同行业上市公司相比,下市公司往往绩效更差,但拥有更多的现金类资产,存在更多的《萨班尼斯-奥克斯利》法案的合规执行成本
Weir & Wright (2006)	英国	上市公司的 MBO/MBI[1]	被下市的上市公司拥有更高的 CEO 持股、更多的机构投资者持股、更多的 CEO 两职合一,但在外部董事或者存在收购威胁方面与其他公司无异
Cornelli & Karakas(2008)	英国	PTP	董事会规模在收购之后相比收购前发生了下降,对于有经验的 PE 机构主导的 LBO 更是如此

来源:Gilligan & Wright(2010)。

第二节 中国 MBO 后董事会的实证分析

对中国的 MBO 企业来说,企业价值的提升并非由于增加负债、也非 PE 机构提供的监督或者运营专家的加入,这是因为,对于中国的 MBO 企业来说,其一,收购价格是按照账面价值打折扣的,类似东欧和苏联的"折扣券私有化"(Voucheur Privatization)[2],并且需支付的资金可以分期到位,融资的资金可以在当地金融机构长期抵押,上市公司本身不会下市,也不会增加负债。因此,公司被管理层收购后并不存在通过负债压力减少企业自由现金流量代理成本的效应。财务治理绩效对于中国的 MBO 企业来说并不存在。其二,在公司治理绩效和运营绩效提升方面,西方经验认为其核心作用是 PE 机构发挥的作用。PE 机构成为收购后目标企业的最大股东和积极股东,进入董事会,推动企业战略、人员、组织、绩效考核等各方面的改革。但中国的 MBO 中并没有 PE 机构的参与,是

---

① 即外部管理层收购,Management Buy-ins,简记为 MBI。

② 折扣券私有化(Voucheur Privatization),是指苏联和东欧国家将国有企业出售给所有国民的一种做法,国家送给每个公民折扣券,然后由公民用折扣券购买国有企业。

一种自发的以企业内部人——管理层员工为主体的收购行为。我们不禁设问：中国的MBO源于管理层的自发行为，在收购之后，股东—管理层是否会寻求外部力量的支持以提升企业价值呢？这种对外部力量的需求，是否会体现在董事会的变革上面呢？根据西方经验，在PE支持的MBO和LBO完成之后，PE机构发挥作用的通道主要就是董事会层面——无论是在公司治理还是运营改革上，这是最近几年来对PE机构研究的一个前沿性问题。因此，我们要研究中国MBO后企业在公司治理上的变革，核心在于分析企业董事会的变化。

一、董事会规模

我们可以看到，董事会人数规模由MBO前两年的平均10.28人，下降为MBO当年的10.1人，第3年为9.9人，第6年为9.3人，第7年为8.5人，第8年仅为8.38人。因此，样本公司的董事会规模一直呈现持续、明显的下降趋势。见图2.1。

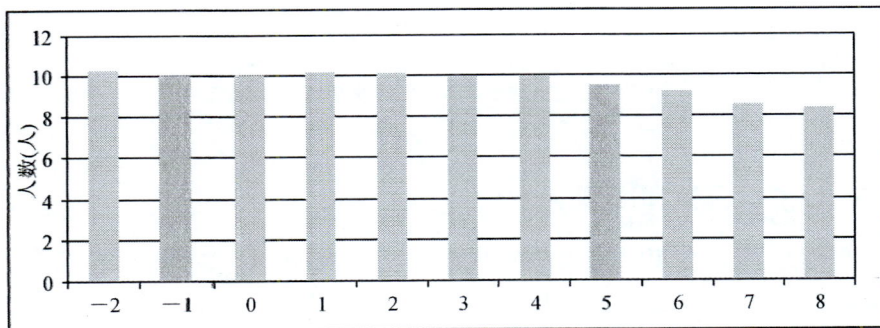

图2.1 中国MBO上市公司的董事会平均人数

注：0＝MBO发生年，－2＝MBO前两年，1＝MBO后1年，以此类推。我们定义MBO年为上市公司首次宣告收购的年份。这里，由于19个案例中有3个公司的MBO发生于2003年，8个公司的MBO发生于2002年，因此，统计到MBO后第7年时包含所有样本公司，MBO后第8年时丢失了3个样本，MBO后第9年时将丢失11个样本，因此我们只统计到MBO后第8年的数据，以下图表情形一致，不再说明。

就董事会人数而言，MBO样本公司与其他公司并无显著性不同。见表2.2。

表2.2 董事会人数的横向比较

人数/（人） 年度（年）	MBO公司	非MBO公司	总体公司
1999	10.57	9.43	9.60
2000	10.65	9.18	9.42
2001	9.68	9.63	9.37
2002	10.11	10.16	9.86
2003	9.84	10.58	9.86

续表 2.2

人数/（人） 年度（年）	MBO 公司	非 MBO 公司	总体公司
2004	9.63	9.95	9.70
2005	9.16	10.11	9.57
2006	9.05	9.39	9.42
2007	8.79	9.16	9.36
2008	8.53	9.11	9.26
2009	8.63	8.68	9.16
2010	8.37	8.79	9.09
Mean	9.38	9.53	9.44

MBO-非MBO 配对检验 Mann-Whitney test，z＝－0.349(n. s.)
MBO-总体检验：Mann-Whitney test，z＝－0.866(n. s.)

注：在年度检验中，MBO-非 MBO 公司的年度配对检验中没有发现显著差异，在 MBO-总体公司的年度检验中，除 2000 年出现较弱的显著差异外(10％显著性水平)，其他年份也没有显著差异。

关于我们选择的 19 家非 MBO 配对公司，具体选择标准及 19 家公司的名称和说明等见本书第 4 章和表 4.4 内容。本章以下用到配对非 MBO 公司数据时不再说明。

二、执行董事人数和比例

执行董事的人数从 MBO 前两年的平均 3.44 人，下降为 MBO 后 8 年的 1.8 人，减少了 1.6 人。执行董事的比例在 MBO 前 1 年至 MBO 后 5 年间基本稳定，保持在 28％—30％，但第 6—8 年中，执行董事的比例下降较快。见图 2.2。在西方的 MBO 研究中，就人数变化而言，也有相似结论。西方 MBO 后执行董事人数减少了 1 人左右，但执行董事比例则较高，MBO 后仍在 47％—61％。(Cornelli & Karakas，2008)

关于董事长和 CEO 或总经理的两职分离情况，在我们所选取的 19 家样本公司中，MBO 前，有 5 家公司为两职合一；MBO 当年为 4 家；第 5 年为 3 家。在董事长和总经理两职合一的这 3 家公司中，有 2 家公司一直是两职合一的，1 家公司是期间曾经分离，后又重新合一的。因此，我们可以下结论：MBO 公司以董事长和总经理的两职分离为主，在 MBO 前后并没有变化，19 家样本中只有 2 家一直是两职合一的。在西方，两职分离是公司治理良好的表征，在 MBO 前后一般都是两职分离的。

从检验结果看，MBO 样本公司与非 MBO 配对组公司的两职合一情况在整个期间存在显著差异(10％显著性水平)，MBO 样本公司更倾向于采用两职合一。逐年的检验发现，在 1999 年 MBO 与配对组公司存在显著差异(5％显著性水平)。见表 2.3。这与西方的研究有类似之处。英国上市公司下市(Public To Private，简称为 PTP 交易)的 MBO 在交易前的两职合一状况显著高于其他上市公司。(Weir & Wright，2006)但 MBO 公司与总体公司在董事长和总经理的两职合一方面，不存在显著差异。

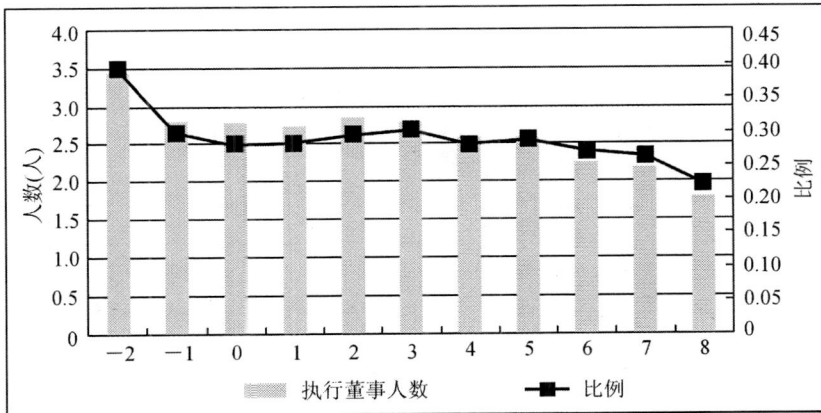

图 2.2 中国 MBO 上市公司的执行董事平均人数和比例

注:要准确定义中国上市公司的执行董事十分困难。我国许多企业是分拆(Carve-out)上市的,所以许多董事在控股公司任职。控股公司(母公司)和上市公司没有真正分离。对于 MBO 公司而言,一些是分拆上市的,而一些不是。我们严格定义必须在上市公司(而非母公司)担任行政职务的董事为执行董事。如果一位董事在上市公司的下属子公司担任行政职务或董事,只要该子公司纳入上市公司的合并报表范围,我们即认为该董事为上市公司的执行董事。中国上市公司从 2001 年开始公告董事和母公司的关系,从 2004 年开始公告董事的生平经历。我们搜集董事信息的来源是:IPO 的招募说明书、公司年报、公告和其他新闻报道等。

表 2.3 董事长和总经理两职合一的比较

两职合一 / 年度(年)	MBO 公司	非 MBO 公司	总体公司
1999	1.64	2.00	1.78
2000	1.75	1.94	1.84
2001	1.79	1.95	1.88
2002	1.84	1.89	1.89
2003	1.89	1.74	1.89
2004	1.89	1.79	1.88
2005	1.89	1.84	1.88
2006	1.79	1.79	1.87
2007	1.79	1.95	1.84
2008	1.84	1.89	1.84
2009	1.84	1.89	1.81
2010	1.83	1.89	1.78
Mean	1.82	1.88	1.85

1=两职合一,2=非两职合一
MBO-非MBO的配对检验:Mann-Whitney test,$z = -1.736$($p = 0.083$)
MBO-总体的比较检验:Mann-Whitney test,$z = -0.918$(n. s.)

三、独立董事的人数和比例

MBO前后独立董事人数发生显著变化。见图2.3。从MBO前两年的0.05人和前1年的0.79人，到MBO当年即增加为2.37人，之后维持在3人以上，第8年达到3.3人，独立董事人数在MBO后有缓慢增长的趋势。

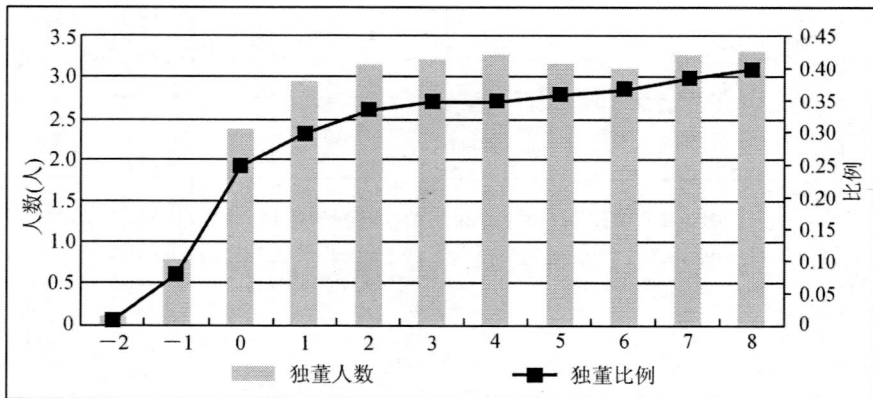

图2.3　中国MBO上市公司的独立董事平均人数及其比例

注：关于独立董事以及非执行董事的独立性的定义，在西方国家如英国，过去、现在和未来都将是一个充满争议的话题。可参见英国公司治理准则的发展过程——从Cadbury准则、Greenbury准则到Higgs报告等，独立董事的界定都是核心问题之一。但在中国从形式上看，这个问题相对比较清楚。2001年6月，中国证监会发布了《关于在上市公司建立独立董事制度的指导意见》[①]，要求所有上市公司在2002年6月底前必须拥有2名独立董事、2003年6月底前必须拥有至少占董事会成员1/3的独立董事，并且在文件中明确界定了独立董事的独立性特征。中国证监会的上述文件规定，本质上是模仿了英国和美国的一些公司治理准则和规定。

MBO后独立董事的比例明显上升。见图2.3。从MBO前两年的0.5%、前1年的7.7%，到MBO当年上升为24.6%，+1年达到30%，+2年达到33%，然后每年都在缓慢增长，+3年达到34.6%，+5年达到35.8%，+7年达到38.4%，+8年达到39.7%。MBO后，独立董事的比例并不止步于仅仅满足中国证监会规定的下限——董事会人数的1/3，而是呈现不断上升的趋势，并超越了证监会的要求。这是否说明MBO公司存在对独立董事的强烈需求？抑或MBO公司治理水准的提高呢？我们接下来将继续分析。

我们发现，MBO与配对的非MBO组公司的独董在1999—2010年的考察期内存在显著差异（10%的显著性水平），MBO公司的独董比例显著较高。见表2.4。在逐年的比较中，MBO与配对的非MBO组公司的独董比例在2002、2003、2005、2010年存在显著差异（5%显著性水平以上）；而MBO公司与总体公司的独董比例在整个期间不存在显著性差异，但2003、2004、2005、2010年存在显著性差异（5%显著性水平或更高），MBO公司

---

① 中国证监会.关于在上市公司建立独立董事制度的指导意见[Z].证监发[2001]102号,2001-06-18.

的独董比例高于总体。因此,我们可以认为,MBO 公司的独董比例显著高于配对组公司,也高于总体公司平均水平。

表 2.4　独立董事人数在董事会中的比例

独董比例(%)　年度(年)	MBO 公司	非 MBO 公司	总体公司
1999	0.65	0.00	0.81
2000	1.44	0.65	1.74
2001	8.51	5.33	6.29
2002	27.08	21.86	24.14
2003	34.75	32.50	32.77
2004	35.69	36.10	34.20
2005	36.47	34.16	34.81
2006	36.54	35.52	35.23
2007	37.86	36.54	35.82
2008	37.80	37.26	36.20
2009	37.42	37.30	36.45
2010	38.58	36.86	36.65
Mean	28.45	26.26	28.53

MBO-非MBO配对检验:Mann-Whitney test,$z=-1.931$($p=0.053$)
MBO-总体检验:Mann-Whitney test,$z=-1.074$(n. s.)

四、独立董事的结构和持征

从上市公司 1999 年的年报统计开始,截止到 2010 年的 12 年中,在 19 家样本公司中担任独立董事的总共有 138 人,担任届数共计 238 人次(通常一届董事的任期为 3 年[①])。在这 138 人中,其中最多的担任了 4 届董事,为 2 人(1.4%),3 届的有 17 人(12%),2 届的有 60 人(43.5%),1 届的有 59 人(42.8%)。由于统计数据截止到 2010 年末,在最近一届董事会中首次当选独立董事的人(这种人在担任 1 届董事的人中有 33 人),可能未来还会继续当选。可见,独立董事担任两届或者以上的人数较多。根据中国证监会的规定,独立董事可以连选连任,但任期不得超过 6 年。按照目前上市公司董事的期限一般为一届 3 年,即独立董事最多连续担任 2 届。因此,在这种制度规定之下,MBO 公司的独立董事呈现出很强的连任性、稳定性。

---

① 在 2001 年中国证监会颁布相关的独立董事文件之前,中国上市公司大部分没有独立董事。实际上,独立董事制度并非中国内生的一种制度,独立董事和董事会以及董事文化在本质上都是从西方学习的。2001 年以前的董事任期在各个上市公司中是不同的,大部分少于 3 年。

在这 138 人中,他们的组成是什么样呢?我们按照如下标准划分为 9 类:专业人士(分别具有产业背景和具有国际背景的人士);会计师(包括资产评估师);律师;现任公司管理层;现任金融机构管理层①;退任其他公司管理层;退任政府官员;学者;其他等。

企业管理层和政府官员是能带来管理经验或者能够提供政府关系资源的人;学者们是指就职于高等院校以及科研机构的人;会计师、律师和资产评估师等,他们不仅拥有专业资质,而且现任职于会计师事务所、律师事务所和资产评估公司;产业专家主要就职于一些具有产业关系的研究机构或者附属的行业协会研究机构(如本报告样本中的上海电缆研究所、中国服装协会等),若就职于高校中明确具有产业背景的研究机构(如大学化工学院中的新型材料工程开发中心),也属于具有产业背景;国际背景主要是在境外机构任职或曾任职、或于海外大学取得硕士以上学位、或就职于中外合作机构(如样本中的中欧经济技术合作协会等)。样本中的每一个董事人员都可能具有多重背景,因此,一名董事可能被同时划入不同类别。统计结果见表 2.5。

表 2.5　MBO 公司的独立董事特征分析及其比较(1999—2010 年)

独董特征	人数(人)	比例(%)	独董特征	人数(人)	比例(%)
专家(产业背景)	15 (19) [283]	10.90 (15.70) [10.00]	退休政府官员	10 (5) [72]	7.30 (4.13) [2.56]
专家(国际背景)	13 (16) [31]	9.40 (13.20) [1.10]	现任金融机构管理层	5 (6) [108]	3.60 (4.96) [3.83]
会计师 (包括资产评估师)	16 (16) [207]	11.60 (13.20) [7.35]	现任企业管理层	25 (12) [426]	18.10 (9.92) [15.12]
律师	16 (17) [282]	11.60 (14.00) [10.00]	学者	52 (51) [1164]	37.70 (42.15) [41.32]
退休的企业管理层	4 (1) [201]	2.90 (0.80) [7.14]	其他	15 (8) [43]	10.90 (6.61) [1.53]

注:表中比例是按照具有某个特征的董事人数除以 138 得出,因为某一名董事可能具有多个特征,因此,按特征分类的总人次为 175 人次,所以表中的比例加总超过 100%。圆括号里的数字是 19 家配对公司在 1999—2010 年间的 121 名独立董事的特征。方括号里的数字是来自上海证券交易所《2010 年中国公司治理报告:独立董事制度与实践》中对 760 家上交所上市公司的 2817 名独立董事的特征统计。

① 我们把金融机构的管理层与一般公司的管理层区别开来,是因为金融机构的管理层能够为 MBO 公司带来金融财务上的经验技能,这些财务和金融技能是 MBO 后企业价值增值的主要方式之一。

可见，在这138人中，学者占了52人，是最多的一类，占到总人数的37.7%。第二类是其他公司现任管理层，占18.1%，若加上现任金融机构管理层的5人，共占21.7%。第三类为会计师（包括资产评估师）和律师，各占11.6%，第四类为具有产业背景和国际背景的专业人士，分别占10.9%和9.4%。第五类为退任人员，包括退任其他公司管理层，占2.9%；退任政府官员，占7.3%。

经过卡方分布（χ^2）统计检验，在 MBO 公司与总体公司之间，独立董事的特征分布存在着显著性水平1%的显著差异，但在 MBO 与配对非 MBO 公司之间则无显著差异。与总体相比，MBO 公司拥有更多的具有国际背景的、其他公司现任管理层的独立董事，但 MBO 公司拥有较少的学者型独立董事。

由于 MBO 之前公司很少有独立董事（可参见前面图2.3），而我国的 MBO 大部分发生在2001年和2002年，也即发生在在中国证监会关于独立董事的法规出台和正式生效之前，因此，这里的统计情况主要是 MBO 之后的独立董事情况。从统计数据分析，我们可以得出以下结论。

第一，MBO 之后公司独立董事的构成以学者为主体。我们认为，这并非是公司价值最大化的最优选择。高等院校的学者以理论研究见长，往往并不真正了解企业的实际运作，而选择学者为独立董事的主体构成，反应了中国的企业管理层仍然并不完全相信独立董事的真正作用。因为不了解企业实际运作的学者，最容易被管理层所控制，从而成为公司的"花瓶"或者"橡皮图章"。

第二，现任其他公司管理层的为25人。这类董事了解企业的实际运作，但由于时间、精力所限，而且可能是互锁董事（Interlock Directors）[1]，再加上行业的差异性，这些现任其他公司管理层的董事能否为企业提供价值增值，尚存在疑问。表中的5名金融机构董事中，1名来自证券公司，1名来自银行，1名来自基金管理公司，1名来自保险公司，1名来自 VC/PE 机构[2]。这些来自于金融机构的独董，均为各自所在企业的董事长或总经理。相对于中国庞大的银行系统和迅速出现的证券公司、基金管理公司等金融机构而言，来自这些金融机构的独立董事太少。[3]

在上海证券交易所研究中心发布的《2010中国上市公司治理报告：独立董事制度与实践》中，关于限制了独立董事对重大事项发表意见的因素主要有：缺少时间（43%）、缺乏独立性（17%）、能力和水平不够（17%）、上市公司不配合（1%）、其他（22%）。

结合总体公司的情况和这些 MBO 公司的转型特征，我们认为：（1）MBO 公司需要更

---

① 互锁董事，指董事相到对方的企业任职。这样的董事很难被辞退，董事会结构非常稳定。

② 这个 VC/PE 机构为深圳创新投资集团有限公司，成立于1999年。中国的 VC 企业主要发源于20世纪90年代末期的互联网泡沫时期。中国的 PE 行业起源于2002—2003年期间国有企业的重组过程中。在 VC/PE 发展的初期，海外资本支持的 VC/PE 基金为主流，基金的退出也主要在境外资本市场，可称为"两头在外"模式。但2007年出现了国内本土以人民币募集的 PE 基金并迅速扩张。可参见中国 VC/PE 市场的最大数据库 http://www.zero2ipo.com.cn/en/。

③ 我们认为，这种现象的原因在于对董事独立性的界定。在英国 Cadbury 报告中，董事独立性被界定为"和管理层独立，和企业没有商业和任何其他关联"。因此，来自银行、证券公司、基金公司的董事可能和上市公司存在商业联系，如银行信贷、承销、投资等。

多来自 PE 和 VC 管理机构的专家担任独立董事；(2)独立董事不应仅仅选自于 PE/VC 公司的董事长、总经理，更多的应该是来自该类机构的投资专家、合伙人、专业分析师等，这些人士的经验和技能非常适合担任独立董事，更有利于企业的成长，而且 PE/VC 机构的合伙人或投资经理拥有更多的时间和精力投入到企业中去；[①](3)我国应该发展上市公司的专职或全职独立董事，以解决目前独立董事时间、精力不足的问题。

第三，具有产业背景和国际背景的专业人士比较少。我们认为，需要增加具有产业背景和国际背景的专业人士担任独立董事。

第四，退任的其他公司包括金融机构的管理层仅占 4 人，而退任的政府官员却相对较多，占有 10 人。较多的退任政府官员担任独董的现象，是中国企业在运营中无法摆脱政治影响和社会关系资源的体现。在企业价值的提升过程中，西方 PE 机构运营合伙人的主体之一是退任的其他公司管理层、CEO 或董事，而且西方一般企业独立董事的主体之一也是退任的其他企业管理层。因此，借鉴西方的经验，我们认为，中国的 MBO 公司需要增强聘任退任的其他公司管理层，特别是曾长期担任优秀企业管理者的成功企业家担任独立董事。这些退休管理者拥有成功的履历背景、大量的产业管理经验和熟悉的企业经营业务，这使得他们很容易和目标企业的管理层建立起信任和亲密的关系。

五、董事会会议频率

MBO 以后，董事会会议的次数在逐年增高，见图 2.4。董事会会议次数从 MBO 前两年的 5.3 次，增加到 MBO 后第 3 年的 7.3 次、第 5 年的 9.8 次、第 6 年的 10.2 次，第 7 年和第 8 年有所下降。MBO 前 1 年和当年的会议次数相对较多，均达到 7.5 次，这可能与即将进行的管理层收购股权转让相关。若按照自然年度考察，CSMAR 数据库从 2001 年度开始统计董事会会议次数，虽然样本公司的 MBO 发生在 2002 年的最多（19 个样本中占了 8 例），但依然可以看出 MBO 之后董事会会议次数是呈现出逐年增加的趋势。2002 年（MBO 发生年）的会议次数相对较多。不过 2007 年、2008 年的会议次数达到了 9.8 次和 10.9 次，这可能是由于世界金融危机的爆发，董事会增加了会议频率以商讨应对之策。

詹森(Jensen,1993)曾认为，董事会会议往往只不过是走走形式，并不是确实需要的。瓦费斯(Vafeas,1999)提出，高频率的董事会会议可能只是对公司业绩下滑的反应而已。因此，詹森、瓦费斯等的观点认为，董事会属于发挥"灭火器"的功能。根据冯传清(2010)[②]对

---

① 根据英国学者和实务界人士 Acharya, V., Kehoe, C. & Reyner, M. (2009)的研究，PE 收购企业（即 LBO 后的企业）中来自 PE 机构的外部董事每年投入企业的时间平均为 54 天，而 PLC 中外部董事的投入时间是每年 19 天。更为重要的是，PE 机构派出的外部董事不仅投入的时间更多，而且方式也不同。PLC 外部董事 18% 的时间花费在非正式活动上，而 PE 外部董事 69% 的时间是花费在非正式活动上。综合计算，PE 和 PLC 董事会中外部董事每年都花费了 15—20 天左右的时间用于开董事会议（正式活动），这是无差别的，但是 PE 派出的外部董事每年花费 35—40 天的时间用于和管理层的直接沟通，而 PLC 外部董事每年只花费 3—5 天的时间用于和管理层的非正式沟通。

② 冯文的样本剔除了 ST、PT 类上市公司和金融保险类上市公司，数据来自 CSMAR 数据库。冯文为上海财经大学金融学院 2010 年博士论文。

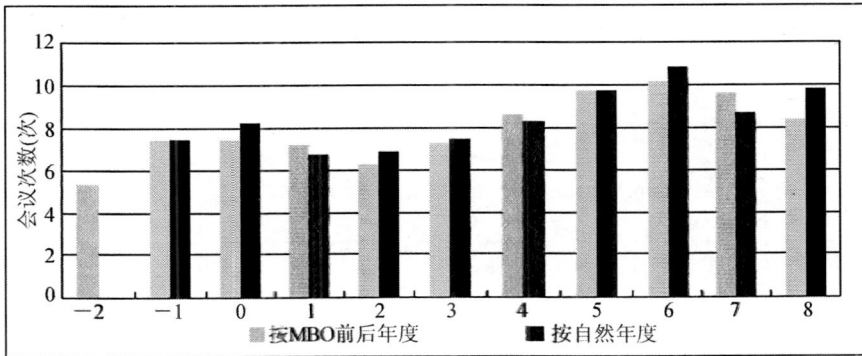

图 2.4 MBO公司的董事会会议年度次数

注:自然年度是从2001—2010年。董事会会议次数根据上市公司年报信息披露,并从CSMAR数据库中获得。CSMAR数据库关于董事会的数据从2001年开始。

沪深上市公司1999—2008年的董事会会议频率分析,沪深上市公司平均年度会议次数为7.93,中位数为8次。因此,MBO公司的董事会会议次数超过了总体平均水平。MBO公司的董事会会议次数超过了全市场的平均数,特别是会议频率呈明显的增长趋势,而MBO公司的财务绩效在不断上升,没有一家公司出现财务亏损,更没有被ST、PT,这说明董事会会议还是发挥了其主要的价值增值功能。

统计检验发现,MBO-非MBO公司之间的董事会会议频率存在显著性差异(显著性水平5%),MBO公司在考察期间比非MBO公司平均每年多开1.03次会议。但MBO公司的会议次数与总体公司没有显著差异。见表2.6。西方MBO公司平均每年召开12次正式会议(Acharya & Kehoe,2008),中国MBO公司的董事会会议次数少于西方企业。

表2.6 董事会会议频率的比较

会议次数(次) 年度(年)	MBO公司	配对非MBO公司	总体公司
2001	6.28	6.05	6.23
2002	8.26	7.50	8.42
2003	6.79	6.42	7.53
2004	6.89	6.84	7.33
2005	7.47	6.53	7.50
2006	8.32	7.42	8.04
2007	9.79	8.58	9.59
2008	10.89	7.84	9.60
2009	8.74	7.53	8.34

续表 2.6

年度（年） ＼ 会议次数（次）	MBO 公司	配对非 MBO 公司	总体公司
2010	9.89	8.42	8.72
Mean	8.34	7.31	8.25

MBO-非MBO配对检验：Mann-Whitney test，$z=-2.428(p=0.015)$ MBO-总体检验：Mann-Whitney test，$z=-1.004$(n. s.)

注：在年度检验中，MBO-非MBO公司在2008年出现显著性差异（显著性水平1%），MBO-总体公司在2010年出现显著性差异（显著性水平1%）。

六、独立董事们在讨论什么问题

CSMAR 数据库从 2002 年开始有独董公告统计，我国上市公司也是从该年开始有独董的信息披露。我们根据 CSMAR 数据库的统计，统计了样本公司进行的独立董事公告事项，逐项进行了验证，并对数据库的一些错误内容进行了手工调整。我们将独立董事的公告事项分为了 11 类：1＝人事变动事项（涉及董事、高管）；2＝公司董事、高管的薪酬与股权激励方案；3＝年度报告事项（财务报告、利润分配、报告修改补充、具体会计科目调整等）；4＝关联交易（原料采购、产品销售、商标使用、融资，还有大量涉及从集团公司收购资产或出售资产等，由于资产的收购和出售也属于 6 和 8，因此很多关联交易属于 4＆6 或 4＆8 等，我们分别统计）；5＝担保事项；6＝投资收购（包括收购公司股权、资产、合资、增资）；7＝审计事项；8＝资产剥离；9＝募集资金（配股、增发、募集资金运用）；10＝其他（如公司治理自查等）；11＝股权分置改革及调整方案等。

在统计结果中，从 2002 年开始有数据以来截至 2010 年底，按照 11 类事件的划分，MBO 样本公司的独立董事总计公告了 214 次，涉及 232 项事件（有一次公告涉及多个事项）。其中最多的是关联交易，共有 101 次，占 44%；其次是人事变动 33 次，占 14%；股权分置改革 21 次，占 9%；资产剥离 19 次，占 8%。见表 2.7。

表 2.7　MBO 公司的独立董事公告事项（2002—2010 年）

公司类型	独立董事的公告事项											全部样本
	1	2	3	4	5	6	7	8	9	10	11	
A	33	2	4	101	20	1	0	19	6	25	21	232
B	41	4	12	95	30	6	1	15	1	18	16	239
C	4 378	374	1 289	9 314	5 135	565	460	1 201	1 733	3 456	1 178	29 083
Pearson Chi-Square test（Asymp. Sig.，2-sided），A-B，$p=0.054$；A-C，$p=0.000$												

注释：企业类型：A—MBO样本公司；B—配对的19家非MBO组公司；C—总体公司（上海和深圳两个证券交易所的所有上市公司）。

1＝董事、高管的人事变动事项；2＝公司董事、高管的薪酬与股权激励方案；3＝年度报告事项，包括对财务报告、利润分配、报告修改补充、具体会计科目调整等的意见；4＝关联交易，包括原料采购、产品销售、商标使用、融资等，还有大量关联交易涉及从集团公司收购资产或出售资产等，因此很多属于4＆6、4＆8；5＝担保事项；6＝投资收购，包括收购公司股权、资产、合资、增资；7＝审计事项；8＝资产剥离；9＝募集资金，包括配股、增发、募集资金运用；10＝其他，如公司治理自查等；11＝股权分置改革及调整方案等。分析期为2002—2010年，数据来自 CSMAR 数据库。

MBO样本组与配比组公司的公告事项在10%的显著性水平上存在差异，与总体公司在1%的显著性水平上存在差异。从具体的各项比较来看，MBO公司的独立董事在关联交易、资产剥离、股权分置改革三项事项上发表了更多意见，这似乎体现出MBO公司独立董事更多地关注中小股东的利益。（因为关联交易、股改等都是关系中小股东利益的重要问题，也是最常受到大股东利益侵害的事项。）

特别明显的一个特征是，对于MBO后的上市公司来说，关联交易占据了独立董事们最多的时间和精力。大量比较新的研究文献已经证明，关联交易实际上是公司治理质量的负变量。（Djankov，La Porta，Lopez-de-Silanes，Shleifer，2008）但是，有关中国MBO公司关联交易的研究结论却并不一致。如朱红军等（2006）对宇通客车的研究发现，MBO以后，控股集团公司（宇通集团）和上市公司之间发生了大量的关联购买和销售行为，上市公司的利益被输送给了集团公司以及集团其他下属子公司。关联交易是一种管理层股东实现其私利的"掘隧行为"（Tunneling）。但李曜（2008）对美的电器案例的研究发现，MBO以后，集团公司向上市公司支付品牌使用费、帮助上市公司进行广告和营销、树立品牌等，其实质是管理层拥有的母公司对上市公司的"支持行为"（Proping up）[1]。因此，对于MBO公司的关联交易行为需要进一步研究。（见本书第三章）

七、独立董事对管理层的挑战

根据中国证监会的规定，董事对重大事项发表意见可以选择的项目有"同意、反对、保留意见、无法发表意见"4个选项。在所有MBO公司独立董事公告发表的意见中，均为"同意"。中国独立董事和董事会在意见上的高度一致，并无反对声音，这个统计结果说明，公司在某种程度上已经被管理层所控制。当然，这并非MBO公司的独特现象，这种现象在中国上市公司中亦普遍存在。[2]　在上海证券交易所公布的《2010中国上市公司治理报告：独立董事制度与实践》中，2007—2009年间，独立董事对重大事项发表反对意见的公司占比分别为3%、2.7%和2.4%；而三年间提出反对意见的独立董事占比则更低，分别为1.5%、1.2%和1.5%。但是，关于独立董事挑战管理层的问题，并不能仅从独董的公开公告中解读。在一些对董事会和独立董事的访谈中我们了解到，中国的一些独立董事是在幕后进行与管理层的沟通。[3]

---

① Friedman，et al.（2003）发展了一个模型，认为控股股东是选择掘隧掏空还是支持，主要依赖于通过关联交易获取的私利大小和由此引发的负面冲击的权衡。Peng，et al.（2011）从中国数据分析认为，当上市公司处于财务健康状态（财务困境）时，控股股东倾向于进行掏空（支持）的关联交易。

② 根据支晓强、童盼（2005）的研究，在425次独立董事离职的样本中，只有2次是公开被解聘（0.47%）其他更换独董的原因是：（1）到期届满（36.3%）；（2）退休（51.5%）；（3）未公布原因（11.7%）。由于解聘独立董事，在资本市场中会对公司产生不利影响，所以，一些独立董事会等到期时提出离职或者不披露具体原因。如果一名独立董事和管理层在关联交易或收购意见不同，而且这种争议或冲突无法解决，独立董事并不会在公告中公布他或她的不同意见，而是会选择辞职。这样的案例在中国上市公司中已经出现数例，当然，在19家MBO后的样本公司中未见。所以，独立董事并不能挑战管理者（在法律上他们拥有这样的权力），而是被管理者所解聘。

③ 华东政法大学副校长顾功耘教授曾在接受《董事会》杂志采访时，介绍其担任多家公司独立董事和参加董事会的经验时说，作为独立董事，如果与执行董事、管理层存在意见分歧，一般会在董事会召开前在会下进行私下沟通交流，独立董事作为一个整体，不会让有异议的议案提交董事会表决，所以等到议案上董事会表决时，都是同意的。因此他说，"不投反对票≠摆设"。严学锋．顾功耘：独董要讲董事长不敢说的话[J]．董事会，2010（10）．笔者认为，这种处理独立董事和管理层分歧的中国方式应该是东方文化（追求含蓄内敛与和谐）的体现，在我国董事会现实中具有一定的普遍性。

八、控制性股东(管理层收购公司及其关联股东①)派出董事

控制性股东派出董事(包括执行董事)在MBO前开始上升,从-2年的3.11人上升到MBO当年的4.22人,+1年上升到4.28人之后又有下降趋势。需要注意的是,在MBO之前的控制性股东并非收购公司的管理层,而是原有的国有或者集体所有制控股公司的控股股东。控制性股东派出的董事从最高峰+1年的4.28人降到+7年的3.14人,减少了1人。见图2.5。

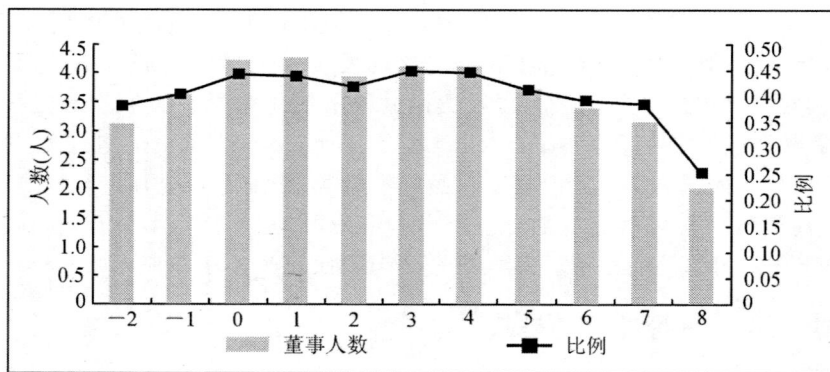

图2.5　控制性股东和关联方派出的董事人数和比例

注:这里的控制性股东包括管理层拥有的最大股东以及管理层拥有的关联股东。从法律上讲,他们是一致行动人。在中国MBO案例中,管理层拥有最大股东,一般同时也拥有前十大股东中的一个或几个股东。

控制性股东派出的董事比例在MBO之前有所上升,从-2年的38%上升到MBO当年和+1年的44%左右,第5年之后又有所下降,最后回落到+7年的38%。因此,控股股东派出的董事比例总体上波动幅度在38%—44%。我们认为,控制性股东派出董事人数的减少,主要还是由于董事会总规模的下降。

九、其他大股东或制衡股东派出董事

MBO之后的一个显著的现象是,董事会中由其他大股东派出的董事人数明显下降。由于我们掌握了前十大股东的资料和董事成员的履历背景资料,因此,我们可以分析前十大股东中除去控制性大股东及其关联人的派出董事情况。我们将除控制性大股东之外的其他股东称为制衡性股东。制衡股东派出的董事人数从MBO前的将近2人逐年下降,MBO后的第3年已经只有不到1人,第6年降到底部,平均为0.38人,在董事会中的比例为4%。见图2.6。因此,从整体上看,制衡股东派出的董事一直在下降,并基本上

---

① 在样本公司中,有几家公司如美的、方大、特变电工、武汉人福科技等,管理层控制了第一大股东和一个或几个其他的前十大股东。中国上市公司需要在年报中披露前十大股东,而非如美国、英国等披露所有持股超过5%的大股东。因此,我们只知道中国上市公司的前十大股东名单,若管理层还控制了其他非前十的大股东,就不得而知了。

处于消失的状态。这说明，MBO后公司的董事除独立董事之外，基本由大股东或管理层派出的董事构成，缺乏其他制衡性股东的代表。

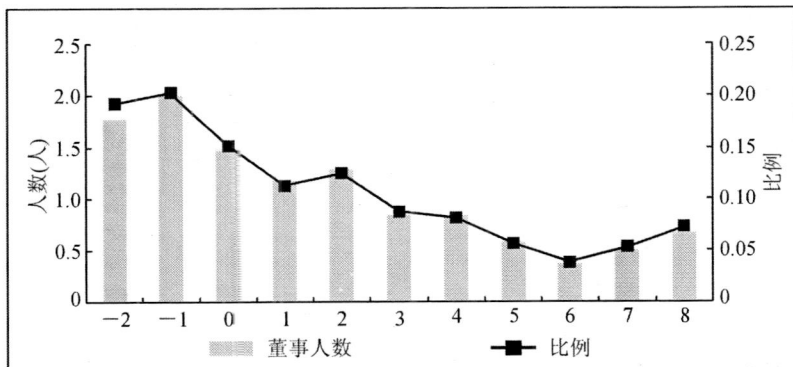

图 2.6 非控制性大股东派出的董事人数和比例

注：非控制性大股东或制衡股东是前十大股东中除去控制性股东及其一致行动人后的其他股东。

十、董事薪酬[①]

根据对董事薪酬的分析，由于上市公司公告的是薪酬最高的前3名董事的年度薪酬总额，并没有全体董事薪酬的整体数据，因此无法揭示全面情况。自然年度是从1999—2008年，由于按MBO前后年度统计，到最后一年也即第9年，缺失了较多样本，仅剩19家公司中的8家，导致最后一年的平均值受极端值的影响。不过，从数据和图形中仍可分析出，3名薪酬最高董事的总体薪酬在MBO以后呈现持续增长的趋势，从MBO前两年的26万元增加到MBO后第6年的167万元（均为名义值），增长了近6倍。若按自然年度，则从1999年的23万元增加到2008年的182万元，增长了7倍。见图2.7。这些薪酬最高的董事均为执行董事或者最大股东派出的董事也即实际控制人，包括董事会主席。当然均不包括独立董事。[②]

我们在对MBO与非MBO公司进行配对比较检验时，发现MBO公司董事薪酬显著高于非MBO公司（显著性水平1‰），MBO公司薪酬前3名的董事薪酬总额平均为110.9万元（1999—2010年），而非MBO公司的董事薪酬平均为83.8万元，前者高出后者27.1万元。在年度检验中，共有6年存在显著差异，均表现为MBO公司董事的薪酬更高。而

---

① 我们也统计了董事持股比例的数据，目前上市公司公告的和CSMAR数据库统计的，均为董事直接持与上市公司股票的比例。由于MBO公司的执行董事和股东董事均在控股公司（管理层实现对上市公司控制的收购主体公司）中持有股份，这些董事在上层控股公司中的持股比例并不公告。所以，直接从董事对上市公司的持股比例看，数字非常低，最高均不超过0.1%。因此，直接持有上市公司股份并非董事们的主要激励来源（董事和管理层的激励来源主要是在上层控股公司的持股），我们不再统计分析董事对上市公司的持股数据。

② 中国上市公司独立董事的薪酬每年都有一个固定数字，没有奖金和股票、期权。平均来看，独立董事薪酬为每年3—5万元人民币。在19家MBO公司中，美的电器的独立董事薪酬最高，为年15万元人民币。

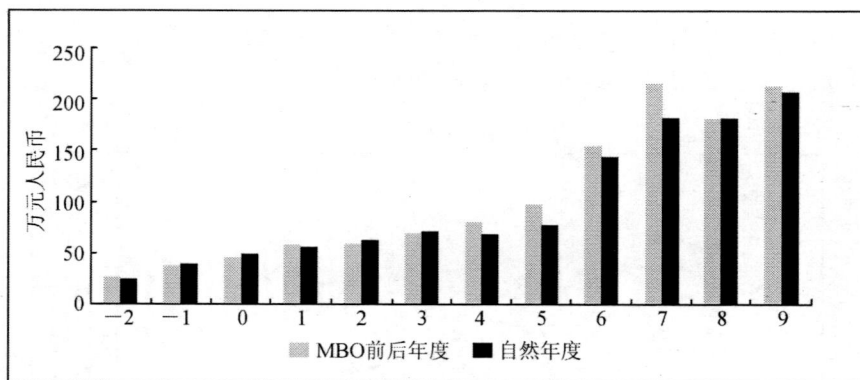

图 2.7 MBO 公司薪酬最高的前 3 名董事薪酬

注：这里统计的是薪酬最高的前 3 名董事的薪酬。在 2005 年以前，中国上市公司并不披露每一位董事的薪酬，只是披露前 3 名最高董事的薪酬之和，这与英国在 1995 年 Greenbury 报告要求之前类似，英国当时也没有对每位董事的薪酬全部披露，Greenbury 报告之后才有。2005 年之后，我国才开始披露每位董事的薪酬数据。为和 2005 年之前保持一致性，我们也统计了前 3 名最高董事的薪酬。薪酬包括了工资和奖金，不包括股票和期权。我国 MBO 公司的"领袖"一般并不从上市公司获得报酬，而是从控股公司获取报酬。因此，我们并不知道这些领袖的真正薪酬。自然年度是从 1999—2010 年。需要注明的是，按自然年度，我们在 1999—2000 年缺失的数据较多，这主要是因为很多 MBO 公司当时未上市。按MBO 前后年度，我们的统计在第 8 年缺失 3 个数据，第 9 年缺失 11 个数据，这主要是因 MBO 发生于2002 和 2003 年的样本无第 8、9 年的数据。

且二类公司的董事薪酬在 MBO 前后年份的差异在 20 万元以内，而 2008 年以后，差异就扩大到 50 万元以上。见表 2.8。这说明，MBO 公司在较长时间后（MBO 发生 5 年以上），经营业绩相比同行业配对公司出现了明显提升，这也可能是董事发挥了更加重要的作用。

表 2.8 董事薪酬比较

年度（年） 董事薪酬（元）	MBO 公司	配对非 MBO 公司
1999	234 309.00	133 165.70
2000	375 466.70	131 911.00
2001	463 346.10	368 576.70
2002	575 972.90	419 191.60
2003	621 250.80	604 807.00
2004	739 036.50	709 964.10
2005	681 639.20	526 390.00
2006	813 640.80	661 688.60
2007	1 485 455.00	1 316 090.00
2008	1 860 750.00	1 334 111.00

续表 2.8

董事薪酬（元） 年度（年）	MBO 公司	配对非 MBO 公司
2009	1 822 987.00	1 322 013.00
2010	2 072 832.00	1 518 700.00
Mean	1 108 771.40	838 372.10

注：在年度配对检验中，MBO-非 MBO 公司董事薪酬存在显著差异的年度：2009,2010（1％显著性水平）；2000，2008（5％显著性水平）；1999,2006（10％显著性水平）。董事薪酬均为 MBO 公司显著高于非 MBO 公司。由于总体公司的情况差异太大，如行业、地区差异等，因此我们没有进行 MBO 与总体公司董事薪酬的比较。

第三节 总结

从董事会结构和独立董事特征、行为、薪酬等角度分析，MBO 后中国上市公司的董事会规模有缩小的趋势；独立董事的比例和人数均显著增加，独立董事的选择上仍以高校学者为主；执行董事比例比较稳定；制衡性股东派出董事明显减少直至基本消失；董事的薪酬大幅度增长，解决了激励机制问题。但独立董事对公司的价值贡献没有得到突出表现，与西方 PE 机构合伙人担任所投资公司董事的作用差异明显，这是值得中国董事会学习的。我们从本章的分析中得到以下结论。

第一，MBO 公司董事会制度在不断完善。包括 MBO 公司在内的我国上市企业，从 2001 年开始学习西方英美导向的公司治理制度，引入了中国本土并不"先天存在"或"自然内生"的董事会、独立董事、分委员会等组织制度。但是这种外来引进的制度并未能发挥其真正作用，从而使得目前的中国上市公司治理实情与西方英美模式仍是"形似而神不似"。

第二，对董事会和独立董事的作用认识仍然存在偏差。中国金融监管机构和政策制定者、中国企业中形成的股东文化乃至中国学者当前的学术研究等，都过于强调从代理理论出发来看待公司治理和独立董事制度等，缺乏从 RBV 理论角度去看待董事和独立董事的作用。从文中分析的 MBO 后公司独立董事的构成和行为看，离真正发挥监督和价值创造者的角色尚存在明显差异。而西方 Buyout 给我们的启示却是董事会和独立董事的主要作用是价值创造，而非监督经营者。对于处于转型和成长期中的企业来说，价值创造职能更应该成为董事会的第一职能。（Zahra，S. ；Filatotchev，I. ；Wright，M. ，2010）本书的研究值得监管部门、企业、股东和理论界进一步明确董事会乃至公司治理的真正意义。若从 RBV 的理论角度来看待问题，则董事会的构造、行为模式都需要全面改进。

本书在参照了西方 MBO 后 PE 机构组建的董事会构造和行为模式后，得出的直接政策性建议是：在维持公众公司的条件下，我国 MBO 后的上市公司乃至更一般的 PLC 公司，其董事会可以从 PE 董事会中学习到以下经验。[①]

---

① 李曜. 传统董事会亟待更换 PE 新引擎[J]. 董事会，2009(11).

(1)重新聚焦于公司战略的形成和业绩讨论。

董事会必须认识到,建立一个好的公司治理机制,并不会将董事会推动公司价值创造的职能"挤出"。在目前的各种公司治理准则中,对董事会的价值创造职能强调的不够。董事会应该减少花费或落实在一些刻板陈旧的治理条文上面的时间,应该集中全体董事在一起的时间,投入到战略形成、绩效对话和绩效考核方面。董事成员之间经常讨论将使得董事会成为公司战略形成的一个真正的参加者,并提出和探索其他的各种战略选择,而非仅仅是对管理层的方案进行质疑或最终批准。在业绩管理上,董事会应该在每次的会议上重点讨论一两个重要问题,注重于和管理层一起解决问题,而非匆匆走一遍过场。

(2)减少董事会规模以实现有效合作。

更小的董事会能够产生有效的合作团队。当然,董事会的规模也必须保证董事会拥有足够的资源,特别是对业务复杂、规模庞大的上市公司来说。董事会的规模问题是一个两难。一般公众公司的董事会肯定更大。但是上市公司必须知晓,董事会规模需要尽可能小,并能进行自我审查:每一个董事是否为董事会真正带来了价值;聘请董事的方式是否是必须的,比如一些专业意见可以通过其他方式如外部咨询获得,而非聘任某位董事。

(3)增加非执行董事的投入时间和加强与管理层之间的非正式沟通。

上市公司董事特别是非执行董事必须要增加他们投入的时间。但是,如何让非执行董事在本职工作之外能投入更多时间、如何给予他们回报、如何能够让管理层更好地为董事会服务等,这都是需要解决的问题。

正式会议只是一个基础,PE董事会成员之间的沟通主要是非正式场合。这些非正式沟通有利于满足每一个非执行董事的特殊需要和发挥其特殊技能。当然,非正式沟通并不容易,但正是这种非正式沟通的时间和质量,是保证PE董事会高效率的关键原因之一。

(4)使得董事会成员能够获取更多、更深入的企业信息。

相比PE董事会的非执行董事都经历过对企业的尽职调查,上市公司的董事会成员特别是非执行董事必须对企业了解更多。例如,一名新聘任的非执行董事必须花5—10天的时间对企业进行了解,这些时间更广泛的用于和公司经理们包括中下层经理们座谈、现场调研、和公司客户访谈、和产业专家或证券分析师交流等,而非仅仅是在公司总部阅读文件。上市公司董事会必须精确界定他们需要的日常数据和信息(主要是关键业绩指标的相关因素),以对公司的业务绩效和趋势发展准确把握。董事会要保证非执行董事必须有一定的人员支持,能够获取分析的资源,而非仅仅依赖董事会秘书或董秘办公室。

(5)探寻改革非执行董事的薪酬结构。

以上所谈均增加了非执行董事的责任和要求,但他们的收益是否也应该同样增加呢?特别是在需要吸引高质量的外部董事的时候。这里就面临一个基本问题:如何看待外部董事,特别是独立董事的薪酬? 如果投资者认为,非执行董事的主要职责是"控制"经理,避免经理承担过度风险或者误导投资者——也就是风险回避,那么,给予非执行董事一个固定水平、固定额度的薪酬,就是合理的。但是,如果投资者认为非执行董事是代表了投资者的利益,非执行董事是代表股东去挑战和指导管理层团队以实现企业价值最大化,那么,将非执行董事的薪酬与股东价值增量进行挂钩就是合理的了。目前,在各国或组织制定的各种公司治理准则中,对外部董事的薪酬制度规定都偏于采取固定薪酬。显然,激励性的薪酬体制需要对非执行董事的"独立性"进行重新界定。这种薪酬体制必须仔细设置,以使得非执行董事采取一个长期的角度来实现企业价值最大化;这种薪酬应该有利于吸引高质量的独立董事,并激励他们采取股东所期望的行为。

第三,MBO后独立董事的意见大量涉及关联交易。本章的研究发现,独立董事发表的大量独立意见涉及关联交易(占比最高)。在 MBO 后的上市公司中,母公司和上市公司之间存在大量关联交易。在控股公司和上市公司之间的关联交易,正是利益侵占(Tunneling)或利益支持(Propping up)的主要渠道之一。(Johnson,et al.,2000;Peng,et al.,2011)这说明,对中国 MBO 后的上市公司来说,董事的监督作用也非常重要。董事会需要在提供价值增值(Value Added)和为全体股东特别是中小股东利益而履行监督(Monitor)职责之间取得平衡。对于 MBO 后在上市公司和控股股东之间发生的这些关联交易,是损害抑或是增加了公司中中小股东的利益? 这是下一章要研究的问题。

第三章　MBO 后公司的关联交易与利益输送效应

目前，国内很多关于管理层收购的文献，大部分集中于 MBO 进程中出现的交易机制、定价、融资、利益格局调整等问题，对完成 MBO 后的公司控股股东或管理层行为的研究文章则甚少。然而，对管理层或控股股东后续行为的研究是非常必要而且关键的。上市公司实施 MBO 后，原来的管理层变为控股股东，为了自己利益的最大化，他们是否有可能利用各种合法或非法的手段来攫取上市公司的利益，并对广大中小投资者的利益造成侵害呢？对此问题，我们选择了并购后的关联交易和股利政策这两个研究视角。本章主要分析关联交易。

中国 MBO 后的上市公司管理层作为控股股东，一般均形成了金字塔型控股结构（Pyramids Structure）对上市公司进行控制。而金字塔型控股结构会使得控股股东对上市公司的控制权（Control Rights）和现金流权（Cash Flow Rights，也有称为"所有权"）形成一定程度的分离。在控制权大于现金流权的情况下，控股股东通过转移上市公司资源所获得的好处大于遭受的损失。因此，两权分离程度越大，控股股东就越有可能通过关联交易等方式转移公司资产或利润。另外，在实施 MBO 时所需要的资金大部分是通过债务融资获得的，而这些债务是需要归还的。因此，控股股东既有动机又有压力利用关联交易等方式来转移公司资产或利润。

那么，MBO 后的管理层或大股东有没有可能利用关联交易来侵占上市公司利益、获取偿债资金，从而对中小投资者的利益造成侵害呢？带着这样的疑问，本章拟从上市公司的关联交易行为出发，对 MBO 后公司的隧道挖掘效应进行分析，同时运用因子分析等方法，对公司控股股东的行为是否对中小投资者利益造成了侵害进行研究。

关联交易本身是一把"双刃剑"。一方面，关联交易可以降低交易成本，提高公司的经营绩效和市场竞争力，并且通过在公司集团内部进行适当的交易安排，有利于集团利润的最大化和公司整体战略目标的实现。另一方面，关联交易更有可能成为控股股东谋取私利的工具，从而对中小投资者造成利益侵害。如果上市公司对关联交易信息进行虚假披露、掩盖实情，则会对中小投资者的合法权益造成更为严重的侵害。[①] 在我国资本市场上，相关法律法规不健全，对中小投资者的保护不到位，而在市场又不能真正起到约束

---

① 安然公司曾被美国《财富》杂志评为"世界最有创意公司"，从其最终破产的这个案例中，我们可以看出关联交易的恶性。该案例中关联交易成为转移利润、粉饰报表的工具，最终导致安然公司的破产，并严重影响了整个美国资本市场的根基。

大股东行为的前提下,关联交易的负面效应更为显著。

因此,本书将以关联交易为切入点,通过对实施 MBO 后的上市公司这个特殊群体的关联交易行为深入分析,分析控股股东的行为是否侵害了中小投资者的利益。

第一节　利用关联交易进行利益输送的文献综述

"隧道挖掘(Tunneling)"概念的提出源于约翰逊(Johnson)等(2000),其主要含义是指公司的控股股东为了自身的利益而将公司的财产和利润转移出去的行为。通过对一些国际公司法律案例的研究,约翰逊(2000)等人指出,公司控股股东一般通过两种方式来实现其隧道挖掘:一是自我交易(Self-dealing Transactions),直接转移、侵吞企业资源,包括直接的偷窃或诈骗、定价有利于控股股东的资产交易、过高的管理层津贴、贷款担保、侵占公司投资机会等;二是通过增发股份、内部人交易、爬行式收购等金融交易来稀释小股东权益,将小股东挤出(Freeze-out)间接侵害小股东利益,并最终增加控股股东对公司的控制权。阿塔纳索夫等人(Atanasov,et al.,2006)进一步把上述两种隧道挖掘行为称为经营性利益挖掘(Operational Tunneling)和金融性利益挖掘(Financial Tunneling)。约翰逊等人指出,投资者权益在法律保护不足的国家,大股东的掘隧现象非常普遍。拉·波塔等人(La Porta,et al.,1999)的研究表明,在东欧、西欧、亚洲和拉丁美洲的许多公司都存在一个控股股东,而控股股东或其代表通常又担任最下层上市公司的经营者。在这些地区中,公司控股股东的"隧道挖掘"行为较为突出,主要原因是这些地区对控股股东此类行为的限制性法规以及对小股东权益保护的法律不够完善。1997—1998 年间发生的亚洲金融危机中,亚洲一些家族控股公司遭受了严重损失,相反,一些保护小股东权益的法律法规较完备的国家,在那场金融危机中受到的影响最小。伯特兰(Bertrand)等(2002)进一步指出,"隧道挖掘"可能会降低整个经济的透明度并增加了信息的不对称程度,从而使得外部投资者更难对企业的财务状况进行评价。莫克尔(Morck)等(2000)和伍格勒(Wurgler,2000)通过对股票价格信息含量与国民经济发展的关系进行研究发现,大股东的"隧道挖掘"行为显著降低了资本市场资源配置的效率。

张等人(Cheung,et al.,2006)研究了香港证交所上市公司的掏空与支持效应,发现在股权集中的公司中更可能发生关联交易,小股东更易遭受利益剥夺。但是证券市场对此类公司并没有给予系统性的折价,对此他们给出的一种解释为:大股东在宏观经济平稳的时期,更多的可能是掏空,而在面临宏观经济冲击的时候,大股东的行为更可能是支持。彭等人(Peng,et al.,2011)通过对上海和深圳两个证券交易所上市企业的数据分析认为,当上市公司处于财务健康状态(或财务困境)时,控股股东倾向于进行掏空(或支持)的关联交易。

国内学者一般将这种"隧道挖掘"称为"掘隧"行为,或大股东的"掏空"、"利益输送"等行为。李增泉等(2004)从资金占用的角度,通过对所有权结构和控股股东的"掏空"行为进行实证研究,发现控股股东占用的上市公司资金与第一大股东持股比例之间存在先上升后下降的倒U型的非线性关系,而与其他股东的持股比例则表现出严格的负相关关系。余明贵、夏新平(2004)通过对 1999—2001 年间的数据分析发现,有控股股东控制的公司的关联交易显著高于无控股股东存在的公司,控股股东持股比例越高,关联交易越多。因此,他们认为控股股东能够借助关联交易转移公司资源,侵占小股东利益。刘峰、贺建刚(2004)将上市公司与控股股东或控股股东控制的公司之间的净输出式的利益输送区分为六种形式:(1)现金股利;(2)非购销关联交易;(3)购销关联交易;(4)挪用或占用款项;(5)担保;(6)股权转让。他们实证研究了大股东持股比例与利益输送方式的关系,认为持股比例高的,倾向于高派现、购销等利益输送方式;持股比例低的,倾向于股权转让、担保和资金占用等利益输送方式。陈晓、王琨(2005)的研究结果表明,关联交易的发生规模与股权集中程度显著正相关,在第一大股东持股比例越高的公司,关联交易发生的金额和概率也越高。但当有制衡股东,也即有其他持股比例超过 10% 的股东存在时,会显著降低关联交易的发生金额和概率。刘建明、刘星(2005)采用了 2001—2003 年沪深两市上市公司的数据,对股权结构特征与关联交易量以及公司绩效的关系进行了实证研究,结果发现,国有控股的股权集中型公司的关联交易量要明显多于法人控股型公司和股权分散型公司,而其绩效却明显低于后两者。因此他们认为,非公平关联交易严重影响了公司绩效并侵占了中小股东的利益。王力军(2006)通过对 2002—2004 年的 329 家民营上市公司进行实证分析发现,民营上市公司的金字塔结构控制不利于公司价值的提升;民营上市公司的最终控制人主要通过关联方担保、关联方资金占用和上市公司与关联方的商品购销活动来侵占中小股东利益。

国内该领域的文献也存在不同观点。一些学者的实证研究发现,金字塔结构形成的集团公司会以集团利益为重,对上市公司而言,更多地体现为支持效应。如集团内部形成的网络体系为上市公司的发展提供了便利的内部资本市场,从而弥补了外部融资交易成本过高的现实缺陷。(郑志刚,2005;李增泉,等,2008)朱国民等(2005)通过对关联交易和公司价值之间的检验发现:上市公司与控股股东、兄弟企业的关联交易会侵占上市公司资源,导致公司价值下降;而上市公司与下属企业间的关联交易会为公司输入资源,从而提升公司价值。

对于 MBO 后公司的关联交易,也有少数文献进行了研究。马忠、李学伟(2004)通过对实施 MBO 的上市公司进行分析发现,作为控制性股东的核心管理层利用金字塔型的控股结构,使其对上市公司的所有权与控制权形成一定程度的分离,为侵害少数股东利益提供了可能性。李曜、梁健彬(2006)通过对 14 家 MBO 后的上市公司进行分析,发现这些公司存在着现金流权和控制权的分离效应、管理层的挖壕自守效应和通过关联交易进行掘隧输送利益效应,但不存在现金股利分配效应。刘平(2006)从关联交易角度对公司管理者收购上市公司控制权(MBO)与民营企业收购上市公司控制权(Private Buyout,

简记为 PBO①）的**两类企业的"隧道效应"**进行了比较研究，结果发现：**两种类型的收购发生后都可能产生"掘隧效应"**，但是 MBO 公司比 PBO 公司显示出更大的产生隧道效应的可能性。

还有学者对 MBO 公司的关联交易进行了个案研究。朱红军等（2006）研究了 MBO 后的宇通客车的关联交易，发现在 MBO 后，上市公司和集团之间产生了**大量以购销商品为主的关联交易**，上市公司的资源如资金、有利的业务等，被转移到母公司或者管理层拥有更大股权的企业，最后得出的结论是：关联交易是**管理层获取控制权私利的掏空手段**。李曜（2008）研究了 MBO 后的美的电器案例，发现集团公司通过支持上市公司投资于品牌，促进了**上市公司竞争力的形成和长远的发展能力**，并且集团向上市公司支付较高的**品牌使用费**，因此认为，母公司支持了上市公司的长期发展。

综合各种研究，主流的观点是：**在我国的上市公司中，关联交易现象是十分普遍的，并对公司价值产生了负面影响**，侵害了中小股东的利益。但是，近年来也有不少赞同"**支持效应**"的文献。目前尚没有文献专门针对整体的 MBO 后公司的关联交易情况进行分析论证，而已有的个别案例的研究，如朱红军等（2006）和李曜（2008）的研究结论相互矛盾，支持效应和掏空效应相对立。因此，MBO 类公司关联交易效应的结论尚不明确，需要进一步研究。

本章的贡献在于对 MBO 后上市公司的关联交易进行了分类，主要研究了上市公司与控股股东（管理层控制的收购平台公司）之间的关联交易，省略了其他类型的关联交易（如上市公司与下属企业、上市公司与其他股东等），这样有利于聚焦研究管理层控股股东的行为。

第二节 关联方关系的认定及关联交易的类型

关联方关系的认定是企业进行关联方会计处理的重要方面。只有对关联方进行科学的识别和判定，才能对关联交易进行公允、客观的会计处理和信息披露。因此，要研究 MBO 上市公司关联交易的相关问题，首先要对关联方进行科学的界定。

一、关联方关系的认定

（一）企业会计准则对关联方关系的认定

根据财政部 2006 年 2 月颁布的《企业会计准则第 36 号——关联方披露》，关联方关系的存在是以控制（持有公司股权大于 50%）、共同控制（各方对公司股权大小一样）或重大影响（持有股权大于等于 20%、小于 50%）为前提条件的。控制，是指有权决定一个企业的财务和经营政策，并能据以从该企业的经营活动中获取利益。共同控制，是指按照

---

① 实际上，在西方理论和实务界内并无 PBO 概念。Buyout 是一个专业概念，刘平（2006）这里所说的民营企业收购上市公司，实际属于兼并收购（Merger & Acquisition）概念。

合同约定对某项经济活动所共有的控制,仅在与该项经济活动相关的重要财务和生产经营决策需要分享控制权的投资方一致同意时存在。重大影响,是指对一个企业的财务和经营政策有参与决策的权利,但并不能够控制或者与其他方一起共同控制这些政策的制定。准则还要求在判断关联方关系时,应当遵循实质重于形式的原则。同时,该准则还具体给出了与企业存在关联关系的各方所包括的具体内容:

第一,该企业的母公司。不仅包括直接或间接地控制该企业的其他企业,也包括能够对该企业实施直接或间接控制的部门、单位等。其中主要包括:(1)某一个企业直接控制一个或多个企业;(2)某一个企业通过一个或若干个中间企业间接控制一个或多个企业;(3)一个企业直接地或通过一个或若干个中间企业间接地控制一个或多个企业。

第二,该企业的子公司,包括直接或间接地被该企业控制的其他企业,也包括直接或间接地被该企业控制的单位、信托基金等。

第三,与该企业受同一母公司控制的其他企业。

第四,对该企业实施共同控制的投资方。这里的共同控制包括直接的共同控制和间接的共同控制。

第五,对该企业施加重大影响的投资方。这里的重大影响包括直接的重大影响和间接的重大影响。

第六,该企业的合营企业。合营企业是以共同控制为前提的,两方或多方共同控制某一企业时,该企业则为投资者的合营企业。

第七,该企业的联营企业。联营企业和重大影响是相联系的。如果投资者能够对被投资企业施加重大影响,该被投资企业则被视为投资者的联营企业。

第八,该企业的主要投资者个人及与其关系密切的家属。主要投资者个人是指能够控制、共同控制一个企业或者对一个企业施加重大影响的个人投资者。

第九,该企业或其母公司的关键管理人员及与其关系密切的家庭成员。关键管理人员主要包括董事长、董事、董事会秘书、总经理、总会计师、财务部总监、主管各项事务的副总经理以及行使类似政策职能的人员等。与主要投资者个人或关键管理人员关系密切的家庭成员,是指在处理与企业的交易时可能影响该个人或受该个人影响的家庭成员。

第十,该企业主要投资者个人、关键管理人员或与其关系密切的家庭成员控制、共同控制或施加重大影响的其他企业。

(二)证券监管机构对关联方关系的认定

我国证交所 2006 年的《股票上市规则》中对上市公司关联方的认定如下:(1)直接或间接控制上市公司的法人、与上市公司同受某一企业控制的其他法人;(2)持有上市公司股份 5% 以上的法人、个人股东及其亲密家庭成员,上市公司董事、监事、高级管理人员及其亲密家庭成员,上述个人股东、董事、监事、高级管理人员及其亲密家庭成员直接或间接控制的企业;(3)明确界定未来或过去十二个月内符合关联法人或关联自然人定义的均视同上市公司的关联人。

从以上的规定中我们可以看出,会计准则和监管规定对关联方认定的原则基本是相同的,即都以控制、共同控制和重大影响关系为基础。但是两者又各有侧重,会计准则规范关联方关系的目的在于,企业要公允反映关联方关系对本企业财务状况、经营成果和现金流量所产生的或可能产生的重大影响;而监管机构对于关联方的规范则是从投资者利益的角度出发,目的在于维护公平、公开、公正的市场秩序,促使上市公司为投资者提供真实、准确的投资信息。

针对关联交易的类型,会计准则与证券监管机构都给出了相应的规定。

二、关联交易的类型

(一)会计准则界定的关联交易类型

财政部颁布的《企业会计准则第 36 号——关联方披露》中,将关联交易定义为:"在关联方之间发生转移资源或义务的事项,而不论是否收取价款。"该定义指出了关联交易是上市公司与其关联方之间发生的经济活动,其目的是通过交易活动获取经济利益;关联交易发生时只是资源与义务的相互转移,而不一定伴随款项的支付。

第 36 号会计准则还列举了关联交易的主要类型:

(1)购买或销售商品。这是关联方交易最为常见的交易事项。(2)购买或销售除商品以外的其他资产。(3)提供或接受劳务。(4)担保。担保包括在借贷、买卖、货物运输、加工承揽等经济活动中,为保障其债权实现而实行的担保等。(5)提供资金(贷款或股权投资)。(6)租赁。租赁通常包括经营租赁和融资租赁等。(7)代理。代理主要是指依据合同条款,一方可以为另一方代理某些事务,如代理销售货物,或代理签订合同等。(8)研究与开发项目的转移。在存在关联方关系时,有时某一企业所研究与开发的项目会由于一方的要求而放弃或转移给其他企业。(9)许可协议。(10)代表企业或由企业代表另一方进行债务结算。(11)关键管理人员薪酬。

(二)证券监管机构界定的关联交易类型

中国证监会 2001 年发布的《关于上市公司重大购买、出售、置换资产若干问题的通知》规定,上市公司实施的重大收购、出售、置换资产的交易属于关联交易,应执行有关法律、法规或者规则中关于关联交易的规定。另外,2006 年修订的《股票上市规则》也对关联交易作出了规定。

上市公司关联交易的内容包括但不局限于以下事项:

(1)关联购销:包括购买或销售商品、购买或销售除商品以外的其他资产以及提供或接受劳务,这是关联方之间较为常见的交易事项。

(2)代理:关联公司的一方依据合同,为另一方代理某些经济事务或者交易事项,如代理销售货物、代理签订合同等。

(3)对外投资(含委托理财、委托贷款等)。

(4)租赁:租赁包括经营租赁和融资租赁。关联公司一方与另一方签订有租赁合同,存在租赁关系。

(5)提供资金(包括以现金或实物形式):关联方之间的资金往来,表现为现金调动或实物形式提供的资金、权益性资金的变动等。

（6）担保和抵押：关联公司一方在资金借贷、商品买卖、货物运输、加工承揽等经济活动中，为另一方提供保证、抵押或者质押等。

（7）管理方面的合同：上市公司与某一单位或个人签订管理公司或某一项目的合同，按照合同的约定，由一方管理另一方公司或项目的财务或日常生产经营并收取一定费用。

（8）研究与开发项目的转移：在存在关联关系时，有时某一公司研究或开发的项目会因控制企业的要求，或是放弃或是转移给另一关联方继续实施。

（9）许可协议：当公司之间存在关联关系时，关联方可能达成协议，允许另一方使用自己的商标或者专有技术等无形资产。

（10）赠与：关联公司一方将资产或者权力无偿赠与另一方。

（11）债务重组：关联双方就债务的偿还条款进行修改或补充，达成新的偿还协议。

（12）非货币性交易：关联双方以非货币性资产进行交换，这种交换不涉及或只涉及少量货币性资产。

（13）关联双方共同投资：对某一个重大项目进行共同投资的关联双方会面临风险分担与收益分配等问题。

（14）交易所认为应当属于关联交易的其他事项。

通过对上面内容的比较，我们可以看出，证券监管部门的规则中包含了关联交易实务中出现的新内容和新趋势，比会计准则的规定更加全面，也比较有利于对上市公司关联交易进行监管。

第三节 关联交易作用的两面性

从理论上讲，关联交易是一个中性的经济范畴。但在现实经济生活当中，关联交易是一把"双刃剑"。通过关联交易可以降低交易成本，提高公司经营绩效和市场竞争力。但同时，关联交易也会使公司间相互转移利润，使得公司利润等会计数据易被人为操纵，从而对中小投资者的合法利益造成侵害。这种情况在投资者保护比较弱的国家更为严重。

一、关联交易的积极作用

关联交易的积极作用体现在企业集团的形成上。随着企业集团的发展壮大，集团内部的交易规模越来越大，在这种情况下，交易活动逐渐由企业外部转入企业内部。根据内部化理论，这种转变的实质是企业放弃了以契约为依托的市场活动，转向依靠通过行政命令方式组织的经济活动[①]。关联交易具有诸多优点：

---

① 此即由科斯、威廉姆森等新制度经济学家提出的企业性质理论、交易费用理论等。

第一，可以降低企业的交易成本，提高经营效率。组建企业集团进行内部的财务和经营政策协调（包括进行关联交易）可以构筑市场竞争优势。在企业集团内部，使用行政命令等方式在各部门之间进行充分协调，并在产品市场上采取一致行动，可以形成战略协同效应，对抗激烈的市场竞争，从而提高企业的竞争力，降低单个企业的经营风险。

第二，可以合理避税，减少企业集团的整体纳税支出。企业集团可以通过内部交易或关联交易在国家税收政策允许的范围内进行利润转移，从而达到合理避税的目的。

第三，企业集团可以形成内部资本市场，特别是在资本市场不发达的国家，有利于企业的自我融资。

二、关联交易的消极作用

关联交易的消极作用主要表现在以下几个方面：

第一，关联交易可以成为关联方"掏空"上市公司和侵害中小投资者利益的重要工具。一般来讲，关联购销、股权转让和担保是关联方侵占上市公司资源、侵害中小股东利益的主要方式。以关联购销为列，关联方可以采购上市公司产品而长期不予付款，向上市公司供给原材料却要求上市公司提前支付货款。这两种侵占方式在会计计量上表现为大量的应收账款和预付账款。随着欠款的增多，关联方会逐渐失去偿债能力。为了偿还对上市公司的欠款，关联方往往会拿出劣质或废弃的资产进行高估来抵偿对上市公司的债务，这种交易严重侵害了上市公司的利益和中小股东的合法权益。

第二，关联交易的存在使得对公司业绩的评估失去了客观的基础。在众多关联交易类型中，关联购销所占的比重较大，而关联购销往往容易在产品价格的确定上形成很大的随意性。比如采用协定价格、国家制定价格、成本加成法等各种定价方法，而这些定价方法与一般市场定价的差别却没有公开说明，这使得外部投资者很难获得客观信息对企业价值进行评估，使得投资决策缺乏科学依据。大量的关联交易使得上市公司的业绩发展失去了连续性和可预测性，业绩预测与价值评估失去了实际意义。

第三，关联交易使上市公司失去"自生"能力。关联交易影响上市公司独立经营能力和抗风险能力，从而使上市公司失去"自生"能力。大量关联交易的存在使上市公司自我约束和自我发展能力不断降低。关联交易的长期存在使得上市公司对关联方产生强烈的依赖性，关联方的经营状况在很大程度上决定了上市公司的经营状况。因此，上市公司的持续发展能力受到怀疑，外部中小股东的利益难以得到保障。

第四，关联交易可能成为上市公司配合不法机构进行股票二级市场炒作的重要工具。为了打开股票价格上升的想象空间，配合不法机构筹码收集完成后的顺利"出货"，上市公司往往与关联方进行各种形式的资产重组。此时，整个股票市场就会弥漫着有关上市公司的各类"利好"消息，股票价格被人为操作。

第四节　MBO 之后公司的两权分离度

MBO 后,公司管理层拥有的现金流权和控制权(Controlling Rights,或称投票权 Voting Rights)出现了分离。现金流权是股东通过持有股份获得股利分配的权利;控制权或投票权是股东持有股份的投票权利。股东虽然持有少量股份,但通过金字塔结构(Pyramid Structure)和多重控制链条,可以控制远大于所持股份价值的企业资产。[①] 现金流权和控制权分离程度越大,拥有控制力的股东就越有可能牟取股东私利,包括通过隐蔽渠道的关联交易转移利润、转移资产,进而剥夺其他股东的财富。所以研究 MBO 公司的关联交易,首先需要解决的问题就是,MBO 后上市公司管理层的现金流权和控制权的两权分离达到何种程度?

在我国,由于法律法规和其他条件的制约,上市公司 MBO 后管理层持有的股权比例并不高,而且目标公司也没有下市。特别突出的一个特点是,管理层一般并不直接持有上市公司股权,而是采取一种间接持股的形式,具体有两种情况:一是通过控股一个收购主体公司,然后利用此收购主体公司收购上市公司,见图 3.1;二是通过控股的收购主体公司收购上市公司的母公司,使管理层对上市公司的控制链条更长,见图 3.2。这种控股结构又称为金字塔型控股结构或金字塔结构,管理层处于金字塔的顶端,而上市公司处于金字塔的底层。

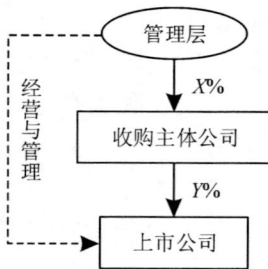

图 3.1

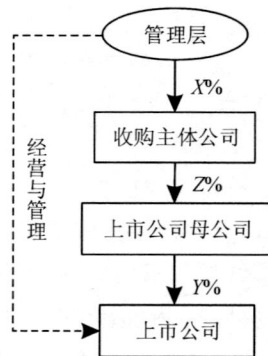

图 3.2

MBO 后我国上市公司管理层的持股数量不高,具体而言,在图 3.1、图 3.2 中,$Y\%$ 大多在 30% 左右[②],而上层的 $X\%$、$Z\%$ 虽然比例较大,但也不完全是 100% 控股,管理层还

[①]　另外,通过双层资本结构(Dual Class Capitalization)或者交叉持股,大股东的投票权和控制权也可以发生分离。但是我国法律不允许双层资本结构存在,管理层收购的公司也不存在交叉持股。交叉持股一般是在大型企业集团内部子公司之间存在。

[②]　之所以持股 30% 左右,目的是回避触发全面要约收购。另外,30% 的持股比例也足以保证成为公司的第一大股东和实际控制人。

会吸引其他的财务型投资者、企业员工等加入收购团队。

在金字塔结构中,管理层对上市公司的现金流权和控制权呈现比较明显的分离,而且控制权远大于现金流权。测度现金流权和控制权的方法是:一个股东拥有 A 企业 $X\%$ 的股份,同时 A 拥有 B 企业 $Y\%$ 的股份,则该股东拥有 B 企业的现金流权为 $X\% \times Y\% = XY\%$。而该股东对企业 B 的控制权则由控制链条中最弱的一环决定,即对 B 企业的控制权为 $\min(X\%, Y\%)$。因此,$XY\% \neq \min(X\%, Y\%)$,而且 $\min(X\%, Y\%) > XY\%$,即现金流权不等于控制权,控制权大于现金流权。

一般而论,若控制链不断延伸,终极所有人 A 在金字塔结构底层 N 公司拥有的控制权(投票权)为:

$$C = \min(s1, s2, \cdots sn)$$

拥有的所有权(现金流权)为:

$$O = \prod si, \quad si \in (0, 1]$$

金字塔结构下,终极所有人的两权分离度为:

$$\gamma = C - O > 0$$

也可以表示为:

$$\gamma = C/O > 0$$

本书中我们采用 C/O(Controlling rights/Ownership rights)即控制权与现金流权的比值,作为两权分离度量指标。[①] 样本公司终极控制人(管理层股东)的控制权及现金流权的情况见表 3.1,3.2。

表 3.1 MBO 公司终极控制人的两权分离度(按自然年度)

年度(年) 年度均值	2001	2002	2003	2004	2005	2006	2007	2001—2007
现金流权 (O)%	33.746	30.772	23.066	23.080	23.305	21.165	21.575	25.244
控制权 (C)%	38.483	36.246	32.396	31.928	31.853	30.809	29.431	33.021
C/O	1.358	1.419	1.614	1.627	1.607	1.744	1.822	1.599

表 3.2 MBO 公司终极控制人的两权分离度(按 MBO 前后年度划分)

年度 年度均值	−2	−1	0	1	2	3	4	(−2,4)
现金流权(O)%	36.407	36.533	26.706	23.897	23.714	21.728	21.370	27.202
控制权(C)%	38.249	39.325	35.088	32.475	32.309	30.753	30.514	34.102
C/O	1.051	1.075	1.314	1.359	1.362	1.415	1.428	1.286

---

① 采用 C/O(Control rights/Ownership rights)即控制权与现金流权的比值,作为两权分离度量指标,参考了 Claessens、Djankov & Lang(2000);Faccio & Lang(2002)的做法。该研究指标是目前国际学术界公认的研究方法。

我们从表格中的数据分析发现,两权分离度指标从 MBO 前 2 年的 1.051 增加到 MBO 发生年的 1.314,再增长到两年后的 1.428。见表 3.3。若以自然年度考核,从 2001 年的 1.358 增长到 2004 年的 1.627,再增加到 2007 年的 1.822。见附表 1。因此,MBO 后上市公司终极控制人持股的两权分离度在上升。详见图 3.3。

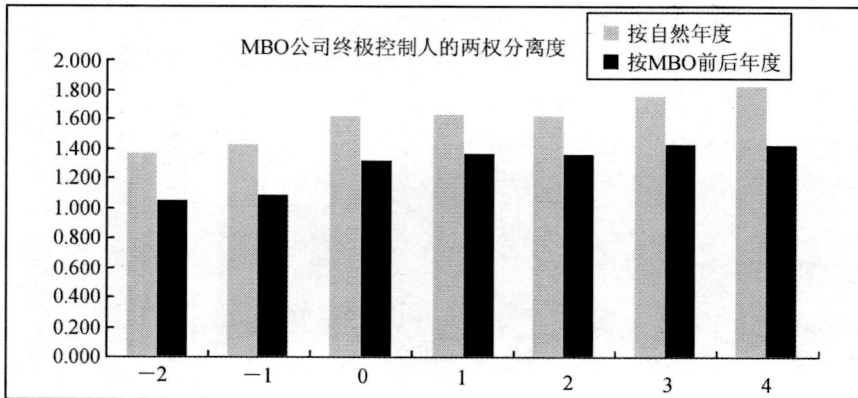

图 3.3　MBO 前后公司终极控制人的两权分离度(C/O)

　　然后,我们将样本公司的现金流权与控制权按照年度进行了配对检验。由于样本数目较少,我们采取了非参数检验中的 Wilcoxon 配对检验,发现一个有趣的结论:在 MBO 之前,投票权(控制权)虽然大于现金流权,但二者的差异从统计意义上显著性不高,并不显著(−1 年的 P 值为 6.8%;−2 年的 P 值为 18%);但 MBO 当年及其之后,投票权和现金流权的差异从统计意义上非常显著,各年度的配对检验 P 值均小于 0.1%。[1] 见表 3.4。因此,我们推断,上市公司终极控制人的两权分离从 MBO 之前的并不显著变为 MBO 之后的显著差异,主要原因有两个:一是控制链的延长;二是终极控制人在各控制链上的持股比例下降。在 MBO 之前,终极控制人为国有股权或者乡镇集体股权,持股主体为地方国有资产控股主体或乡镇集体企业的控股公司,控股公司本身一般均持有 100% 的国有或集体股权,股权结构比较简单,控制链比较短;而经营者管理层团队收购企业之后,持股结构就变复杂了。MBO 以后,终极控制人用较少的资金控制了底层的上市公司(在所有的样本中,上市公司都是在最底层)。

　　根据国内学者的研究,王永(2010)[2]进行了 2003—2007 年度(5 年共 1399 个观察点)我国民营上市公司控制权的统计分析,结果发现,我国民营上市公司实际控制人现金流权的平均值为 0.23,而控制权的平均水平则达到 0.33,两者之间存在显著分离,分离度(C/O)平均达到 2.28。而将各年度数据进行纵向比较,发现现金流权比例呈上升趋势,而控制权比例呈下降趋势,分离度指标在下降。王永(2010)认为,分离度指标逐年下降的趋势反映了我国这几年投资者保护程度的提高。

---

①　我们同样采用了配对 T 检验,结论和 Wilcoxon 检验是一致的。
②　王永.公司控制权结构与经营绩效——基于中国民营上市公司的实证分析[D].苏州:苏州大学,2010.

表 3.3　MBO 公司终极控制人的现金流权与控制权情况（按 MBO 前后年度）

年份

公司名称	T=-2			T=-1			T=0			T=1			T=2			T=3			T=4		
	O(%)	C(%)	C/O	O(%)	C(%)	C/O	O(%)	C(%)	C/O	O(%)	C(%)	C/O	O(%)	C(%)	C/O	O(%)	C(%)	C/O	O(%)	C(%)	C/O
深天地A	66.71	66.71	1.000	66.71	66.71	1.000	29.68	40.00	1.350	29.68	40.00	1.350	29.68	40.00	1.350	25.09	33.81	1.350	31.85	33.81	1.060
方大A	36.14	36.14	1.000	36.14	36.14	1.000	24.32	27.36	1.120	24.29	27.33	1.120	24.29	27.33	1.120	24.29	27.33	1.120	23.82	26.85	1.130
深圳华强	52.50	52.50	1.000	52.50	52.50	1.000	15.01	45.00	3.000	15.01	45.00	3.000	15.01	45.00	3.000	13.15	45.00	3.420	7.19	45.00	6.260
胜利股份	27.21	27.21	1.000	17.31	17.31	1.000	18.12	18.12	1.000	18.12	18.12	1.000	18.12	18.12	1.000	18.12	18.12	1.000	14.23	14.23	1.000
美的电器	26.32	26.32	1.000	19.06	19.06	1.000	15.82	30.68	1.940	15.82	30.68	1.940	15.82	30.68	1.940	15.82	30.68	1.940	15.82	30.68	1.940
宇通客车	19.53	19.53	1.000	17.19	17.19	1.000	17.19	17.19	1.000	17.19	17.19	1.000	17.19	17.19	1.000	13.72	18.92	1.380	27.65	27.65	1.000
人福科技	29.76	29.76	1.000	29.76	29.76	1.000	22.08	29.76	1.350	19.15	25.81	1.350	21.29	28.69	1.350	15.53	20.93	1.350	20.93	20.93	1.350
特变电工	21.11	21.11	1.000	21.11	21.11	1.000	21.11	21.11	1.000	11.04	14.06	1.270	11.04	14.06	1.270	11.04	14.06	1.270	10.28	13.10	1.270
永鼎股份	40.07	52.84	1.319	40.07	52.84	1.319	47.80	47.80	1.000	47.80	47.80	1.000	43.24	45.74	1.060	34.79	36.80	1.060	34.79	36.80	1.060
创兴置业	19.36	19.36	1.000	26.58	49.59	1.870	26.58	49.59	1.870	26.58	49.59	1.870	26.58	49.59	1.870	26.58	49.59	1.870	26.58	49.59	1.870
洞庭水殖	21.79	21.79	1.000	21.79	21.79	1.000	23.57	29.90	1.270	23.57	29.90	1.270	29.47	29.91	1.020	29.47	29.91	1.020	22.44	28.47	1.270
*ST昌鱼	68.69	68.69	1.000	68.69	68.69	1.000	68.69	68.69	1.000	29.00	29.00	1.000	28.19	28.19	1.030	26.22	27.12	1.030	22.93	23.72	1.030
鄂尔多斯	51.83	51.83	1.000	43.36	43.80	1.010	43.36	43.80	1.010	43.80	43.80	1.010	43.36	43.80	1.010	43.36	43.80	1.010	40.47	40.70	1.010
红豆股份				70.27	70.27	1.000	19.31	27.48	1.420	19.31	27.48	1.420	16.10	27.48	1.710	16.10	27.48	1.710	12.90	27.48	2.130
大众交通	26.67	26.67	1.000	26.67	26.67	1.000	5.35	21.61	4.039	6.96	24.74	3.555	6.58	23.38	3.550	5.81	23.38	4.020	5.81	23.38	4.020
大众公用	14.27	34.67	2.430	10.97	26.67	2.431	19.36	21.51	1.111	21.07	23.41	1.111	19.45	21.61	1.111	25.33	28.14	1.111	25.33	28.14	1.110
强生控股	32.87	32.87	1.000	32.87	32.87	1.000	11.50	32.87	2.860	11.50	32.87	2.860	11.50	32.87	2.860	11.50	32.87	2.860	11.50	32.87	2.860
水井坊	48.44	48.44	1.000	48.44	48.44	1.000	32.79	48.44	1.480	32.79	48.44	1.480	32.79	48.44	1.480	20.25	39.71	1.960	20.25	39.71	1.960
杉杉股份	52.05	52.05	1.000	45.77	45.77	1.000	45.77	45.77	1.000	41.80	41.80	1.000	41.80	41.80	1.000	36.66	36.66	1.000	36.66	36.66	1.000
平均值	36.407	38.249	1.051	36.593	39.325	1.075	26.706	35.088	1.314	23.897	32.475	1.359	23.714	32.309	1.362	21.728	30.753	1.415	21.370	30.514	1.428

注：（1）O 代表现金流权（Ownership），C 代表控制权（Controlling Rights），C/O 代表两权分离程度，此数值越大，表明两权分离程度越大。（2）19 家样本公司中，我们终经过翻查年报逐一验证，界定深天地、华强、方大、大众交通、大众公用、强生、水井坊、屈生、创兴、洞庭水殖、武昌鱼、创兴、洞庭水殖等 10 家公司的终极控制人均为管理层团队，管理层员工持股公司或职工持股公司，并未界定到某个人，特变、永鼎、人福等 3 家公司的终极控制人界定为 3～5 名核心管理层；美的、方大、创兴等 6 家公司股份等 6 家公司的终极控制人为个人。

表 3.4　MBO 前后管理层控股股东的两权分离度统计检验表

年度配对检验	Voting(−2)-Cash(−2)	Voting(−1)-Cash(−1)*	Voting0-Cash0***	Voting1-Cash1***	Voting2-Cash2***	Voting3-Cash3***	Voting4-Cash4***
Z 值	−1.342(a)	−1.826(a)	−3.180(a)	−3.296(a)	−3.517(a)	−3.622(a)	−3.516(a)
双尾检验 P 值 (Asymp. Sig., 2-tailed)	.180	.068	.001	.001	.000	.000	.000

a 建立在负秩和基础上。Z 值为负表示投票权(Voting)大于现金流权(Cash)。

注：本表是根据 Wilcoxon 秩和检验计算的 Z 统计量及双尾 P 值。***，**，*分别表示通过了 1%、5%、10% 的显著性水平检验。

　　本书对 MBO 公司(可作为一类民营上市公司)的研究与王永(2010)的研究结论不同。MBO 类上市公司在 2001—2007 年间，现金流权的平均值为 0.252，控制权平均值为 0.33。这些数据与民营公司总体的差异不大，但分离度平均为 1.60，明显小于我国民营上市公司的总体水平。但纵向比较来看，MBO 类公司的两权分离度指标在明显上升。

　　和境外学者对其他国家地区的分析数据比较，克雷森斯、迪扬科夫和郎咸平(Claessens，Djankov & Lang，2000)统计了东亚 9 个国家和地区的 2611 个公司样本，发现在 1996 年年底，终极控制人控制权的平均值为 0.20，现金流权为 0.16，两权分离度为 1.25。在法西奥和郎咸平(Faccio & Lang，2002)对西欧 13 国的 4806 个上市公司的统计分析中，20 世纪 90 年代末期的终极控制人的控制权平均值为 0.38，现金流权为 0.35，两权分离度为 1.11。因此，我国 MBO 类公司的两权分离度均高于东亚和西欧国家的平均水平。

　　既然如此，MBO 之后管理层作为终极控制人的现金流权和控制权产生了显著分离，并且分离度在上升，这是否会带来较多的减损企业价值(净利益输出)的关联交易呢？

第五节　MBO 之后关联交易的统计描述

一、关联交易的类型

　　第 36 号会计准则和上市规则中给出的关联交易类型有很多，本书主要针对 MBO 后的上市公司与终极控制人之间发生的主要关联交易进行分析。根据上市公司年报公告的数据信息，我们可以将关联交易分为以下六种类型：(1)商品或劳务的关联购销(包括采购和销售)；(2)资金占款；(3)关联担保；(4)资产置换；(5)股权转让；(6)租赁等。具体解释如下，笔者按照以下的解释口径进行了手工统计。①

---

① 需要说明的是，上市公司在披露关联方关系和关联交易时，并非全部按照此六类进行披露。为了使关联交易内容清晰，笔者对样本公司的年报手工进行了逐年分类、记录和统计。若直接根据 CSMAR 等数据库的统计资料，会存在比较多的遗漏和错误。

（一）商品或劳务的关联购销

不区分符号。因为购买（现金流出）或销售（现金流入）活动不必要进行区别。主要是上市公司与母公司和关联公司的购买原材料、销售商品等主营活动，少数样本公司发生的母公司代理上市公司的产品出口（红豆股份等）、以及母公司和上市公司之间的工程分包（深天地）等也统计在内。

（二）资金占用

区分正负符号，为净资金占用，包括占用关联方的资金和被关联方占用的资金两方面。现金流入上市公司符号为正，现金流出上市公司符号为负，最后的项目金额为加总抵消后的净额。本统计项目只反映非正常经营活动的资金占用。资金被关联方占用，包括对关联单位的其他应收款、向关联方通过银行进行委托贷款、资金存到关联方等，均为上市公司资金被占用，被占用的资金符号为负；占用关联方的资金，包括对关联单位的其他应付款、接受关联方的借款或银行委托贷款、接受关联方的资金占用费等，占用别人的资金符号为正。由于期间有借款、有还款，所有的统计口径按照期末余额统计。我们理解，由于应收账款、预付账款项目、应付账款和预收账款项目等均属于生产经营产生的关联资金占用，这已经反应在购销活动中，所以，关联资金占用未包括"应收、应付账款"、"预收、预付账款"，但我们统计了上市公司对关联方的"其他应收款"和"其他应付款"。

（三）关联担保

区分正负符号，为净担保。凡是使得上市公司存在或有负债的关联担保、资金可能净流出的，为负值；凡是母公司等关联方为上市公司提供担保、使得上市公司资金净流入的，为正值。上市公司为子公司提供担保，本应不做考虑，但由于数据处理起来非常麻烦，因此我们按照只要上市公司提供了担保，不论是否子公司，都可能影响上市公司负债（子公司的融资也可能被挪用），所以也统计在内。另外，我们考虑了担保费，上市公司支出担保费为负；反之，收入担保费为正。若有美元担保，按照当时的美元汇率计入。

（四）资产置换

不区分符号。资产置换包括资产购买和资产出售，未考虑现金流方向。

（五）股权转让

不区分符号。包括购买股权、受让股权、出售子公司股权等。在合资公司中的增资我们并未考虑在内，因为绝大部分被增资的公司本来就是上市公司控股的，甚至往往是被合并报表的，增资以后仍然属于合并报表范围。

（六）租赁等

不区分符号。主要包括关联方之间发生的土地使用权、水面使用权、房屋使用权租赁等；还包括子公司向母公司支付的生产生活用水电费、煤费、运输费、通讯费等费用；还有为子公司员工购房向母公司支付费用等。另外，子公司向母公司或其他关联公司支付技术提成费、商标使用权费等，也包括在内。

二、对关联交易的统计分析

我国上市公司 1997 年以后才有关联交易信息的披露,因此,少数样本公司如大众公用等 MBO 之前的年报信息并无关联交易内容披露。

实证研究发现,样本公司关联交易总金额在 MBO 后出现显著增长的趋势(除去在第 2 年有所下降之外)。见图 3.4 和表 3.5。商品和劳务购销的走势和关联交易总金额的走势类似。在六类关联交易中,商品劳务购销是关联交易的主要形式,占关联交易总金额的 80% 甚至更高水平,但总体看来有下降的趋势。

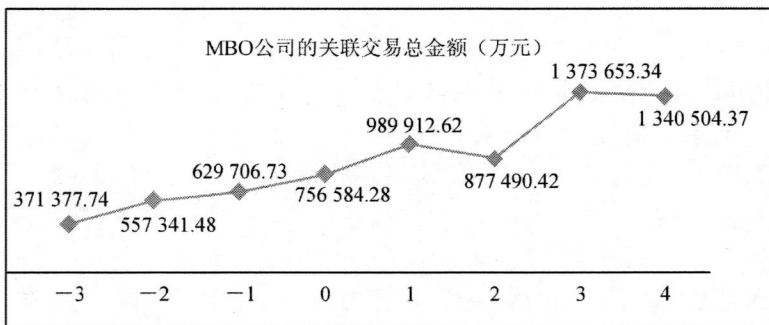

图 3.4　样本公司 MBO 前后的关联交易汇总金额(单位:万元)

表 3.5　MBO 样本公司关联交易金额汇总 　　　　　　（单位:万元）

关联交易情况	−3	−2	−1	0	1	2	3	4
关联交易总金额	371 377.74	557 341.48	629 706.73	756 584.28	989 912.62	877 490.42	1 373 653.34	1 340 504.37
采购销售	338 713.298 1	517 827.33	638 165.345	672 950.041	856 712.13	877 996.62	1 199 464.96	1 054 334.16
资金借款	−12 336.31	−30 433.45	−55 312.97	22 825.07	12 955.39	−2 046.49	2 906.83	26 710.41
担保金额	5 602.00	21 024.80	33 586.20	−9 625.00	76 225.62	−26 020.60	100 615.72	115 123.10
资产置换	15 815.00	20 478.80	6 083.00	65 053.50	8 902.87	4 641.43	15 830.63	2 484.00
股权转让	17 388.24	23 882.17	1 508.50	1 702.50	21 229.24	10 741.18	38 589.40	123 314.66
租赁	6 195.51	4 561.83	5 676.66	3 678.17	13 887.37	12 178.28	16 245.80	18 538.04

注:数据来源 CSMAR 数据库,并据公司年报数据手工核对。

其他形式的关联交易金额和比例都不能和关联购销相比。就其他五种关联交易内部看,担保、股权转让、租赁等相对金额较大,比例较高。(1)就关联担保来看,在 MBO 后,上市公司显著得到母公司和其他关联公司的支持,获取了关联公司的融资担保。(2)就关联方资金占用来看,在 MBO 前,上市公司的资金被母公司和关联方占用明显,而且呈现逐年恶化趋势。**但这种局面在 MBO 当年就得到了扭转**，变为正值，即上市公司占用关联方资金，而且 MBO 后除第 1 年外，全部为上市公司**占用关联方资金**。（3）关联资产置换，我们未区分正负符号（即资产置出或置入），有一个显著的异常是，MBO 当年的资产置换金额显著大于其余所有年份，我们认为这是"自由控制资产假说"（李曜，2004）[①]的一个佐证。（4）关联股权转让，在（-3，2）年间基本处于**区间波动状态**，但第 3、4 年呈现显著增加的趋势。（5）租赁等，在 MBO 前呈现下降趋势，但在 MBO 后呈现显著增加的趋势。详见**图 3.5—图 3.12**。

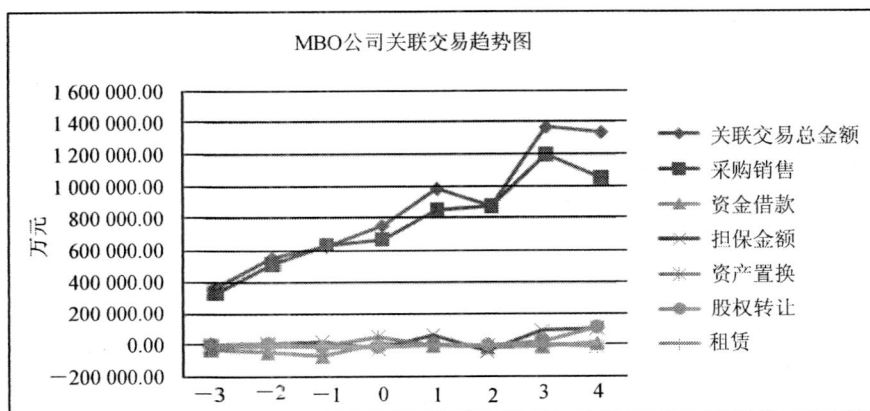

图 3.5　样本公司 MBO 前后关联交易的结构趋势图（单位：万元）

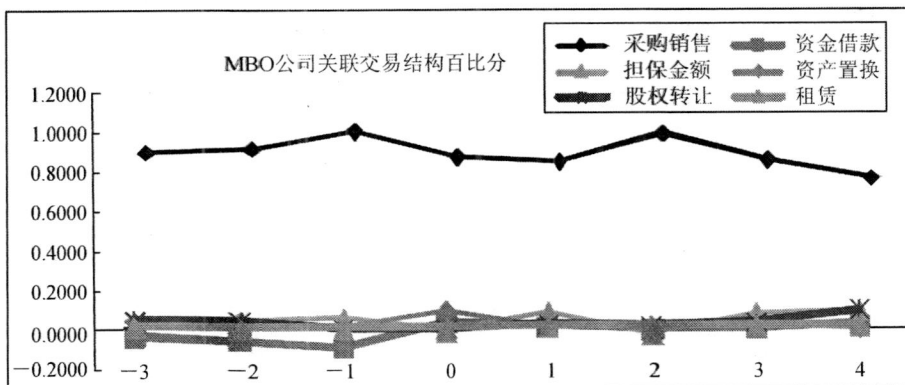

图 3.6　样本公司 MBO 前后的关联交易结构百分比图

根据以上关联交易的汇总及结构图形和数据趋势的分析，我们进行了统计检验。同样，由于小样本的问题，我们采取了 Wilcoxon 秩和检验。

---

① 见本书第五章。

MBO公司的关联购销（万元）

1 199 464.96

856 712.13

638 165.344 9

517 827.33

877 996.62

1 054 334.16

672 950.041

338 713.298 1

−3　−2　−1　0　1　2　3　4

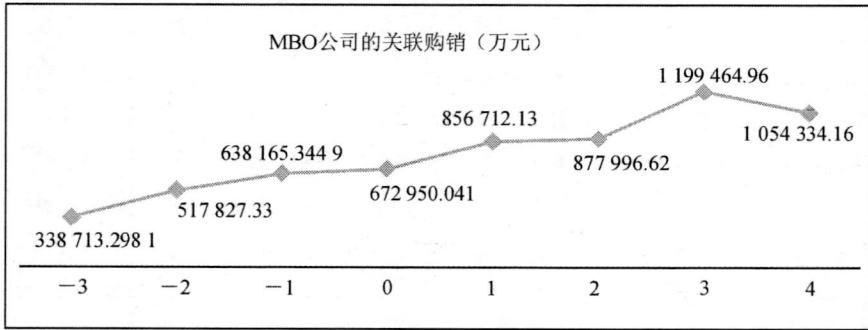

图 3.7　样本公司 MBO 前后关联购销金额（单位：万元）

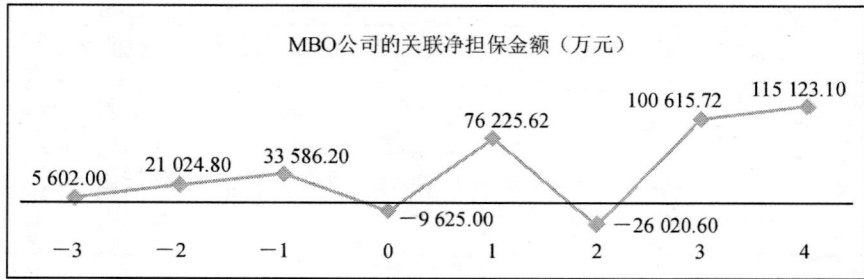

MBO公司的关联净担保金额（万元）

115 123.10

100 615.72

76 225.62

33 586.20

21 024.80

5 602.00

−9 625.00

−26 020.60

−3　−2　−1　0　1　2　3　4

图 3.8　样本公司 MBO 前后的关联净担保金额（单位：万元）

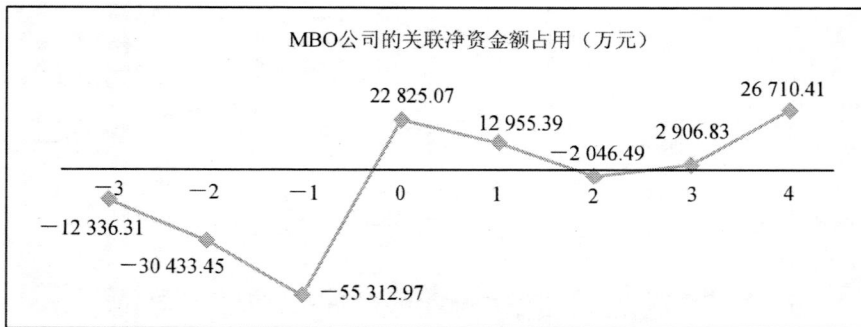

MBO公司的关联净资金额占用（万元）

22 825.07

26 710.41

12 955.39

2 906.83

−2 046.49

−12 336.31

−30 433.45

−55 312.97

−3　−2　−1　0　1　2　3　4

图 3.9　样本公司 MBO 前后的关联净资金占用金额（单位：万元）

我们可以看出，就关联交易总金额而言，在 1% 的显著性水平下，第 4 年、第 3 年的数值与前 3 年的数值显著不同；在 5% 的显著性水平下，第 4 年、第 3 年的数值与 MBO 前和MBO 当年的数值均不同，第 4 年的数值与 MBO 后 1 年、2 年的数值也不同（表中未显示）。见表 3.6。

MBO公司的关联资产置换（万元）

65 053.50

20 478.80

15 815.00   6 083.00   8 902.87   15 830.63

4 641.43   2 484.00

−3   −2   −1   0   1   2   3   4

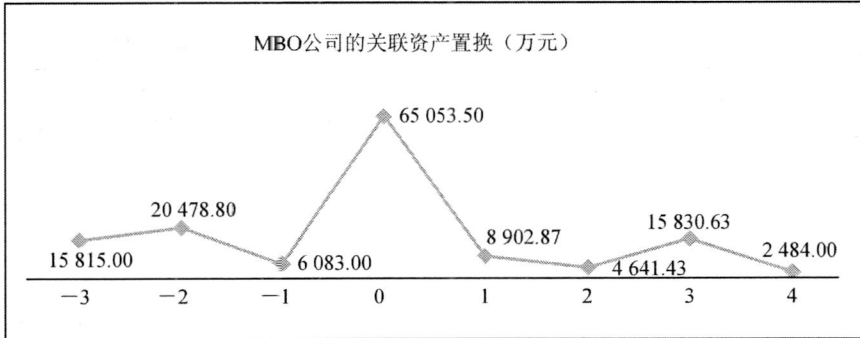

图 3.10　样本公司 MBO 前后的关联资产置换金额（单位：万元）

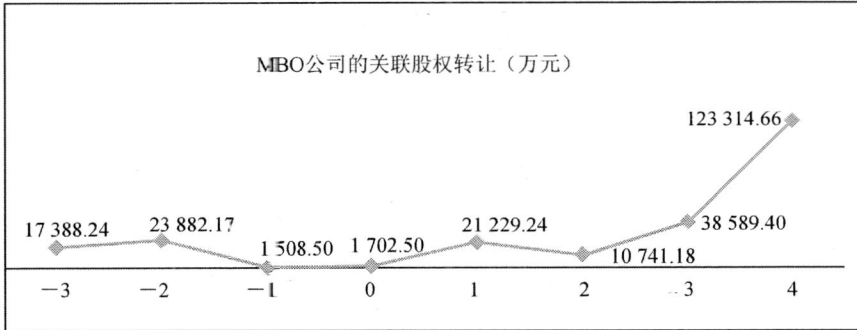

MBO公司的关联股权转让（万元）

123 314.66

17 388.24   23 882.17   21 229.24

38 589.40

1 508.50   1 702.50   10 741.18

−3   −2   −1   0   1   2   3   4

图 3.11　样本公司 MBO 前后的关联股权转让金额（单位：万元）

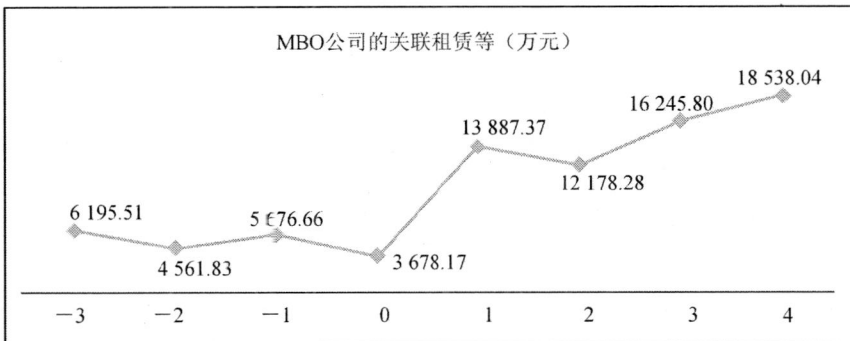

MBO公司的关联租赁等（万元）

18 538.04

16 245.80

13 887.37

12 178.28

6 195.51   5 876.66

4 561.83   3 678.17

−3   −2   −1   0   1   2   3   4

图 3.12　样本公司 MBO 前后的关联租赁等金额（单位：万元）

表 3.6　MBO 前后样本公司关联交易总金额的差异性检验

年度配对检验	（年 4-前 3 年）***	（年 4-前 2 年）**	（年 4-前 1 年）**	（当年-前 3 年）	（年 4-当年）**	（年 3-当年）**	（年 3-前 3 年）***
Z	−2.809(a)	−2.417(a)	−2.373(a)	−2.544(a)	−2.504(a)	−2.254(a)	−2.897(a)
Asymp. Sig. (2-tailed)	.005	.016	.018	.586	.012	.024	.004

a 建立在负秩和基础上。Z 值为负,表示前者的金额大于后者,比如表中第一列为年 4 的金额大于前 3 年。

注:本表是根据 Wilcoxon 秩和检验计算的 Z 统计量及双尾 P 值。***、**、* 分别表示通过了 1%、5%、10% 的显著性水平检验。我们做了很多个配对检验,除了涉及第 3 年和第 4 年的之外,其他都不能通过显著性 5% 的检验,限于篇幅未放入表中。

因此,我们可以发现,MBO 后第 3 年、第 4 年,样本公司的关联交易显著超越 MBO 前水平。主要的结构性原因在于,关联购销、担保、资金占用、股权转让、租赁等 5 个项目的关联交易金额均显著超越 MBO 之前的水平。[①]

对此现象,我们的解释原因如下。

第一,很难确认关联购销是管理层控股的母公司或其他关联公司对上市公司的掏空或支持,因为所有公告的关联购销都宣称,采购、销售价格均按照公允价值或市场价格定价,不存在损害上市公司利益的行为。[②]

第二,就关联担保、资金占用两个项目而言,上市公司在 MBO 前,资金被母公司或关联方净占用,而在 MBO 后体现为上市公司净占用关联方资金。上市公司在 MBO 后获得的关联方净担保显著超过 MBO 以前,因此,担保和资金占用这两个科目都说明,MBO 后上市公司获得了母公司和关联方的支持。

第三,股权转让在第 3、4 年的显著增长,也可能是为了提高上市公司绩效而将有增长潜力、盈利能力好的股权资产注入上市公司,而将绩效差的企业股权转让出上市公司。

第四,租赁科目包含的内容比较广泛,包括水电煤费用、房屋租赁、水面租赁、商标使用费等,租赁科目数据在 MBO 后呈现持续增长的态势,主要原因还是公司经营规模的扩大引起的。

第五,关联资产置换在 MBO 当年发生了异常性的增加,而 MBO 之前或之后均没有显著变化。我们认为,关联资产置换在 MBO 当年的异常增加,这属于解释 MBO 动因和效应的"自由控制资产假说"的原因。

总之,对于 MBO 公司在 MBO 后第 3、第 4 年份关联交易的显著增长,我们认为是支持效应为主,而非掏空效应。原因有二。

其一,由于大部分 MBO 样本公司的管理层收购发生在 2001—2003 年的三年中,我们所选取的 19 个样本中,有 16 个公司的 MBO 发生在这个时间区间。按时间推移,

---

[①]　对这 5 种关联交易金额各自然年度的变换,我们也做了很多个配对 Wilcoxon 秩和检验以及均值 T 检验,均得出与关联交易总金额相同的结论。限于篇幅未放入文中。

[②]　当然,我们可以质疑这种表面公允的关联购销行为背后存在着事实上的不公允的本质。由于我们并非行业专家,因此无法深入分析每一个关联购销行为的必要性、定价的公允性,以及其他由购销活动衍生的上市公司和母公司的关联行为。

MBO后的第3、4年是2004—2006年,我国资本市场在这个时候发生了一个重要的制度改革——股权分置改革。由于非上市的国有股、法人股通过股改可以获得流通权,而管理层直接或间接持有的股权在股改之前均为非流通股(在MBO当年管理层收购获得的股权不可流通,未来是否可流通,属于一个不可知的问题)。2005年,中国证券监管机构启动了股权分置改革,上市公司管理层看到了其所持股权可流通的前景,上市公司的股份价值将直接关系其切身利益,因此,股改事件极大地改变了管理层的预期[①]。做好上市公司的业绩、提高上市公司的股价和总市值,就可以直接提高管理层的持股收益,在这种逻辑下,支持效应就成为管理层的主要动机。因此,在股改的制度变革背景下,大股东通过关联交易支持上市公司,也就可以得到解释。

其二,在中国证监会、证券交易所对上市公司加强监管的环境背景下,特别是2001年以后实施了对公司治理的持续严格监管后,关联交易尤其是损害中小股东利益的关联交易就成为监管的重中之重,掏空的关联交易日益减少,而支持性的关联交易不断出现。

近几年来,一些学者对股权分置改革的效应进行了研究。例如,廖理和张学勇(2008)实证检验了股份全流通纠正终极控制者利益取向的有效性。他们的研究结果认为:股改之后,家族终极控制者的掏空动机发生了显著改善,家族终极控制者掏空上市公司的程度显著下降。全流通确实有效地纠正了上市公司终极控制者的利益取向,改善了公司治理的效率。

当然,我们不能排除在关联购销和关联租赁等项目中存在个别公司的掏空行为,因为我们并没有能够进行个案的关联购销和租赁行为的具体研究。[②]

第六节　关联交易的多因素回归分析

在本节中,我们用一个多元线性回归模型来检验了样本上市公司关联交易的影响因素,特别关注了两权分离度指标是否对关联交易产生影响,以及MBO后关联交易是否明显增加等。

由于公司资产规模的增加,公司的购销、担保、资金占用等规模都会上升,即大型公司会有较大的生产规模,从而导致由于正常的经营活动而产生的关联交易较大。因此,我们将公司总资产(回归方程中取总资产的对数)作为一个控制变量,并假设总资产与关联交易呈正相关关系;另外,公司的资产负债率上升,表明公司面临较大的偿债压力,此时,出于提高公司业绩、增强偿债能力的动机而进行的关联交易也会增加,因

---

① 股改事件后上市公司管理层的预期发生了改变,这是一个自然实验(Natural Experiment)现象。股改前,管理层股东的利益实现要通过"掏空、掘隧"等负向关联交易将上市公司利益转移到母公司来实现,从而损害中小股东利益。股改后,管理层股东的利益实现可以直接通过上市公司的股票变现来实现。实施对上市公司的"支持效应"等正向关联交易,可以提升上市公司的股票价值,从而与中小股东利益一致。

② 在朱红军等(2006)对宇通客车案例的研究中,发现MBO以后,上市公司和管理层直接控制的其他企业之间发生了大量关联购销和投资行为等,上市公司利益显著受损。不过这一研究是在上市公司股权分置改革前。

此,我们将公司资产负债率作为一个控制变量,并假设资产负债率与关联交易呈正相关关系。

回归模型如下:

$$LnA = \alpha + \beta_1(C/O) + \beta_2 D + \beta_3 LnS + \beta_4 L \tag{3.1}$$

其中,A 为因变量,为关联交易总金额。D 是虚拟变量,在 MBO 发生以前 $D=0$,MBO 当年以及以后 $D=1$;C/O 为自变量,表示两权分离度指标。LnS 和 L 分别为总资产对数和资产负债率,为控制变量,资产负债率为上市公司负债与总资产之比。关联交易金额和两权分离度指标来自于我们的手工统计(和前文一致),总资产和资产负债率来自于 WIND 资讯数据库。

我们选择了 19 家样本公司 MBO 前 3 年至后 4 年的数据,因此本数据为面板数据(Pannel Data)。回归模型结果通过 SPSS16.0 获得。由于关联交易、两权分离度等指标已经在前文分析过,这里就不再进行变量的统计描述。

回归结果如下:

$$LnA = -19.354^{***} + 0.588^{***}(C/O) - 0.577^* D + 1.303^{***} LnS + 0.019^{**} L$$
$$(3.797) \qquad (0.171) \qquad (0.307) \qquad (0.184) \qquad (0.008)$$
$$\tag{3.2}$$

回归方程的 $R^2=0.459$,校正的 $R^2=0.438$,$F=21.42$,$P=0.000$,$D.W.=1.432$,观察样本为 106 个。系数下的括号中为标准误值。

因为我们在回归处理中,若直接取关联交易总金额(未取对数)作为被解释变量,回归方程的 $R^2=0.313$,校正的 $R^2=0.294$,$F=16.546$,观察样本点为 150 个[①]。由于采用关联交易总金额作为被解释变量造成各变量的系数值过大,因此我们不采用该方法,而且用关联交易总金额作为被解释变量的回归方程的解释力度不如(3.2)式。

当我们采用关联交易的对数值为被解释变量时,由于某些观察点的关联交易值为负或为零,取对数后造成观察样本缺失。这样,观察点只剩下 106 个[②]。

然后,我们分别对担保、资金占用、关联购销进行回归。由于资产置换、股权转让和租赁三个项目的样本观察点较少,即很多样本公司在考察年没有这些项目发生,所以我们只选择了担保、资金占用和关联购销三个子项目。由于担保和资金占用两个项目有正负号,因变量应取原值(资金占用取对数后,回归方程不再显著)。但是担保按原值进行回归,方程不显著。所以,我们对担保项目因变量取了对数。

我们进行了各种回归尝试,最后列在下表中的是回归方程显著的,回归方程不显著的,也即 F 检验后,P 值小于 0.1 的均未列出。见表 3.7。

---

① 由于红豆股份缺少 MBO 上市前 3 年数据,红豆股份当时还没有上市。大众交通缺少 MBO 前 3 年数据,省略。这样,19 个公司 MBO 前后共 8 年的观察值,减去两个观察样本点,共 150 个观察点。

② 我们尝试将关联交易为负值的公司,取绝对值后,再加入总样本中进行回归,结果造成回归方程的解释力度大大下降,而且所有的回归系数均不显著。我们认为,这是由于在加总关联交易的时候,担保和资金占用有正负号,而关联购销则无正负号,从而导致关联交易汇总值为负的观察点主要是一些奇异点(某些异常年份只有担保或资金占用而无其他关联交易)。为了进一步说明问题,我们继续进行各个具体关联交易的回归分析。

表 3.7 样本公司关联交易的多因素回归结果

解释变量	被解释变量			
	LnA	LnA_1	A_2	LnA_3
Cons.	−19.354***	3.008	13 219.200	−21.592***
	(3.797)	(4.462)	(17 939.970)	(5.000)
C/O	0.588***	0.162	−1 424.920*	0.395*
	(0.171)	(0.292)	(829.600)	(0.190)
D	−0.577*	0.217	3 457.330	−0.532
	(0.307)	(0.351)	(1 544.290)	(0.373)
LnS	1.303***	0.222	−679.500	1.368***
	(0.184)	(0.214)	(881.300)	(0.245)
L	0.019**	0.022**	17.550	0.026**
	(0.008)	(0.009)	(42.960)	(0.011)
校正 R^2	0.438	0.158	0.026	0.369
D.W.	1.432	1.515	1.821	0.681
F-检验值	21.420	3.776	1.989	16.2C8
P 值	0.000	0.009	0.099	0.000
观测数	106	60	150	106

注：A 为关联交易总金额；A_1 为净担保(上市公司为关联方担保为负值，关联方为上市公司担保为正值)；A_2 为净资金占用(上市公司资金被关联方占用为负值，上市公司占用关联方资金为正值)；A_3 为关联购销(无正负)。括号内数值为相对应的回归方程系数的标准误。样本公司数为 19 家，MBO 前 3 年、后 4 年共 8 年的观察点。由于红豆股份 MBO 前 3 年未上市、大众交通缺失 MBC 前 3 年数据，完整的观察点为 150 个。由于对担保项目因变量取了对数，因而造成各个回归处理时样本观察点发生减少。表中 ***、**、* 分别标志显著性水平为 1%、5% 和 10%。

对于回归结果，我们分析如下：(1)随着两权分离度的增加，导致关联交易总金额上升(显著水平 1%)。两权分离度每增加绝对数量 0.1，关联交易总金额增长 6.08%[①]。从结构上看，关联购销增加(显著水平 10%)，资金净占用减少(系数符号为负，表示资金被占用，显著水平 10%)，担保不显著。另外，随着两权分离度的增加，股权转让、租赁、资产置换等也在增长。(2)表征 MBO 前后的虚拟变量的回归系数大多不显著，关联交易总金额的回归系数显著水平也不高。(3)规模因素和资产负债率对关联交易有显著的解释能力。在 1% 的显著性水平下，公司总资产规模每增长 1%，关联交易总金额增长 1.3%。其中，关联购销增加 1.37%。在 5% 的显著性水平下，公司资产负债率增加 1%，关联交

① 凡自变量或因变量为对数形式，我们都进行了相应换算。

易总金额增长 0.019％,其中,关联购销增长 0.026％,关联担保增长 0.022％。

因此,公司在 MBO 以后,随着两权分离度的增加,公司的关联交易总规模在上升,其中的主要原因是关联购销行为的增长。公司的资产规模、负债率和关联交易之间存在着显著的正相关关系,其中,负债率上升会导致公司获得的担保融资显著增加。

第四章 MBO后公司的财务绩效

第一节 西方对管理层收购后财务经营绩效的研究

一、西方对管理层收购后企业经营效应的研究

西方对管理层收购后企业经营效应的研究始于 20 世纪 80 年代末期,是出于实践发展的需要。这一领域的早期代表性文献是卡普兰(1989)的论文。该文对美国纽约证交所和美国证交所上市公司在 1980—1986 年间发生的 76 个大型 MBO 交易进行了研究,每个案例的交易价值在 5000 万美元以上,这些上市公司在 MBO 交易结束后全都下市了,所以这些样本均为大型公司的 PTP 交易——即将上市公司下市。在收购交易结束后的 3 年,企业的经营性收入增加了,资本投资减少了,净现金流量增加了。据卡普兰的统计数据,经营收入与收购前 2 年的水平相比,在扣除行业平均变化水平后,MBO 后头两年没有明显变化,第 3 年增加了 24%。用经营收入/总资产、经营收入/销售收入等两个比例进行比较,MBO 完成后的 3 年,其数字比行业平均数字每年高了大约 20%。在扣除行业平均变化水平后的净现金流量数字,MBO 后的 3 年比 MBO 前 1 年分别增加了 22%、43.1% 和 80.5%。上述会计数据的变化也反映在证券市场投资者的收益上。MBO 前,经市场调整后的平均收益率为 37.9%,而 MBO 后,经市场调整后的平均收益率为 41.9%。(Kaplan,1989)在卡普兰以后,其他英美学者对管理层收购的经营绩效效应进行的实证研究,基本上得出了相似的结论。

21 世纪以后,对杠杆收购和 PE 基金的经验研究主要集中于欧洲,大部分的研究结论也认为杠杆收购带来了经营绩效和产出效率的提高,这包括哈里斯、希格尔、赖特(Harris,Siegel,Wright,2005)对英国的分析;戴斯布瑞尔和夏特(Desbrierers & Schatt,2002)对法国的分析;伯格斯特龙、格拉布、琼森(Bergstrom,Grubb,Jonsson,2007)对瑞典的分析等。卡明、希格尔、赖特(Cumming,Siegel,Wright,2007)总结了这些文献后认为,不同的时期、不同的研究方法都得出一致性的结论,即 LBO 特别是 MBO 提高了企业的经营绩效。

但是,最近两三年在学术界出现了不同的声音,针对大型 PTP 的一些研究文献发现了不同结果。郭等(Guo,et al.,2007)研究了美国在 1990—2006 年期间的 192 个交易市

值在 1 亿美元以上的 PTP 交易,其中有 94 个案例拥有收购后的财务数据(因为这些企业最后 IPO 或者拥有公开发行的债务等,从而披露了公司处于下市时的财务资料)。对这些案例研究后发现,收购下市后经行业调整的企业,其营业利润和现金流只是得到了略微提高,远没有 20 世纪 80 年代时数据提升的幅度大,净现金流量/销售收入的年增长率只有 14.3%。但该文献发现,PE 基金的收益(退出时价值相比收购价格)很高,解释原因有三:收购后经营业绩的提高(解释 23%)、证券市场估值水平的上升(解释 26%)、负债带来的税收利益(解释 29%)。阿查亚、哈恩、基欧(Acharya,Hahn,Kehoe,2009)和韦尔、琼斯、赖特(Weir,Jones,Wright,2007)等发现,1998—2004 年期间,在英国的 PTP 交易后,企业的经营绩效改善也相对较小。

这说明,第二次收购浪潮和第一次收购浪潮对企业经营绩效的影响可能是不同的。PE 收购后对企业经营绩效和生产率的影响还需要进一步研究。以下是吉利根和赖特(2010)做的文献总结。见表 4.1 和表 4.2。

表 4.1　MBO/LBO 后的企业经营绩效

作者	国家	交易类型	研究发现
Kaplan(1989)	美国	LBO	收购后企业的利润和现金流大量增长;和行业平均水平相比,经营利润/总资产高出 36%
Muscarella & Vetsuypens(1990)	美国	反向 LBO	经营利润/销售收入的增长超过控制组公司;经营绩效的提高主要是由于成本的节约,而非销售增长或资产周转的提高
Singh(1990)	美国	反向 LBO	和同行业其他公司比较,并购后企业的销售收入增长、营运资本管理提高,特别是对分支机构的 LBO 最明显
Smith(1990)	美国	LBO	在并购后,人均经营活动现金流、经营性资产增加了,营运资本提高了,人均现金流高于同行业平均水平 71%。这些改变是由于并购后削减雇员、减少资本投资等所导致
Bruining(1992)	荷兰	MBO	并购型案例拥有显著高于行业均值的现金流和投资回报率
Opler(1992)	美国	LBO	在并购后的 3 年,企业每年的经营活动现金流/销售收入增长 16.5%
Wright,Thompson & Robbie(1992)	英国	MBO & MBI	并购后,在盈利能力方面,68% 的公司增加,17% 的公司下降;43% 的公司减少了应付账款天数;31% 的公司增加了应收账款天数
Smart & Waldfogel(1994)	美国	LBO	在 LBO 前 1 年和 LBO 后的 2 年之间,企业的经营利润/销售收入提高了 30%
Chevalier(1995)	美国	LBO	消费者面临着超市中更高的产品定价(LBO 案例是超市公司)
Wright,Wilson & Robbie(1996)	英国	MBO	直到并购后的第 5 年,MBO 公司才比可比非 MBO 公司的盈利能力更高

续表 4.1

作者	国家	交易类型	研究发现
Desbrieres & Schatt(2002)	法国	MBO & MBI	企业的财务绩效变化依据出售者类型的不同而不同
Cressy, Munari, Malipero(2007)	英国	MBO & MBI	在并购发生后的第一个 3 年中,PE 支持的并购公司的经营盈利能力每年都好于可比非并购公司4.5%
Guo, Hotchkiss & Song(2007)	美国	PTP	在并购前和并购后,样本公司的资本回报率显著为正(除最终进入财务困境的公司);当交易由高比例的银行融资支持或者当存在一个或多个 PE 机构时,样本公司并购后的资本回报率更高
Boucly, Thesmar & Sraer(2009)	法国	LBO	在缺乏内部资金的行业中发生的杠杆收购,带来的销售、资产、生产率和就业的增长更高
Meuleman, Amess, Wright & Scholes (2009)	英国	分支机构、家族和二次杠杆收购	在分支机构的杠杆收购中,企业经营绩效的增长率更高
Weir, Wright & Jones(2009)	英国	PTP	相比收购前,企业的财务绩效恶化,但是企业并不比如果保持上市地位的财务绩效更差;PE 机构支持的交易对盈利能力有负面影响;非 PE 支持的样本公司在下市后开支减少、人均盈利能力更高、财务预警的 Z 值提高

来源:Gilligan & Wright(2010)。

表 4.2 MBO/LBO 后的劳动生产率变化

作者	国家	交易类型	研究发现
Lichtenberg & Siegel(1990a)	美国	分支机构和整个企业的 LBO 以及 MBO	在 LBO 或 MBO 之前,工厂的生产率高于可对比样本公司的2%;在收购之后,LBO 特别是 MBO 样本公司的生产效率高于可对比样公司本超过8.3%;LBO 或 MBO 后工厂中非生产性工人的就业率和工资下降(但生产工人没有);研发开支没有减少
Amess(2002)	英国	MBO	MBO 提高了生产率;MBO 后劳动边际生产率显著超越非 MBO 可比公司
Amess(2003)	英国	MBO	与可比非 MBO 公司比较,MBO 公司的技术生产率在收购前两年高于对比公司,但收购的前 3 年之前是比较落后的行业公司;收购后的前 4 年中,MBO 公司的技术生产率每年均高于对比公司,4 年后没有此效应
Harris, Siegel & Wright(2005)	英国	分支机构和整个企业的 LBO 和 MBO	在并购前,公司的生产率低于行业可比公司.在并购后,企业的生产率显著提高、MBO 后企业的就业大幅度减少
Davis, et al. (2009)	美国	PE 支持的 LBO 和非 PE 支持的 LBO	PE 支持的交易与控制组公司(非 PE 支持的交易)在并购头两年的生产率每年高出2%;生产率提高72%归于更有效的管理;PE 机构更倾向于关闭劳动生产率较低的工厂;PE 支持的企业在并购前的表现就好于控制组企业

总之,西方主流的研究文献说明:管理层收购对改善企业经营收入、提高现金流量的作用明显;企业的经营收入和现金流量在收购后的增长速度显著高于行业平均水平;管理层收购提高了投资者的投资收益率,增加了企业价值。

二、西方针对管理层收购积极效应提出的假说

为解释上述现象,西方理论界基本上形成了三个管理层收购效应的假说。

(一)新激励机制假说

詹森(1986,1988)认为,MBO带来的新激励机制体现在三个方面,亦即债务的激励、经理报酬中的股权激励和购并专家的监督机制。在上述新激励机制下,企业的代理成本降低,浪费性的资本投资减少;企业的经营收入增加、经营效率提高。新激励机制假说的背后实际上是詹森(1986)提出的自由现金流量代理成本假说。詹森认为,自由现金流量是企业内部存在的超过了企业所有净现值为正的投资项目融资需要的、可供经理们自由支配的资金。由于经理和股东的利益不一致,经理们宁愿将自由现金流量投资到净现值为负的项目中去,扩张企业的规模,增加经理所能控制的资产,从而不将自由现金流分配予股东。在MBO以后,由于企业所有权结构的改变,代理成本不存在了,而且企业为收购融资承担了大量债务,结果导致管理层减小投资规模,企业经营利润大幅度增加,支付利息和股息也增加了。詹森以西方国家石油行业的企业为例提出了他的假说,并认为拥有大量自由现金流量的企业最应该发生管理层收购。

新激励机制在解释MBO/LBO后企业的经营绩效变化方面,得到了最广泛的实证支持,文献总结详见下文的表4.3。

(二)减员降薪假说

施莱弗和萨默斯(Shleifer & Summers,1988)认为,MBO后,企业将解雇部分员工或者降低员工薪酬水平,这样等于是将财富从员工转移给股东。对于减员降薪假说,西方学者的实证分析一般持否定意见。比如卡普兰(1989)论文中的数据资料显示,MBO的后1年相对于MBO前1年,企业平均减员比例只有0.9%。

(三)内幕信息优势假说

洛温斯坦(Lowenstein,1985)认为,企业管理层拥有外部的收购竞标者所不知道的内幕信息,比如管理层知道的企业未来现金流量比市场预计的要高。企业董事会在进行收购竞标的时候,由于内幕信息的原因,造成管理层收购的价格被低估。收购完成后,随着内幕信息的逐渐公开,企业经营收入增长很快,大大超过市场原先的预计。因此,包括对外部PE投资者持批评态度的人士认为:收购后企业经营业绩和企业价值的提高,可能是由于PE投资者拥有内幕信息,而内幕信息的来源就是当前的企业管理层。他们的逻辑是:企业管理层拥有外部收购竞标者所不知道的内幕信息,管理层支持PE的收购,其目的可能是要保住他们的工作,从而在新所有者下获取丰厚的薪酬。因此,当前的管理层就不会为目前的股东去争取最高的出售价格,而结果对于PE基金来说,就是获取了优惠价格。

反对者的观点在一定程度上认同当前的企业管理层拥有如何将企业经营得更好的信息，但是他们认为，只有被PE收购后，在拥有了更好激励机制和更密切监督机制的条件下，当前的管理层才能运用他们的知识和技能将企业更好的业绩予以实现。

学者的研究进一步否认了收购后企业经营业绩的改变是由于企业管理层和PE机构拥有内幕信息。原因如下。

第一，收购市场的激烈竞争和管理层的实际报价均不支持内幕交易假说。卡普兰（1989b）的研究认为，若有内幕信息，收购前PE机构提交的财务预算应该低于收购后企业的实际执行情况，以便压低收购价格，但实际情况恰恰相反。企业收购后的经营绩效大部分还达不到收购前PE机构的财务预算，这说明，就企业的实际财务数据而言，收购前管理层提交股东的企业价值评估与收购后企业的实际情况相比，管理层的评估价值往往是高估的。

另外，在收购发生前，其他知晓内幕信息的股东包括未参与MBO的经理、董事等高管人员，他们将股票出售给了收购团队。在卡普兰（1989b）的统计数据中，这种知晓信息而未参与收购的股东平均持有的公司股票比例为10％。如果收购价格被低估的话，这些股东出售股票的行为就是非理性的。

公司控制权市场存在公开竞价和激烈竞争，PE机构和管理层企图隐瞒真实信息、实现低价收购是很困难的。奥菲克（Ofek，1994）研究了PE机构收购失败的案例，在这些案例中，企业管理层支持PE机构而董事会或股东们则反对。若有内幕信息而报价过低，PE收购失败后的企业股价和经营业绩应该有超额收益，但是研究中没有发现。

第二，PE机构在并购后往往引入新的管理层。阿查亚、哈恩、基欧（2009）的研究发现，在并购后的第一个100天内，样本公司中1/3的CEO会被更换；4年后，2/3的CEO会被更换。因此，如果现在的企业管理层希望通过给予PE机构内幕信息来换取新主人的高度激励政策，自身反而极有可能被新主人解聘。

第三，在PE投资的繁荣—衰退的周期循环中，PE机构也曾经出现过支付价格过高但最后失败的现象。例如，20世纪80年代末期和2006年的资产规模爆发式增长阶段，最后PE基金的收益被证实非常低。如果PE机构通过企业管理层掌握了有利的内幕信息，就不会出现这样的周期循环。

以上的诸多研究，并不支持PE收购后企业经营业绩的提高是由于内幕信息的结果。但也有研究发现，PE机构确实能够比其他收购者更便宜地收购企业。如前文提到的郭等人（2007）和阿查亚、哈恩、基欧（2009）等人发现，20世纪90年代以来的PTP收购浪潮中，企业的经营绩效只是略有提高，但是PE基金的财务回报却很高，因此认为，PE机构可能能够低买高卖。还有前文提到的巴杰伦等人（Bargeron, et al., 2007）发现，在收购同样的目标公司时，PE基金比其他竞争收购者能够支付更低的溢价。这些研究说明，PE机构能够识别价值低估的产业和行业内的公司，或者是PE机构特别擅长于谈判，目标公司的董事会和管理层在收购交易中没有得到最好的价格。

因此，对内幕信息或非对称信息问题的讨论，指责PE投资者和当前的目标企业管理层拥有有利内幕信息的说法是没有根据的。研究结果支持：PE 机构擅长于收购价格谈判，更重要的是能够识别市场定价错误而进行准确地市场择时（Market Timing）交易。

综观西方的研究文献，可以说是一致支持新激励机制假说。这一假说成为西方解释管理层收购积极效应的理论主流。以下是西方以英美的学者为代表对 MBO/LBO 变化动因的主要文献。见表 4.3。

表 4.3　MBO/LBO 收购后经营绩效、公司战略、控制等发生诸多变化的动因♠

作者	国家	交易类型	研究发现
Malone(1989)	美国	小型 PE 机构支持的 LBO	管理层拥有股权是收购后经营绩效、公司战略、控制等发生诸多变化的重要动因
Thompson,Wright & Robbie(1992)	英国	MBO,MBI	管理层团队拥有的股权，比财务杠杆、股权棘轮等对于收购的绩效更为重要
Denis(1994)	美国	LBO 和杠杆资本重组	LBO 比杠杆资本重组的绩效更好的原因在于 LBO 交易中的股权所有者结构和积极投资者的作用
Phan & Hill(1995)	美国	PTP	在收购后的第 3 年和第 5 年中,管理层股权相对于财务负债对企业业绩来说拥有远为重要的作用
Robbie & Wright (1995)	英国	小型的 MBI	PE 机构较少介入此类交易；债务合同和限制条款对采取正确行动很重要
Cotter & Peck(2001)	美国	LBO	LBO 收购专家的积极监督在监督和激励经理层上替代了杠杆收购中的负债压力；收购专家若持有收购后企业的大部分股权,则交易中的负债应用更少；收购专家通过在董事会中拥有较强位置来行使对经理层的密切监督
Cressy,Munari & Malipero(2007)	英国	MBO & MBI	PE 支持的收购在收购后的第 3 年中显著增加了企业的产业专业化水平,增加了企业的经营盈利能力
Acharya,Hahn & Kehoe(2008)	英国	PE 机构支持的 LBO	PE 机构和企业管理层在收购后价值创造计划期的第一个 100 天内进行密切沟通互动,产生了一个积极的董事会
Cornelli & Karakas (2008)	英国	PE 机构支持的 PTP 交易（LBO & MBO）	PE 机构在董事会中拥有席位并积极参与,这给企业带来 PE 机构的风格和挑战。在 CEO 发生变更和需要更长时间退出的交易中,董事会规模下降了,PE 机构的席位增加了
Meuleman,Amess, Wright & Scholes (2008)	英国	分支机构、家族企业和二次杠杆收购	在分支机构的收购中,PE 机构的经验是企业价值高速增长的显著重要的推动因素

作者	国家	交易类型	研究发现
Acharya,Kehoe & Reyner(2009)	英国	大型 PE 机构收购的企业和一般上市公司	PE 收购后的企业董事会关注于价值创造,而一般上市公司董事会关注于公司的治理合规、风险管理等。PE 董事会通过和高管的紧密合作引导了战略的形成,而上市公司董事会是高管主导的公司战略的随从者。PE 董事会中的执行和非执行董事目标一致,董事通过尽职调查和各种非正式渠道获取信息,并且主要是获取与现金流相关的信息;一般上市公司董事会通过正式方式获得各种分散的信息
Demiroglu & James (2009)	美国	PTP	由高声誉的 PE 机构支持的收购中,较少运用传统银行信贷、贷款合约的息差较低、拥有较少和较宽松的贷款合约等,更多的是从机构融资市场上以更低的成本融资或有更高的负债率。PE 机构声誉对收购定价估值没有直接影响
Leslie & Oyer(2009)	美国	PTP 和重新上市的 PTP	PE 机构拥有的公司对高管给予更强的激励、有显著更高的负债。但并没有证据说明 PE 机构拥有的企业在盈利能力或运营效率上超越一般上市公司。PE 企业和上市公司在薪酬和负债率之间的差异,一般在 PE 企业上市后的 1—2 年内就会消失
Meuleman,Amess, Wright & Scholes (2009)	英国	分支结构、家族企业和二次杠杆收购	PE 机构的经验对于收购后企业的高速增长很重要,但与盈利能力或经营效率没有关系。PE 机构对企业的深度投入提高了企业的盈利能力和经营绩效的增长速度

♠:"动因"在英文原文中是 Drivers,即"驱动因素"。

来源:Gilligan & Wright(2010)。

第二节 国内对管理层收购后财务绩效的研究

一、我国学者对管理层收购后财务绩效的研究

益智(2003)以 1991—2002 年 11 月发生的 17 例中国上市公司管理层收购为样本,采用事件研究的方法进行了分析,以每股收益、净资产收益率和总资产收益率三个指标来衡量公司业绩。研究发现,管理层收购发生的当年和前 1 年,公司绩效的各项指标均有较大上升,但是管理层收购的后 1 年的指标却大幅下挫。结论是,管理层收购对公司业绩产生了负面影响。

段海虹和范海洋(2003)运用演绎推理方法,认为管理层收购的公司和私人控股的公司在行为特征上有较多相似之处,管理层为满足自身利益最大化,可能会转移公司的优

质资产成立私人公司等,从而给公司价值造成负面影响。

李康等(2003)的研究发现,管理层收购的上市公司存在强烈的分红动机。在二元股权结构下,管理层股东利益与企业分红呈现单调的递增关系,分红越高,管理层股东的利益也越大,但是对流通股股东利益则产生负面影响。

魏兴耘(2003)也采用了事件研究方法,选取了19家我国上市公司管理层收购前后的年报数据,考察了收购前1年至收购后两年的变化。研究发现,公司总资产、净资产、每股经营活动现金净流量、净资产收益率显著增长,认为管理层收购带来了公司管理效率的提高,提高了公司业绩。但是管理层收购后公司分红大幅度增长,可能不利于企业的长期发展。另外,管理层收购前后的股票价格没有显著变化,投资者收益效应不明显。

廖洪、张娟(2004)以18家上市公司为样本,以每股收益、净资产收益率和主业利润率等财务指标衡量了管理层收购前后各1年的数据,认为管理层收购后公司的整体业绩下降,现金流量较为紧张。

二、研究中存在的问题

我们认为,上述研究存在以下一些问题。

(一)业绩指标的选择

近些年,我国财务会计制度变化十分迅速,财政部不断对老的会计准则进行修订并出台新的会计准则(2007年后上市公司应用新会计准则),这使不同时期的利润数额缺乏一致性和可比性。因此,每股收益、净资产收益率和总资产收益率等利润相关指标,存在一定的跨期可比性缺陷。

(二)样本的选择

益智(2003)、魏兴耘(2003)、廖洪等(2004)文中的多家样本公司中,既包括管理层收购成功的公司,也包括了管理层收购失败的公司(比如宇通客车、丽珠集团等),这些公司在上述文献的研究时间区间内,都没有真正完成管理层收购。而且,他们研究的大部分样本公司都是员工持股为主,而且管理层员工大部分没有取得控股地位。

(三)研究方法

国内的上述研究都没有排除行业因素对上市公司业绩变化的影响。由于不同的管理层收购公司分属不同的行业,没有扣除行业因素的财务绩效,很难说是管理层收购所产生的效应还是行业因素产生的影响。而且上述文献对研究结果也没有进行严格的统计检验。所有这些都会对研究结果的可靠程度产生负面影响。在研究市场效应时,投资收益率计算所采用的股价也没有进行复权,从而影响研究结果的可信度。

因此,针对上述问题,本章的研究采取了以下做法:在衡量公司业绩时,以现金流量等可靠度更高的指标进行分析;排除行业因素对样本公司业绩变化的影响;指标分析上以相对量指标为主,考察财务指标的增长率,并通过统计检验来观察MBO前后年度是否存在显著性差异。

第三节　行业配对公司及研究指标的选择

一、行业配对公司的选择

为了反映 MBO 样本公司的财务绩效变化,我们必须扣除行业因素的影响。本书采用了包括 MBO 样本公司在内的 5 家同行业公司计算出的行业各财务指标数值,然后将 MBO 的样本公司数据与同行业公司数据进行比较,以反映 MBO 企业相对于同行业的变化,更能真实反映公司在 MBO 前后的财务绩效改变。

对 MBO 样本公司所在行业公司的选择,我们参考并比较了中国证监会、WIND 资讯数据库和上海申银万国证券研究所这三个机构对上市公司的行业分类。[①] 由于证监会的行业分类较大(行业代码只到大类后的两位数字),每一个行业中公司过多,经营业务的一致性较差,不适合作为行业公司选择;而 WIND 资讯数据库的行业分类又过于细化,代表性不强。最后,本报告采用申银万国证券研究所所作的行业分类来选择样本公司(以下简称申万行业分类)。

举一个例子,对于美的电器(000527),中国证监会的行业代码是 c76,行业属性为"制造业—机械、设备、仪表—电器机械及器材制造",而同行业公司多达 70 多家。WIND 资讯数据库的行业代码为 252010140,属于"可选消费—耐用消费品与服装—家庭耐用消费品—家用电器",同行业公司也达到 30 多家。申万的行业代码是 851112,行业属性为"家用电器—白色家电—空调",同行业公司仅为 6 家。因此,我们认为申银万国证券研究所的行业分类最为准确。

由于在申万行业分类中,MBO 样本公司所属的行业中一般包括了不止五家行业公司,我们按照公司规模、市场份额、经营业务品种这三条标准,选择了与 MBO 样本公司最为相近的同行业公司。根据以上标准,我们选出了与 19 家 MBO 样本公司对应的 76 家同行业公司,包括 MBO 样本公司在内一共 95 家公司,名单见表 4.4。

表 4.4　19 家 MBO 公司的配对同行业公司名单(按申万行业分类)

代码	证券代码	所属行业	MBO 公司	同行业其他公司			
1	000023	建筑建材—建筑装饰—建筑施工	深天地	北方国际	深天健	路桥建设	交运股份
2	000055	综合—综合 2—综合 3	方大 A	国通管业	海螺型材	中国玻纤	北新建材

① 在 WIND 资讯数据库中有中国证监会、WIND 资讯公司和上海申银万国证券研究所的行业划分,每一家公司在"F9"键的深度数据中,均可以找到三个不同体系的同行业公司列示。我们这里是利用了 WIND 数据库的数据资料。

续表 4.4

代码	证券代码	所属行业	MBO 公司	同行业其他公司			
3	000062	家用电器—视听器材—其他视听器材	深圳华强	**四川湖山**	宏图高科	三维通信	奥维通信
4	000407	化工—塑料 2—塑料 3	胜利股份	武汉塑料	**国风塑业**	佛塑股份	国通管业
5	000527	家用电器—白色家电—空调	美的电器	格力电器	**青岛海尔**	小天鹅 A	美菱电器
6	600066	交通设备—汽车整车—商用载客车	宇通客车	中通客车	安凯客车	亚新客车	**金龙汽车**
7	600079	医药生物—医疗器械 2—医疗器械 3	人福科技	领先科技	新华医疗	万东医疗	**罗顿发展**
8	600089	机械设备—电气设备—输变电设备	特变电工	东北电气	长城电工	**思源电气**	华工科技
9	600105	信息设备—通信设备—通信传输设备	永鼎股份	中兴通讯	汇源通讯	同达创业	**得润电子**
10	600193	综合—综合 2—综合 3	创新置业	中体产业	**同达创业**	哈高科	三变科技
11	600257	农林牧渔—渔业—水产养殖	洞庭水殖	**中水渔业**	獐子岛	东方海洋	武昌鱼
12	600275	农林牧渔—渔业—水产养殖	武昌鱼	中水渔业	**獐子岛**	东方海洋	洞庭水殖
13	600295	纺织服装—服装 2—服装 3	鄂尔多斯	中纺投资	深纺织 A	天山纺织	**华芳纺织**
14	600400	纺织服装—服装 2—服装 3	红豆股份	中纺投资	深纺织 A	天山纺织	**中国服装**
15	600611	交通运输—公交 2—公交 3	大众交通	南京中北	**交运股份**	巴士控股	江西长运
16	600622	交通货运—公交 2—公交 3	强生控股	**南京中北**	交运股份	巴士控股	江西长运
17	600635	公用事业—燃气 2—燃气 3	大众公用	**华闻传媒**	长春燃气	申能股份	陕天然气
18	600779	食品饮料—饮料制造—白酒	水井坊	**泸州老窖**	古井贡酒	五粮液	贵州茅台
19	600884	纺织服装—服装 2—服装 3	杉杉股份	七匹狼	美尔雅	**雅戈尔**	浪莎股份

注：表中加黑公司为我们根据总资产、销售收入等确定的行业内最接近 MBO 样本公司的 19 家配对样本公司。这也是我们在前文分析董事会数据时采用的配对非 MBO 公司样本。

二、研究区间、数据来源

为了对上市公司 MBO 前后的财务变化进行对比研究,我们选取目标样本公司 MBO 前 3 年、MBO 当年和 MBO 后 3 年总计 7 年的数据进行分析[①],界定年度时间值为 $t=-3,-2,-1,0,1,2,3$。其中 $t=0$ 年取为公司 MBO 当年,$t=-3$ 表示 MBO 前 3 年,$t=2$ 表示 MBO 后两年,其他以此类推。

本研究报告中所用财务数据来自于 WIND 资讯数据库,在对这些数据的处理过程中采用了 Excel 和 SPSS 16.0 统计软件。

三、研究指标

(一)财务研究指标的选择

由于净资产收益率比较综合的反映了公司的财务总体状况,因此,在比较上市公司 MBO 前后的财务状况时,我们首先选取了净资产收益率作为一个衡量指标,同时运用杜邦分析体系,分为盈利能力、偿债能力、营运能力三方面对净资产收益率做分解,并进行前后时期的比较。

以下是杜邦分析法中用到的四个指标,这四个指标是我们研究财务绩效的出发点:

$$净资产收益率[②]=销售净利率×权益乘数×总资产周转率 \qquad (1)$$
$$销售净利率=净利润/销售收入 \qquad (2)$$
$$权益乘数=总资产/净资产 \qquad (3)$$
$$总资产周转率=销售收入/总资产 \qquad (4)$$

MBO 以后经理代理成本问题的解决必然会影响到公司的现金流量情况,这些变化尤其体现在资本投资方面,也就是浪费性的投资会减少,自由现金流量会增加,并被支付给债权人或者股东。这也就是詹森(1986)提出的"自由现金流量"概念及其代理成本假说,他认为,由于代理成本的存在,经理人总是倾向于把现金用于投资,甚至是投资于一些低于平均回报率的项目,而不是派发股息给公司股东或者回购公司股票。因此,当杠杆收购和管理层收购在 20 世纪 80 年代后期流行时,詹森(1989)甚至认为 MBO/LBO 标志着"公众公司的垮台",新的公司形式(股东和经理合一)将取代存在股东—经理委托代理关系的传统股份制企业。[③]因此,本书的研究中加入了反映现金流量的四个指标和资

---

① 之所以选择 MBO 后 3 年而非更长时间,是因为我国上市公司在 2007 年度开始实施新会计准则,2007 年以后的会计数据与之前的会计数据的可比性较弱。样本公司 MBO 最晚发生于 2003 年,所以选择 MBO 后 3 年也即 2006 年度以及之前年度的财务数据进行对比研究。

② 本书中的净资产收益率(Rate of Return on Common Stockholders' Equity,简记为 ROE)均界定为扣除非经常性损益后的加权净资产收益率。加权净资产收益率的计算公式见中国证监会颁布的《公开发行证券公司信息披露编报规则第 9 号——净资产收益率和每股收益的计算及披露》。

③ Jensen. The eclipse of the public corporation(《公众上市公司的垮台》)[J]. Harvard Business Review,1989(5):61-74. 这是批判公众公司的一篇檄文,文中赞美了杠杆收购、管理层收购。据称,这篇文章引起的读者来信多于《哈佛商业评论》上其他任何一篇文章。但学术界反对的声音也很大,代表性的可参见 Rappaport. The staying power of public corporation(《公众上市公司的持久力量》)[J]. Harvard Business Review,1990(1):96-104. 文章与 Jensen 的观点针锋相对,提出了公众上市公司仍然具有很多优越性,杠杆收购、管理层收购等将仅仅是暂时现象。

本投资指标：

$$经营净现金流量净值 \tag{5}$$
$$投资净现金流量净值 \tag{6}$$
$$筹资净现金流量净值 \tag{7}$$
$$现金及现金等价物净增加额 \tag{8}$$
$$资本投资 \tag{9}$$

其中，我们将资本投资分为固定资产投资、无形资产投资、研究开发支出三个方面。由于我国绝大多数公司包括本书中的 MBO 样本公司的财务报表中没有明确给出研究开发支出的详细数据，此处仅讨论公司在固定资产和无形资产两方面的投资支出，即（9）所包括的固定资产和无形资产的投资。[①]

在杜邦分析法的基础上，为了更进一步分析公司盈利能力的变化，我们在指标体系中再加入了税息折旧及摊销前利润（Earnings Before Interest，Taxes，Depreciation and Amortization，简记为 EBITDA）、每股红利（Earnings Per Share，简记为 EPS）、净利润、营业利润、利润总额、销售收入、营业外收支净额、投资净收益八个指标。其中，选择 $EBITDA$ 是基于剔除财务利息、摊销等非现金支出科目和税收政策方面变化对公司业绩造成影响的考虑；而 EPS 则选择了扣除非经营性损益后的 EPS，这是为了排除公司 MBO 后可能进行的资产剥离、债务重组、处理或出售资产而造成的大量非经常性损益的影响。因此，选取反映盈利能力的八个指标如下：

$$EBITDA = 利润总和 + 固定资产折旧 + 摊销 + 利息支出 \tag{10}$$
$$扣除非经营性损益后的\ EPS = 未调整的\ EPS^* （扣除非经营性损益后的净利润/净利润） \tag{11}$$
$$净利润 \tag{12}$$
$$营业利润 \tag{13}$$
$$利润总额 \tag{14}$$
$$销售收入 \tag{15}$$
$$营业外收支净额 \tag{16}$$
$$投资净收益 \tag{17}$$

前面的第（3）个指标——权益乘数已经是反映资产负债率的一个基本指标，为了进一步分析公司的资本结构和偿债能力，我们在指标体系中再加入以下 4 个指标：

$$每股净资产（BPS） \tag{18}$$
$$资产总计 \tag{19}$$
$$所有者权益 \tag{20}$$
$$流动比率 \tag{21}$$

（二）行业指标

对行业指标的计算，存在加权平均值（Mean）和选取行业中位数（Median）两种方法。

---

① 取自合并年报的现金流量表中的一个科目——购建固定、无形和长期资产支付的现金。

由于离群值(Outlier)的存在会严重干扰平均值对行业指标的估计,本书中选用中位数法计算行业指标,即令行业指标值等于五家行业公司的中位数。同时,用样本公司指标值减去行业指标值即得到样本公司经行业调整的指标值。[①]

行业指标值:

$$\overline{X} = \mathbf{Median}(样本公司值 \ X) \tag{22}$$

样本公司经行业调整的指标值:

$$样本公司值—行业指标值 = X - \overline{X} \tag{23}$$

(三)增长率指标

对样本公司行业调整值的研究可以采取绝对量指标和相对量指标。本书研究的是MBO样本公司财务状况的变化趋势,同时为了便于对19家样本公司的情况进行统计分析,因此主要选用相对量指标形式,也即增长率指标进行分析。其中增长率指标的计算公式如下。

样本公司指标增长率:

$$Z_1 = \frac{X_1 - X_0}{ABS(X_0)}[②] \tag{24}$$

行业指标增长率:

$$Z_2 = \frac{\overline{X}_1 - \overline{X}_0}{ABS(\overline{X}_0)} \tag{25}$$

样本公司经行业调整后的增长率:

$$Z_3 = Z_1 - Z_2 \tag{26}$$

(四)前后指标比较——Wilcoxon统计检验

我们运用 Wilcoxon 检验对 MBO 后公司的财务业绩变化进行了统计检验。由于本书的样本数比较少,仅为 19 家公司,不满足正态分布的要求,因此不宜使用 T 检验的方法。对于小样本研究,Wilcoxon 检验是比较精确且有用的检验方法,因此,我们采用Wilcoxon 双边检验对样本数据进行显著性检验。为进行统计检验,我们对财务指标进行了如下处理。

样本公司前 3 年均值指标:

$$X' = \mathbf{Average}(X_{-3}, X_{-2}, X_{-1}) \tag{27}$$

样本公司后 3 年均值指标:

$$X'' = \mathbf{Average}(X_1, X_2, X_3) \tag{28}$$

样本公司均值指标增量:

$$Z_4 = \frac{X'' - X'}{ABS(X')} \tag{29}$$

---

① 当然,行业指标值也可能是 MBO 样本公司的指标,即 MBO 公司的指标即是行业中位数。此时,经行业调整的指标值即为 0。

② 公式中的下标表示前后两个年度,因此计算的是年度增长率数据。

行业前 3 年均值指标：

$$\overline{X}' = \text{Average}(\overline{X}_{-3}, \overline{X}_{-2}, \overline{X}_{-1}) \tag{30}$$

行业后 3 年均值指标：

$$\overline{X}'' = \text{Average}(\overline{X}_1, \overline{X}_2, \overline{X}_3) \tag{31}$$

行业均值指标增量：

$$Z_5 = \frac{\overline{X}'' - \overline{X}'}{ABS(\overline{X}')} \tag{32}$$

样本公司经行业调整后的均值指标增量：

$$Z_6 = Z_5 - Z_4 \tag{33}$$

(五)MBO 公司经行业调整后的增长率综合值

上述指标均为 19 家不同样本公司各自的经行业调整的财务数据和增长率值。出于统计描述的方便,文中对 19 家公司每一年每一个增长率指标(7×21 个财务指标增长率)的数据取中位数[①],得到一个反映每一年每一个财务指标的全样本增长率数据,用以描述整体 MBO 公司经行业调整后财务数据的变化趋势,其计算公式如下。

MBO 公司经行业调整的增长率综合值：

$$Z_7 = \text{Median}(Z_3) \tag{34}$$

MBO 公司未经行业调整的增长率综合值：

$$Z_8 = \text{Median}(Z_1) \tag{35}$$

我们下面主要是根据 Z_7,Z_8 的数值画出年度趋势变化图形。我们认为,该两个指标特别是 Z_7 指标图,最能反映 MBO 整体的财务绩效变化。

第四节　MBO 公司财务绩效变化的图形分析

一、财务绩效变化指标的处理

(一)经行业指标调整后的年度增长率变化

我们先计算每一家样本公司 MBO 前后共 7 个年度的 21 个财务指标,得到 19×7×21 共 2793 个数据;再计算同行业公司的相应数据,得到 76×7×21 共 11 172 个数据。然后在每一个包含 MBO 样本公司的行业数据中选出行业中位数。然后计算 MBO 样本公司的每一个财务数据的年度增长率(Z_1)和所属行业公司的每一个财务数据的年度增长率,并选出行业增长率的中位数(Z_2),用 Z_1 减去 Z_2 得到经行业指标调整后的 MBO 样本公司的财务数据年度增长率(Z_3),这样得到 19×7×21 共 2793 个 Z_3 数据。为便于反映 MBO 公司整体的财务数据增长率情况,在每一年的 19 家 MBO 样本公司中再选择中位

　　[①]　按照从小到大排序,第 10 个公司的数据作为中位数值。以下凡对 19 家 MBO 公司各种数据选取中位数,均作同样处理。

数,这样得到 7×21 共 147 个数据,因此,在图形上可以作出 21 个财务数据 7 年来的变化,可按照 21 个财务指标做出 21 张图。这样做出来的图为下文图 4.1 中标记为"∗"的子图。由于∗子图反映了增长率的变化而非绝对量变化(绝对量变化无法横向比较不同行业的公司),并且扣除了同行业增长率值[①],再从 19 家 MBO 公司中选出中位数[②]。经过这样一个数据处理过程后的制图,我们认为这个图形(∗图)最能反映 MBO 前后公司财务绩效各方面的变化。

(二)未经行业指标调整的年度增长率变化

我们根据上面计算的每一家样本公司 7 个年度的 21 个财务指标的增长率(Z_1),就每一个财务指标、每一年度,从 19 家样本公司中选取中位数,最后也得到 7×21 共 147 个财务数据,即指标 Z_8。这就是反映 MBO 公司在 21 个财务指标上的 7 年来未经行业调整的增长率变化值,我们画出图形 4.1∗∗ 图,以作为 ∗ 图的比较。

以下的图形和分析均代表了对 MBO 样本公司整体的分析。

二、杜邦财务分析

由净资产收益率(Rate of Return on Common Stockholders' Equity,简记为 ROE)的增长率趋势图中,可以看出 MBO 前后公司的 *ROE* 增长率有显著的变化。见图4.1∗。具体体现在 MBO 后第 1 年公司的 *ROE* 显著下降,相比行业中位数水平,MBO 公司的 *ROE* 增长率落后了 12%,而在之前,MBO 公司的 *ROE* 增长率均超越或相当于行业中位数水平。但 *ROE* 在 MBO 后第 2 年、第 3 年有显著的改变。MBO 后第 2 年,MBO 公司相比行业水平仍然落后 6%;MBO 后第 3 年,MBO 公司的 *ROE* 增长率超越行业增长率 8%,达到最好水平。

在图 4.1∗∗ 中,未经行业调整的 *ROE* 出现了非常显著的趋势变化。在 MBO 前,*ROE* 增长率逐年下降,下降速度呈增加趋势;MBO 当年比前 1 年的 *ROE* 下降了 25%;MBO 后,*ROE* 虽然仍在下降,但下降速度显著减小,到 $t=3$ 年,*ROE* 已经不再下降。

结合以上两张图形可以认为,公司在 MBO 前的 *ROE* 逐年下降,在 MBO 当年下降幅度达到最大。MBO 之后,公司的 *ROE* 虽然仍在下降,但是幅度已经大幅减少,第 3 年已经不再下降。扣除行业因素之后,MBO 之前公司的 *ROE* 年度变化率好于同行业水平,即 *ROE* 的下降幅度小于行业下降幅度;但是 MBO 后第 1、2 年,公司的 *ROE* 年度变化率却落后于行业水平,特别是 MBO 后第 1 年,落后行业水平达到最大水平,比行业增长率落后 12 个百分点,即比同行业多下降了 12%;第 3 年开始,*ROE* 的增长率超越行业增长率达到 8 个百分点,显著超越行业水平,在考察的 7 年间为最佳水平。MBO 前后的 *ROE* 增长率发生了趋势性的转变,转折发生在 MBO 后第 1 年。

---

① 若未扣除行业因素,则不能反映财务绩效的变化是由于行业因素还是公司个体因素所导致。
② 中位数相比均值,可以避免某单个 MBO 样本公司的离群偏差。

*行业调整后ROE年度增长率

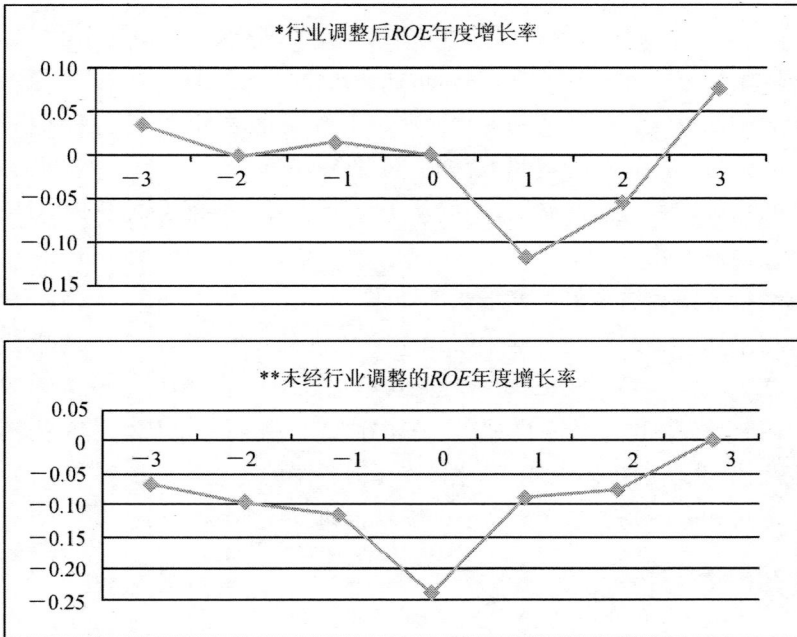

**未经行业调整的ROE年度增长率

图 4.1 样本公司 MBO 前后的 ROE 变化

＊:MBO 公司的 ROE 年度增长率(扣除行业年度增长率)

＊＊:MBO 公司的 ROE 年度增长率(未经行业调整)[1]

因此,我们认为,MBO 是公司应对困境的一种战略。MBO 前公司的 ROE 虽然略好于行业平均水平,但依然处于不断下降的状态,通过 MBO,使得公司的综合盈利能力得到了扭转,并在 MBO 后第 3 年开始超越行业平均水平,ROE 开始出现增长。

根据杜邦分析方法,以下分别从盈利能力、营运能力、偿债能力三个方面对各项指标增长率进行杜邦分析。

(一)盈利能力

获利能力是企业获取利润的能力,它综合反映了企业营销能力、获取现金能力、降低成本能力和回避风险能力等。本书选取了销售净利率、EBITDA 来反映公司的盈利能力,具体分析如下。

首先,我们从销售净利率来分析。

从图 4.2＊中我们可以看出,公司的销售净利率在 MBO 前后有显著的波动性变化。具体体现在,MBO 前 3 年公司的销售净利率呈显著下降趋势;而到了 MBO 当年,销售净利率的增长率已经落后于行业增长率接近 2%,为最差水平;MBO 后的 3 年内则呈现波动性上升趋势,但其增长率大于或等于行业中值水平。MBO 后第 3 年的销售净利率的增长率已经超过行业增长率接近 6%。

---

① 以下图形中星号"＊,＊＊"的含义均相似,一个星号表示相应财务指标的年度增长率是扣除了行业指标的年度增长率;两个星号表示未经行业调整的财务指标的年度增长率。以后类似的图形不再重复注释。

在图 4.2[**] 中,未经行业调整的销售净利率年度增长率指标,在 MBO 前的第 3 和第 2 年均显著下降,年增长率最大下降了 15%。销售净利率在 MBO 后的第 1、2 年有所上升,但第 3 年又有所下降。

结合图 4.2 的两张图形我们可以认为,MBO 公司的销售净利率高于行业水平,属于行业中的优质公司。MBO 前公司的销售净利率在下降,但是超越了同行业公司,即降幅小于同行业公司的下降幅度,不过优势在减小。MBO 当年属于转折时点,MBO 之后销售净利率开始增长,相比同行业的增长速度,优势重又扩大。

该图形结论和 ROE 图形相似。

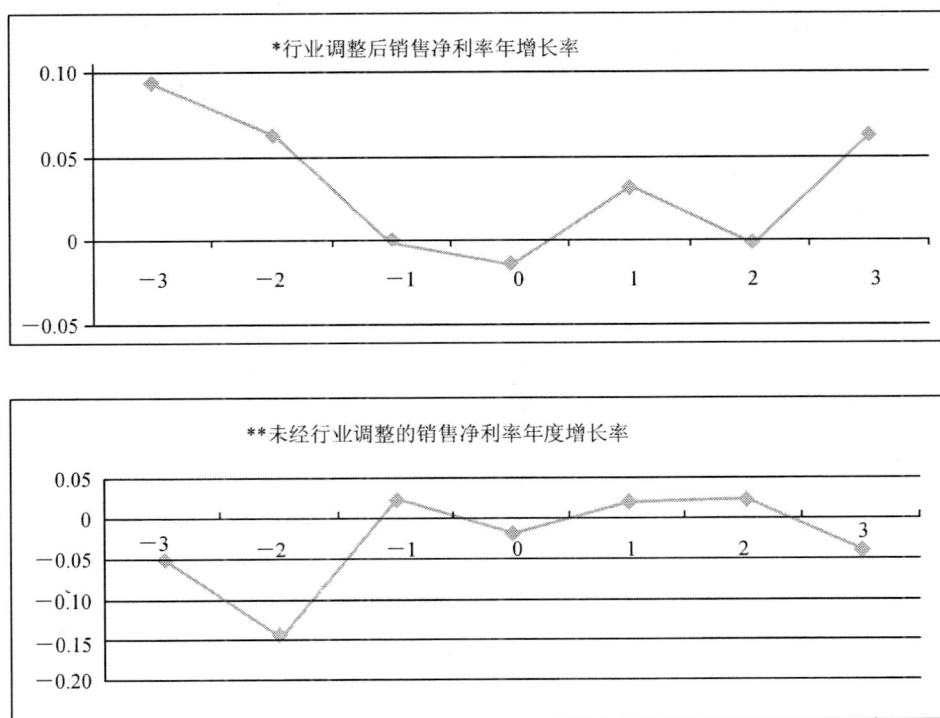

图 4.2 样本公司 MBO 前后的销售净利率变化

其次,我们从 $EBITDA$ 来分析。

从图 4.3[*] 中我们可以看出,MBO 之前 $EBITDA$ 指标增长率呈现了较大的波动,从 -3 年到 -1 年的较快增长;但 $t=0$ 年和 MBO 之后头两年,$EBITDA$ 的增长率就是行业中位数水平;第 3 年出现较快增长,MBO 公司 $EBITDA$ 增长率相比行业增长率超过了 4%。

从图 4.3[**] 中我们可以看出,未经行业调整的 $EBITDA$ 增长率体现出较大波动的情形,这说明,样本上市公司的营利可能出现了较大的正负波动,但这种波动主要是行业的起伏变化。

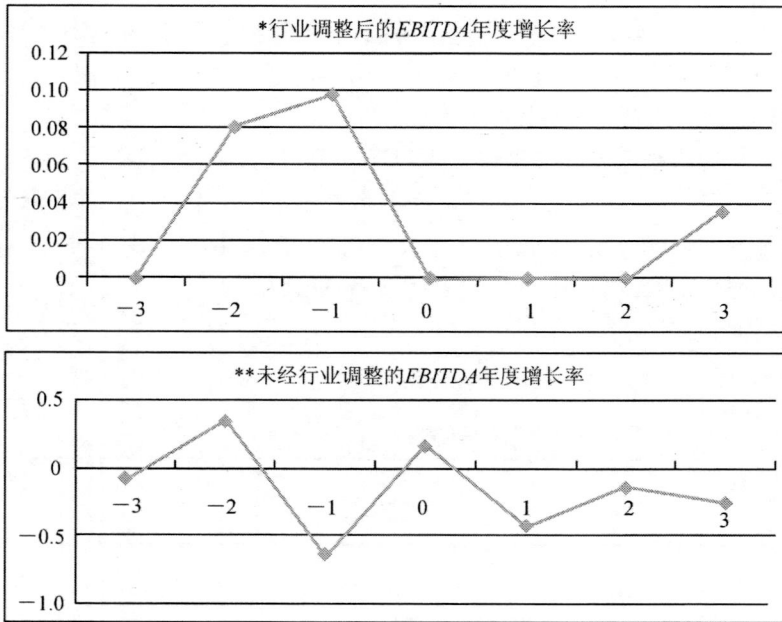

图 4.3　样本公司 MBO 前后的 $EBITDA$ 变化

(二)营运能力

企业资产的营运状况如何,直接关系到资本增值的程度。资本周转越快,获利能力就越强,资本增值也就越快。总资产周转率是反映公司营运能力的指标。

从图 4.4 中我们可以看出,公司总资产周转率的增长率在 MBO 之前与行业水平

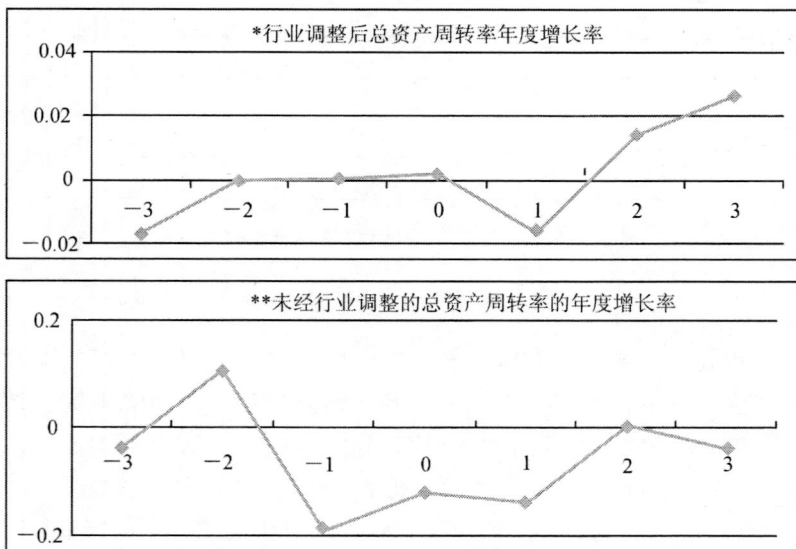

图 4.4　样本公司 MBO 前后的总资产周转率变化

基本一致。但 MBO 之后相比行业水平,除第 1 年落后行业 1.5%,略有下降外,其余年份均超越行业水平的变化率。在 $t=3$ 时,超越行业水平接近 3%,达到最大值。结合 4.4** 图,我们得出和结论是,MBO 后行业的资产周转率在大幅度下降,而 MBO 公司的表现则好于行业水平。这说明,MBO 后公司的营运能力得到了改善,相比行业优势较为明显。

(三)偿债能力

偿债能力是企业对债务清偿的承受能力或保证程度,它反映了企业偿还所有到期债务的现金保证程度。对企业来说,保持一个良好的偿债能力是企业继续举债或持续经营的重要前提。本书的分析包括了短期偿债能力和长期偿债能力两个方面。我们选取了流动比率、权益乘数来代表公司的偿债能力。其中,流动比率衡量的是上市公司的短期偿债能力,而权益乘数则反映了上市公司的长期偿债能力。

首先,我们通过流动比率来分析公司的偿债能力。

由图 4.5* 中我们可以看出,MBO 之后增长率落后于行业平均水平在 0—10%,但差距在减小。而未经行业调整的图 4.5** 中,样本公司的流动比率在 MBO 后得到了改善,出现了正增长。

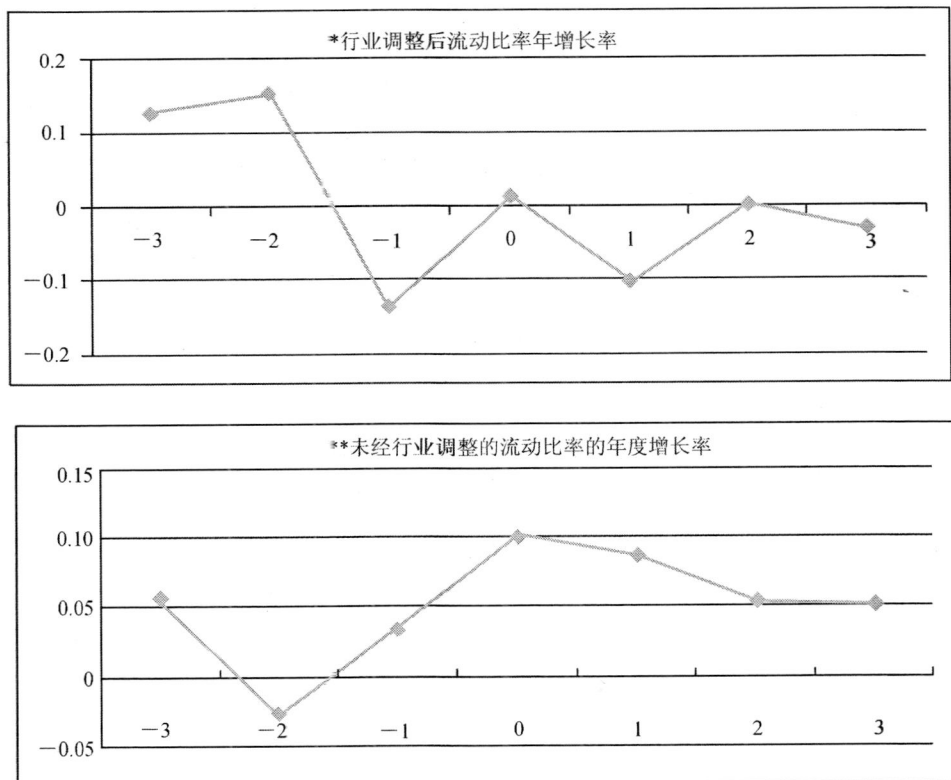

图 4.5　样本公司 MBO 前后的流动比率变化

总体上看，MBO之后样本公司的流动性在增强，但相比同行业水平，流动比率变差了。

其次，我们通过权益乘数[①]来分析公司的偿债能力。

从图4.6的两张图中我们可以看出，MBO公司的权益乘数发生了先下降后上升的变化，转折是发生在MBO当年。在$t=1$时，样本公司的权益乘数增长率为10%，比同行业增长率超过了1.5%，这也说明同行业的增长率也很高。但在$t=3$时，样本公司的权益乘数增长率却比同行业超过了近4%。这说明MBO后样本公司的权益乘数在第1年达到最大值，后续的增长率在逐渐下降，但是相比同行业，权益乘数的增长率却在上升，即同行业的权益乘数下降更快。

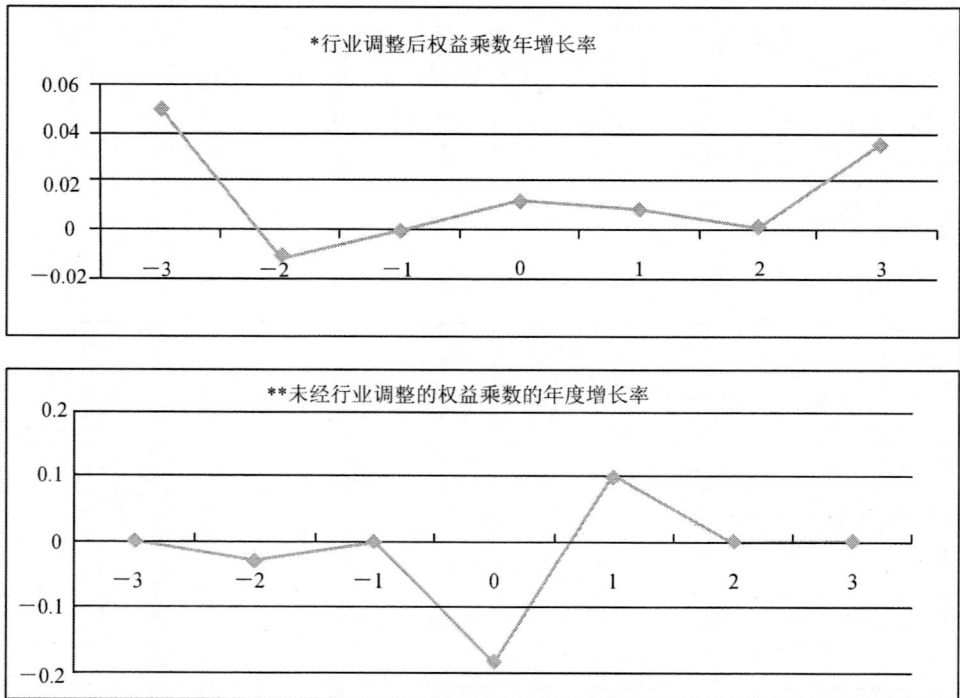

图4.6 样本公司MBO前后的权益乘数变化

因此，在考察期间，MBO公司在$t=1$年的权益乘数增长最快、变化最大，之后的权益乘数增长率在下降。但相比同行业，MBO后权益乘数的增长率呈现明显的上升趋势。根据权益乘数的定义，我们知道：权益乘数越大、资产负债率越高，企业风险越大、长期偿债能力变差。因此，无论是否扣除行业水平，MBO后的样本公司均出现负债率上升，长期偿债能力下降。

---

① 权益乘数＝总资产/股东权益，因此，权益乘数＝1/(1－资产负债率)，权益乘数与资产负债率同向变化。

三、现金流量指标分析

我们选取经营活动、投资活动、筹资活动以及现金净增加额四个指标分析 MBO 公司前后的现金流量变化。

(一)经营活动产生的现金流量净额

由图 4.7 中我们可以看出，MBO 之前的现金流量净额增长率指标较为平稳，而 MBO 之后的增长率指标则呈现先下降后上升的趋势；从未经行业扣除量上看，该指标呈现出了明显的下降趋势。总的来说，MBO 后经营活动的现金流量净额指标出现了下降；扣除行业因素后，MBO 前后有 6 个年度的现金流量净额均落后或持平于行业增长率，MBO 后第 2 年显著落后于行业水平达到 80%，而 MBO 后第 3 年则大幅超越行业平均水平达近 60%。

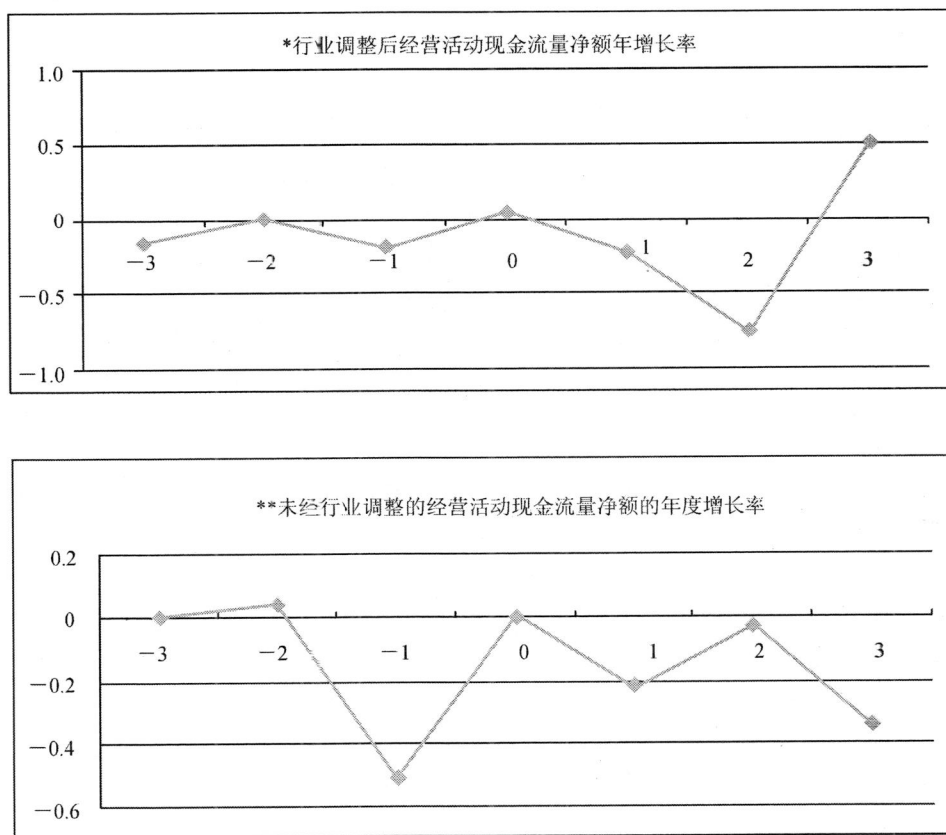

图 4.7　样本公司 MBO 前后的经营活动现金流量变化

这说明，样本公司经营活动现金净流量的波动性很大。从整体上看，MBO 后经营现金流量出现了下降。

（二）投资活动产生的现金流量净额

由图 4.8 中我们可以看出，扣除行业因素后的 MBO 公司投资活动现金净流量指标的增长率呈现出先下降后上升的趋势，特别是 MBO 后第 3 年超越了行业增长率 150％。但未经行业调整的样本公司投资活动现金流量呈现下降趋势。

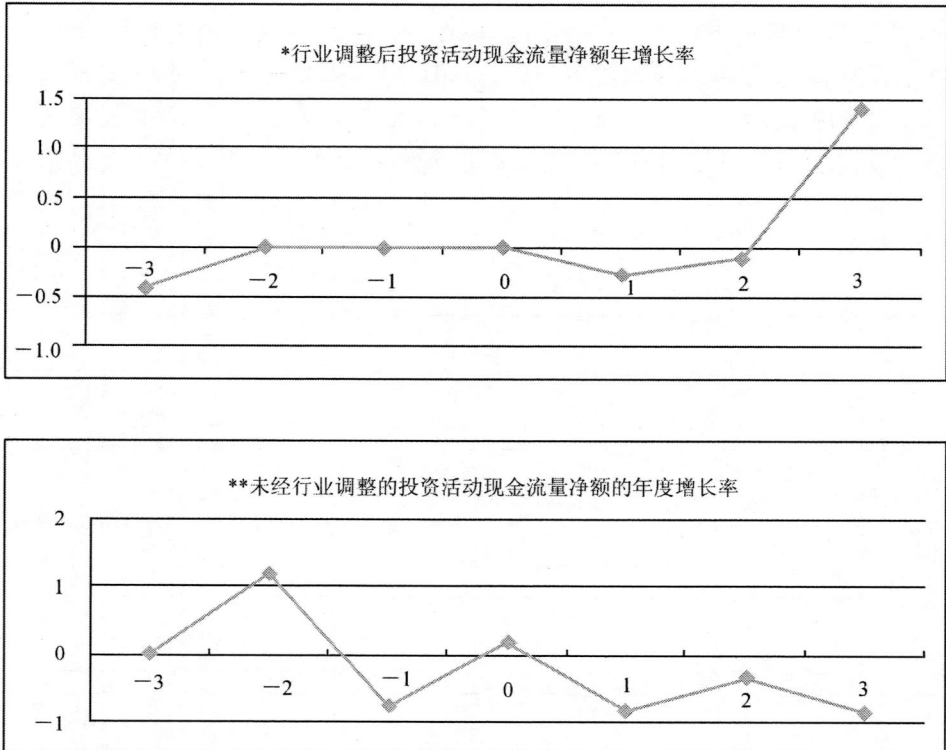

图 4.8　样本公司 MBO 前后的投资活动现金流量变化

这说明，MBO 后公司的投资活动现金流量出现了下降趋势，说明公司对外投资活动增加也即现金流出。

再次，我们从筹资活动产生的现金流量净额来分析。

由图 4.9 中我们可以看出，筹资活动现金流量的增长率无论是经行业调整或未经调整的，正负波动均很大。因此难以得出明确结论。

最后，我们从现金及现金等价物净增加额来分析。

由图 4.10 中我们可以看出，未经行业调整的样本公司的现金流量增长率在 MBO 之前呈现不断下跌趋势，但 MBO 后下跌速度趋缓、在 $t=3$ 年时开始出现正增长的好转趋势。扣除行业因素后，该指标的增长率波动较大（$t=0$、2 时均出现了逆向波动）。但总体来看，MBO 后现金净流量的增长率得到了改善。因此可以认为，上市公司在 MBO 后，扣除行业因素的现金净流量出现了正向增长，而且增长速度上升了。

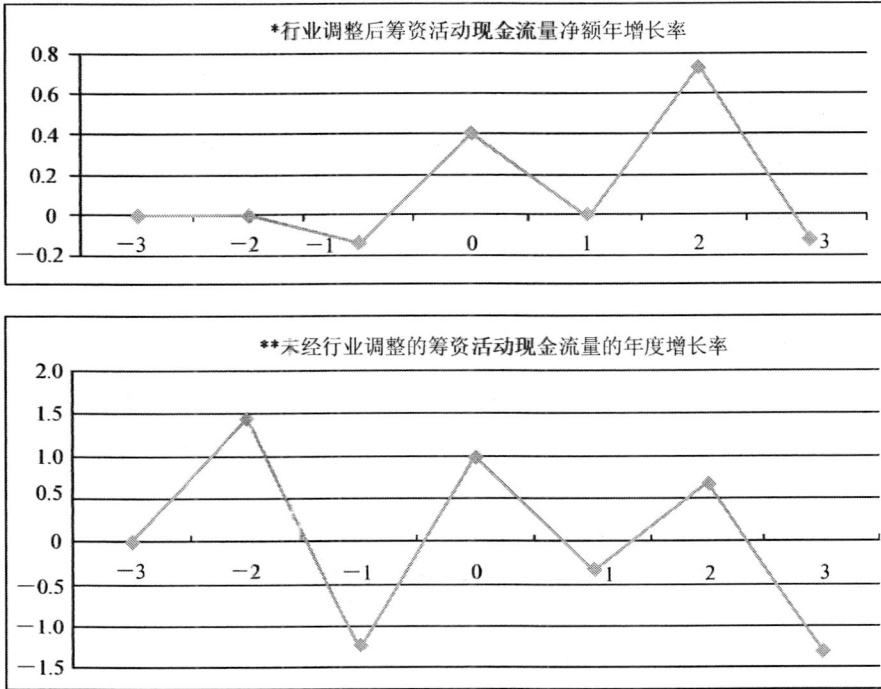

图 4.9　样本公司 MBO 前后的筹资活动现金流量变化

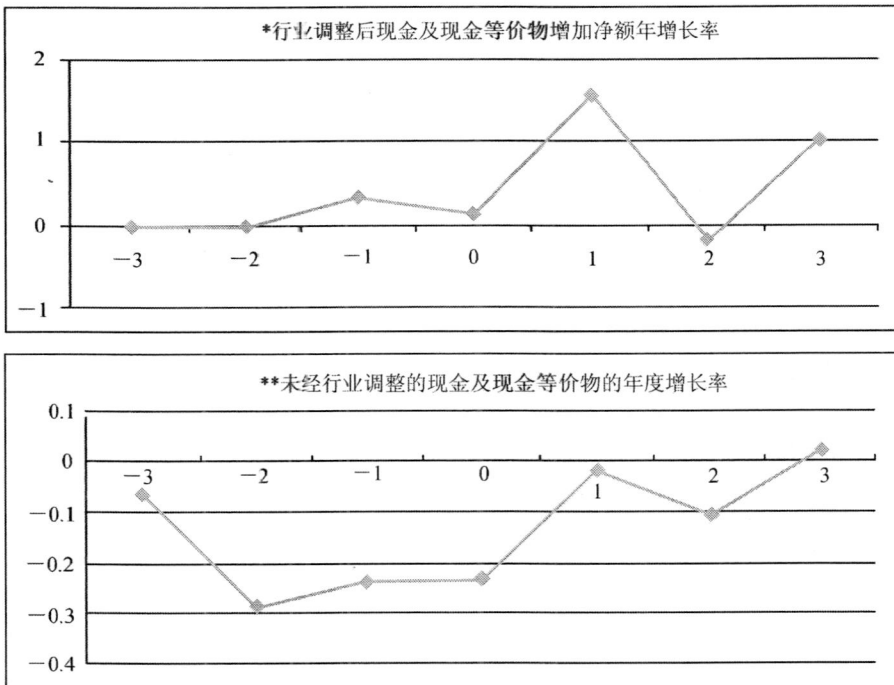

图 4.10　样本公司 MBO 前后的净现金流量变化

四、规模指标分析

由图 4.11 中我们可以看出，MBO 前后公司的资产增长率在扣除行业因素后，资产年度增长率均为正。说明相对行业而言，样本公司的资产一直在增长。而未经调整的资产年增长率则存在起伏变化。不过总体而言，资产规模呈现增长趋势。

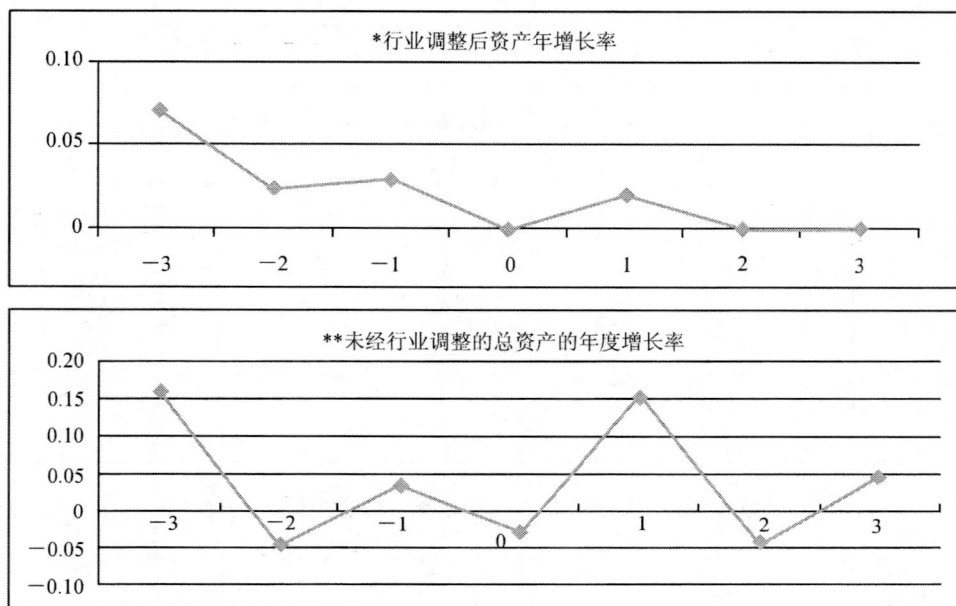

图 4.11　样本公司 MBO 前后的总资产变化

五、投资指标分析

首先，我们从资本投资的角度来分析。

由图 4.12 中我们可以看出，在 MBO 前资本投资的起伏并变化很大，但 MBO 后基本就是行业平均水平。就未经行业调整的比率看，MBO 前资本投资在增长，MBO 后出现下降趋势。因此，样本公司在 MBO 后的资本投资总体趋势出现了下降。

其次，我们从投资净收益的角度来分析。

由图 4.13 分析，在扣除行业因素后，MBO 前 1 年到后 1 年的三年中，样本公司的投资收益出现了显著超越同行业的趋势，投资收益在 $t=-1$、0、1 的三年，经行业扣除后的增长率达到 20%—30%。但是这种趋势没有得以维持，在 MBO 后的第 2 年以后，就基本上和同行业水平相符了。未经行业调整的投资收益变化率在 MBO 前出现显著下降趋势，在 MBO 之后显著扭转。

因此，MBO 之前，公司的投资收益不断恶化，而 MBO 以后投资收益下降的趋势得到控制。

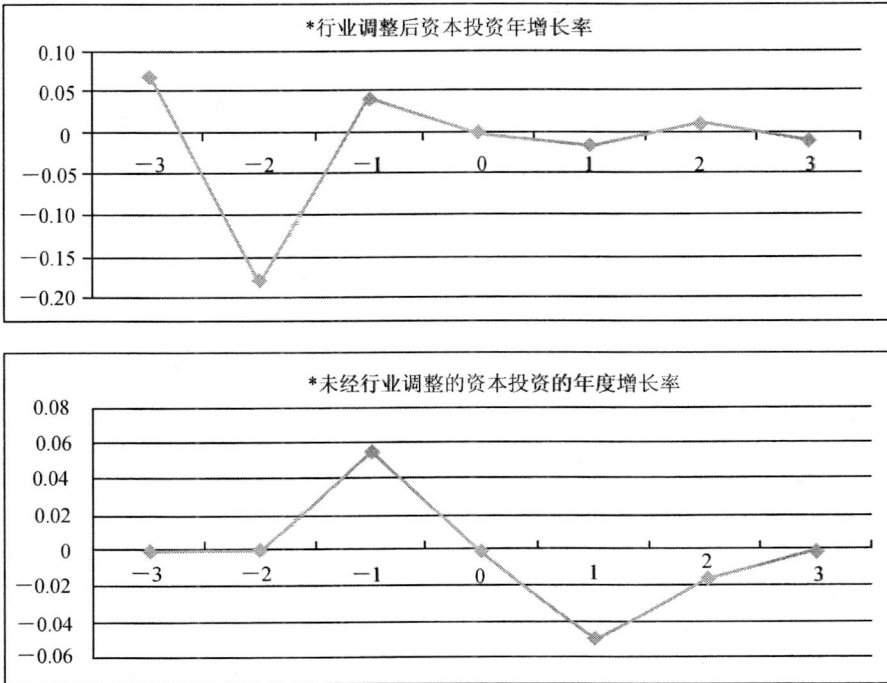

图 4.12 样本公司 MBO 前后的资本投资变化

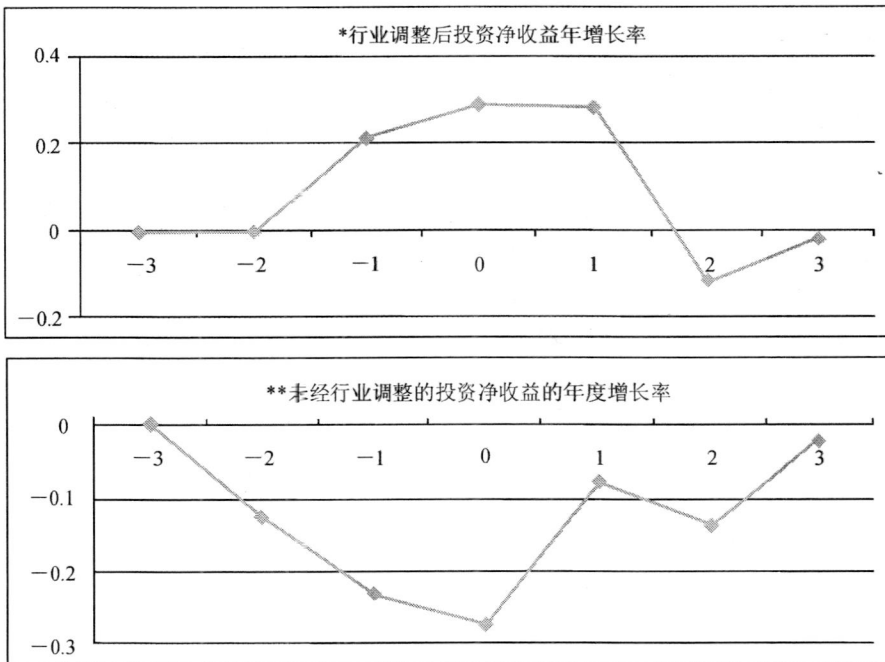

图 4.13 样本公司 MBO 前后的投资收益变化

第五节 对 MBO 前后财务绩效变化的统计检验

上述财务指标的统计描述仅仅给予了我们一个直观的认识,为了回答 MBO 后公司绩效状况是否有显著改善,我们必须针对样本公司 MBO 前后财务指标的变化进行统计上的显著性检验。对 MBO 公司进行前后财务指标的配对比较检验,由于本文样本数比较少,不宜使用配对样本 T 检验的方法。对于小样本研究,Wilcoxon 符号秩检验是比较精确且有用的检验方法,其基本思想是通过分析两个配对样本(即同一样本公司某一事件发生前后的配对比较,对本研究来说,即公司 MBO 前和 MBO 后的配对样本),从而对样本来自的两个总体的分布是否存在差异进行推断。[①]

原假设是:两配对样本来自的总体分布无显著差异,即 MBO 前后公司财务指标无显著变化。备择假设则是:两配对样本的总体分布存在显著差异,即 MBO 前后公司财务指标发生了显著变化。本文采用 Wilcoxon 符号秩检验对样本数据进行显著性检验。

一、检验指标的选择

在 Wilcoxon 符号秩检验中,我们主要从五个方面研究样本公司 MBO 前后财务绩效状况的变化:

(一)盈利规模

我们选择的指标是净利润和 *EBITDA* 指标。

(二)盈利能力或效率(扣除规模影响)

由上文的结果和国内外对 MBO 公司前后变化的研究发现,许多目标公司在 MBO 后通过扩大资产与销售规模,从而带来利润总量的增长,如卡普兰(1989)、李曜(2004)、杨咸月和何光辉(2007)等。而资产规模、利润规模的变化,并非企业绩效的提高,甚至可能代表经营效率的下降。只有扣除规模影响后的绩效指标,才能反映企业经营绩效的变化。因此,本书采用比率指标,以考察扣除规模变化后公司盈利能力的增长情况。我们选择的指标是净资产收益率(扣除/加权)、销售净利润率、营业利润/营业总收入和扣除非经营利润后的每股收益 *EPS* 指标。

(三)现金流

如本章第二部分所述,MBO 以后经理代理成本问题的解决必然会影响到公司的现金流量情况,这些变化尤其体现在资本投资方面(Jensen,1986),即浪费性的投资在 MBO 后会减少,企业自由现金流量会增加,并被支付给债权人或者股东。在这里,我们选择现金及现金等价物净增加额这一指标。

(四)资产规模

选择总资产指标。

---

① 关于 Wilcoxon 检验的基本原理,可参见薛薇. 基于 SPSS 的数据分析[M]. 北京:中国人民大学出版社,2006.

(五)经营效率

我们选择总资产周转率指标。

详见表4.5。

表4.5　Wilcoxon符号秩检验的选取财务指标

研究方面	财务指标
盈利规模	净利润
	EBITDA
盈利能力或效率(扣除规模影响)	净资产收益率 ROE(扣除/加权)
	销售净利润率
	营业利润/营业总收入
	扣除非经营利润后的每股收益
现金流	现金及现金等价物净增加额
资产规模	总资产
经营效率	总资产周转率

二、Wilcoxon检验方法和结果

(一)配对比较的定义

为了尽量去除由于企业进行盈余管理或外部其他特殊情况在某个别年份对财务指标造成的影响,熨平数据的波动,我们取MBO前3年数据的算术平均值代表MBO前的财务状况[等式(27)],取MBO后3年数据的算术平均值代表MBO后的财务状况[等式(28)],从而对MBO后的财务状况和MBO前的财务状况进行配对Wilcoxon检验,分析MBO前后目标公司的财务状况是否存在显著差异。

(二)行业影响的调整

考虑到总体经济形势以及行业经济周期等影响因素,对MBO后的公司财务状况要进行行业调整。具体办法是,用样本公司的MBO前后变化率[等式(29)]减去同时期行业变化率的中位数[等式(32)],即得到等式(33)。(具体行业调整方法前文已经介绍)

(三)检验结果和结论

对样本公司经行业调整的财务指标增长率进行统计检验,其中原假设为MBO前后的公司财务指标无显著变化,即变化率等于零,而备择假设为MBO前后的公司财务指标有显著变化,即变化率不等于零。而根据Wilcoxon检验的特殊情况,秩和检验的原假设和一般T检验不同,并非两列数据均值相等(变化率为零),而是某列数据大于另一列比较数据,具体为:(a)代表扣除行业因素后变化率为正的原假设;(b)代表扣除行业因素后变化率为负的原假设。检验结果见表4.6。

表 4.6　MBO 前后样本公司财务指标与检验（均为扣除行业影响后）

财务指标	样本数	19 家公司变化率的均值	变化率为正企业数	变化率为负企业数	Z 检验统计量	P 值（双尾）
净利润	19	−88.1％	5	14	−1.127(a)	0.260
EBITDA	19	92.7％	10	9	−0.644(b)	0.520
净资产收益率 ROE（扣除/加权）	19	−71.2％	13	6	−1.248(b)	0.212
销售净利率	19	−69.4％	9	10	−0.885(b)	0.376
营业利润/营业总收入	19	10.2％	9	10	−0.926(b)	0.355
扣除非经营利润 EPS	19	84.3％	12	7	−0.483(b)	0.629
现金及现金等价物净增加额	19	−255.0％	8	11	−0.282(a)	0.778
总资产***	19	−20.8％	3	16	−2.817(a)	0.005
总资产周转率	19	15.8％	12	7	−1.207(b)	0.227

注：所需数据均来自对 WIND 资讯数据库数据的整理。其中，(a)代表扣除行业因素后变化率为正的原假设，(b)代表扣除行业因素后变化率为负的原假设，(c)表示为零；＊＊＊表示在1％的显著性水平下显著，＊＊表示在5％的显著性水平下显著，＊表示在10％的显著性水平下显著。

从 Wilcoxon 检验的统计结果可以看出，MBO 前后公司的财务指标在扣除行业因素后，除一个指标外，其余均不存在显著差异。仅有总资产增长率一个变量发生了相对行业的显著下降，显著水平为1％。

第六节　总　结

综合前文的分析，我们分六个方面总结如下。

第一，盈利能力。公司的 ROE 逐年下降，在 MBO 当年下降幅度最大。MBO 之后公司的 ROE 虽然仍在下降，但是幅度已经大幅减少，到 MBO 后第3年已经不再下降，并开始显著超越行业水平。ROE 在 MBO 前后发生了趋势性的转变，转折发生在 MBO 后第1年。

MBO 公司的销售净利率高于行业水平，属于行业中的优质公司。MBO 当年属于转折时点，MBO 之后销售净利率开始增长，相比同行业的增长速度，优势重又扩大。EBITDA 指标增长率呈现了较大的波动，从−3年到−1年实现了较快增长；但 $t＝0$ 年和 MBO 之后的头两年，EBITDA 的增长率与行业中位数水平持平；到 MBO 后第3年出现较快增长，相比行业增长率超越了4％。

因此我们认为，MBO 是公司应对困境的一种战略。MBO 前，公司的净资产收益率、销售净利润率、息税折旧前利润等虽然略好于行业平均水平,但均已经处于不断下降的状态,通过 MBO 使得公司的综合盈利能力得到了扭转,并在 MBO 后的第 3 年后开始超越行业平均水平,净资产收益率等利润指标开始出现增长。

第二,营运能力。MBO 后,行业的资产周转率在大幅度下降,而 MBO 公司的表现则要好于行业水平。这说明 MBO 后公司的营运能力得到了改善,相比行业优势较为明显。

第三,偿债能力。MBO 之后,样本公司的流动性在增强,但相比同行业水平的流动比率却是变差了。无论是否扣除行业水平,MBO 后样本公司的负债率均出现上升。

第四,现金流量。未经行业调整的样本公司的现金流量增长率在 MBO 之前呈现不断下跌的趋势,但 MBO 后下跌速度趋缓、在 $t=3$ 年时开始出现正增长的好转趋势。总体来看,MBO 后现金净流量的增长率得到了改善。

第五,资产规模。MBO 前后,公司的资产增长率在扣除行业因素后,资产的年度增长率均为正。这说明相对行业而言,样本公司的资产规模呈现增长趋势。

第六,资本投资。在 MBO 前,资本投资起伏并变化很大。就未经行业调整的比率看,MBO 前资本投资在增长,MBO 后出现下降趋势。样本公司在 MBO 后,资本投资总体趋势出现了下降。

根据以上的分析,本章的结论是:MBO 之后公司的盈利能力、营运能力、现金情况均有所增强;资产总量等规模指标增速放缓;资本投资呈现下降趋势,但偿债能力有所下降。

为进一步分析财务绩效及其背后的真正原因,本书选取了案例研究。以下是美的电器的案例研究。通过个案分析,我们可以更深入地发掘 MBO 公司财务绩效改变的原因。

第五章　财务绩效的个案研究
——MBO后的美的电器公司

在前一章对MBO后公司财务绩效整体样本研究的基础上,本章旨在对上市公司MBO的个别案例进行实证分析,通过解剖个案,发现更深入具体的问题,并检验国内外的管理层收购效应假说,提出我们的观点。

在西方MBO/LBO学术领域,已有大量文献从公司战略、投资、研究开发投资、内部控制制度等多个角度进行实证研究,并得出了丰富的研究结果。我们在借鉴西方文献成果的基础上,对中国MBO的个案进行了实证分析。详见表5.1。

表5.1　MBO/LBO后公司在战略、投资、研究开发和控制制度等方面的改变

作者	国家	交易类型	研究发现
Wright(1986)	英国	MBO	分支机构的MBO在并购后降低了与之前母公司交易的依赖性
Bull(1989)	美国	LBO & MBO	收购后企业成本降低、管理层对创造财富的机会更为敏感
Kaplan(1989)	美国	LBO	在LBO后企业资本投资迅速降低
Malone(1989)	美国	小型LBO	主要变化发生在市场营销和新产品开发方面,成本控制被给予很大关注
Lichtenberg & Siegel(1990)	美国	LBO & MBO	LBO主要发生在低研发支出的行业中;在收购前、后,研发开支均发生了下降;收购后研发开支的降低主要是由于密集型研发开支部门被剥离了
Muscarella & Vetsuypens(1990)	美国	反向LBO	资本支出在LBO以后降低了
Smith(1990)	美国	LBO	资本支出和研究开发支出在LBO后迅速下降
Wright,et al. (1990b)	英国	MBO & MBI	分支机构的收购(Divisional Buyout)降低了对之前母公司的依赖,主要是通过引入之前不允许做的新产品

作者	国家	交易类型	研究发现
Green(1992)	英国	MBO	收购之后形成的所有权结构使得经理们拥有更大的独立自主权进行决策,完成任务也更有效率;由于母公司的控制,经理们在 MBO 之前曾经试图采取创业活动但被制止
Jones(1992)	英国	MBO	收购使得企业的会计控制制度和目标之间更为匹配。由于要完成业绩目标,管理控制系统更为重要
Wright,Thompson & Robbie(1992)	英国	分支机构和整个企业的 MBO(非上市公司)	MBO 增加了新产品开发;44% 的样本企业并购后收购了新的设备和企业,而这种行为若没有 MBO 是不会发生的
Long & Ravenscraft (1993)	美国	LBO & MBO	LBO 导致企业的研发开支下降,但 LBO 主要发生在研发开支较低的行业中;研发开支密集的 LBO 企业业绩超过行业中的非 LBO 企业,也超过其他无研发开支的 LBO 企业
Seth & Easterwood (1993)	美国	LBO	收购后的企业战略更聚集于相关产业中
Lei & Hitt(1995)	理论文献(无针对具体国家)	LBO	LBO 将导致组织学习和技术发展的资源基础减少
Phan & Hill(1995)	美国	LBO	收购使得企业战略聚焦、多元化降低
Robbie & Wright (1995)	英国	MBI	管理层进行战略调整的能力受到信息不对称的影响,管理层需要关注运营问题和市场时机选择
Wiersema & Liebeskind(1995)	美国	大型 LBO	大型 LBO 减少了业务种类和业务多元化
Zahra(1995)	美国	MBO	MBO 导致更有效的研究开发活动和新产品开发
Bruining & Wright (2002)	荷兰	分支机构 MBO	MBO 产生了更多的创业活动诸如新产品开发和市场开拓等
Bruining,Bonnet & Wright(2004)	荷兰	MBO	MBO 导致了企业引入战略控制体系,使得创新增长活动得以实现
Brown,Fee & Thomas(2007)	美国	LBO 与资本结构重组	在宣布 LBO 时,LBO 企业供应商的股价呈现显著负超额收益(特别是对于重大关系型投资的供应商),而进行杠杆资本重组的企业没有此效应。这个现象说明,仅仅是增加财务杠杆、没有组织结构调整的变化并不会导致企业价格谈判力的增加
Ernst & Young (2007)	欧洲	由 PE 机构支持的已经实现退出的收购	EBITDA 的增长主要来自业务扩张,主要是有机(Organic)增长,当然,对外收购也很重要

续表 5.1

作者	国家	交易类型	研究发现
Gottschalg(2007)	国际	PE 机构支持的 LBO	仅仅是重组（Restructuring）导向的交易少于增长（Growth）导向的交易；LBO 结合了增长导向（收购企业、开发新产品、新市场、成立合资企业等）与重组导向（减员、资产剥离、削减成本、关闭非核心业务等）；43% 的样本公司中更换了部分甚至全部管理层
Acharya, Hahn & Kehoe(2008)	英国	PE 机构支持的 LBO	在交易发生时或者随后即大量更换 CEO 和 CFO。外部的支持力量（董事、PE 机构合伙人等）对于交易的成功非常重要
Cornelli & Karakas (2008)	亚洲、欧洲大陆、英国	PE 机构支持的 PTP 交易	在下市私有化的重组过程中，CEO 和董事的更换很多
Lerner, Strömberg & Sörensen(2008)	世界	PE 机构支持的收购	在 PE 投资的收购交易后，企业的专利引用率提高了，但专利申请的数量没有变化。企业维持着前沿型的研究，但申请专利的内容在收购后变得更加聚焦、集中了
Bloom, Van Reenen & Sadun(2009)	亚洲、欧洲和美国	PE 支持和非 PE 支持的收购	PE 机构在运营管理、人员管理和评估实践方面拥有更好的经验

来源：Gilligan & Wright(2010)。

第一节　美的电器的 MBO 情况

在进行分析对象的筛选时，首先，需要界定清楚国内资本市场上管理层收购的含义。对管理层收购的界定，本书的第一章已经详细讨论过。其次，为了研究企业在管理层收购完成后的绩效及其他效应，必须对企业财务数据、股票价格等有关数据进行连续性比较，这就要求分析对象必须在管理层收购完成后至少经历了三个完整的会计年度。经过这样的筛选，满足条件的就只有深交所的上市公司美的电器（股票代码 000527），于是，美的电器就成为本文的研究对象。以下简要介绍一下美的电器管理层收购的背景。

股权出让方、收购前的大股东为广东省顺德市美的控股有限公司（以下简称美的控股），它是由顺德市北窖镇人民政府投资设立并全资所有的投资管理公司，组建目的是授权管理镇属公有资产，注册资本 3.5 亿元，法人代表何享健。股权收购方为顺德市美托投资有限公司（以下简称美托投资），成立于 2000 年 4 月 7 日，注册资本 1 亿元，法人代表何享健，股权结构为何享健占 55%，陈大江、冯静梅、梁结银各占 15%。四位股东当时均为上市公司美的电器的董事和高级管理人员。在上市公司中，何享健为董事局主席，陈大江、梁结银为董事，冯静梅为副总裁。因此，美托投资是一家上市公司高管人员投资组建的公司。

2000 年 5 月，美托投资与美的控股签订协议，受让美的控股持有的部分上市公司法人股 3 518.4 万股。（2000 年 5 月 13 日董事局公告）。2000 年 12 月 20 日，美的控股再次转让 7 243.033 1 万股予美托投资。（2001 年 1 月 19 日董事局公告）。截至 2000 年底，美托投资共持有上市公司股票 10 761.433 1 万股，持股比例为 22.19％，成为公司第一大股东。之后，美托投资的持股数量和比例一直没有改变。我们进行此项案例的研究是在 2004 年，截至 2004 年，在中国资本市场中完成管理层收购并经历了三个以上完整会计年度的只有美的电器、大众科创（现名大众公用）和大众交通等，而大众科创和大众交通是由全体员工和管理层共同组建公司收购股份，其收购公司上海大众企业管理有限公司是由职工持股会控股，所以，一般认为大众科创、大众交通主要是管理层职工持股即 EMBO 案例。因此，我们选择了美的电器进行案例研究。

因此，本书界定美的电器于 2000 年 5 月、12 月发生的股权转让为管理层收购行为，并将 2000 年作为管理层收购的发生年份。2001 年 1 月 19 日的董事局公告显示，管理层公司正式成为公司第一大股东，这标志着管理层收购的完成。该日也是证券市场正式认知的管理层收购日期，所以下文的实证分析均以此日作为分界日。

第二节　同行业公司选择和分析方法说明

为了对管理层收购后的企业效应进行分析，必须将美的电器和同行业上市公司进行比较，以滤去行业因素的影响。因为行业因素影响导致的财务数据变化并非目标公司管理层收购的效应。在选择同行业上市公司时，笔者采用了以下三条标准。

第一，根据中国证监会 2001 年 4 月颁布的《上市公司行业分类指引》和美的电器的产品、主营收入结构，其行业代码应为 C7620，即日用电器制造业，主营产品为制冷设备。据此选择同行业公司。[①]

第二，所选公司均在 1997 年包括 1997 年以前上市。这是因为本文分析区间是从 1998 年的年报数据开始。

第三，凡在 1998—2004 年期间曾被冠以或至今仍戴帽的 ST、PT 类公司，不予考虑。因为 ST、PT 类公司都是连续两年以上亏损，公司经历了较大的经营挫折，同时随后一般都进行了重大的资产重组行为，公司不是处于正常经营状态，财务数字的波动性过大。这类公司没有行业正常经营的代表性。[②]

综合上述三个标准，笔者选出了 7 家上市公司，分别为：青岛海尔、美菱电器、春兰股

---

① 因为深交所、上交所的上市公司行业代码编制是在 2001 年，某些原属日用电器制造行业但在 2001—2004 年期间发生了重大转型、不再归属该行业的上市公司需要去除。因此排除了上菱电器。

② 如早期的 PT 双鹿、PT 水仙、ST 黄河科技，2001 年沦为 ST 的冰熊股份，2002 年沦为 ST 的广州冷机、科龙电器，2003 年沦为 ST 的小天鹅、万家乐、陕长岭、小鸭电器等，这说明该行业内竞争激烈、利润趋薄的现象严重。

份、格力电器、大冷股份、海立股份、华意压缩。7家公司中,除美菱电器外,控股股东为国有独资公司的有3家,控股股东为集体所有制企业的有3家。在本文的考察期内,这6家公司的控股股东均未发生变化,也没有发生管理层收购行为,所以作为本文的样本公司是合适的。美菱电器在2004年3月完成股权转让,而在此之前的控股股东一直为国有独资公司,所以也适合作为本文的样本公司。

对本文样本的数据采集、计算以及分析方法,笔者还需要说明以下几点内容。(1)各上市公司1999—2003年的会计年报来自中国证券监督管理委员会网站,1998年的会计年报来自国泰君安证券公司网站。(2)本文中的各项财务数据取自合并会计年报,对含有B股的公司则取自按境内会计准则编制的年报。(3)如果前后年度会计报表公布的同一年度的某一指标数字不同,则选取最新公布的数字。(4)分析指标以相对量指标为主。因为上市公司在管理层收购以后,可能进行了资产剥离或资产收购等行为,使得企业的资产规模发生改变,从而导致经营利润等财务指标的绝对数量发生改变。这种变化不是经营效率的改变,可能只是随企业规模扩张的正常增长。所以,笔者在分析下文的 EBITDA 等绝对量指标之后,另选择相对指标如 EBITDA/总资产、EBITDA/主营业务收入等进行了分析。在分析现金净流量指标时,则采用了每股现金净流量指标作为比较,这样有利于反映企业经营效率的真实变化。(5)在和同行业公司的比较中,将美的电器的财务数据减去同行业相应指标的中位数,以此反映被考察对象排除了行业影响因素后的纯粹属于自身因素而发生的变化。之所以选择中位数而没有选择平均数,是因为同行业公司样本规模有限,只有7家公司,而个别公司的异常数据可能影响均值,从而使平均数不能真实反映行业平均情况。(6)为比较管理层收购发生前后的变化,将管理层收购发生的前一年份也即1999年作为基准年(-1),1998年为(-2),管理层收购发生年份2000年为(0),2001年为(+1),2002年为(+2),2003年为(+3)。这样划分为五个考察区间:(-2,-1),(-1,0),(-1,+1),(-1,+2),(-1,+3)。

第三节 经营利润和现金流量影响效应

本章选择西方财务理论中的息税折旧摊销前利润以及现金流量表中的经营活动现金净流量作为真实获利能力的两个分析指标。EBITDA 作为企业的经营利润指标,其定义式为:EBITDA=营业利润+财务费用+折旧费用+摊销费用。在计算 EBITDA 时,营业利润和财务费用取自上市公司的利润表,而折旧费用和摊销费用也即无形资产和其他长期资产摊销费用,取自现金流量表。[①] 经营活动现金净流量主要反映企业经营活动

---

① 严格从 EBITDA 的定义出发,营业利润还应该加上四项资产(固定资产、存货、应收账款、短期投资)减值准备,因为这些支出构成了企业的管理费用但并不是企业的真实经营费用。但是,由于我国上市公司计提各项资产减值准备是在本文的分析期间(1998—2002年)中发生的,会计报表中没有专列,所以无法计算各项资产减值准备。另外,对于财务费用数据,笔者选择了利润表中的数据。

中回收现金的情况,该指标取自于现金流量表。表 5.2 揭示了管理层收购对企业经营利润的影响效应。

表 5.2　MBO 对美的电器的经营利润的影响效应

经营利润分析	年度区间				
	$(-2,-1)$	$(-1,0)$	$(-1,+1)$	$(-1,+2)$	$(-1,+3)$
A、$EBITDA$					
增长率	26.34%	98.80%	98.94%	113.56%	119.29%
扣除行业因素后的增长率[a]	17.15%	96.65%	98.64%	132.53%	127.40%
B、$EBITDA$/总资产					
增长率	−2.87%	24.08%	14.57%	19.22%	14.04%
扣除行业因素后的增长率	1.64%	37.88%	57.26%	50.81%	61.87%
C、$EBITDA$/主营业务收入					
增长率	−20.59%	30.86%	9.47%	13.85%	−7.68%
扣除行业因素后的增长率	−27.65%	39.07%	24.45%	40.21%	33.39%

　　a:扣除行业变化因素后的增长率,为美的电器公司的指标减去同行业其他 7 家上市公司该指标的中位数。以后表格不再注明。

　　从表 5.2 的 A 栏中可以看出,美的电器公司在管理层收购完成的当年、1 年后、2 年后、3 年后分别于收购前 1 年相比,$EBITDA$ 分别增长了 98.8%、98.9%、113.6%、119.3%。在扣除行业因素后,收购完成当年、1 年后的数据几乎不受影响,而 2 年、3 年后的增长率为 132.5%、127.4%。从表 5.2 的 B 栏对 $EBITDA$/总资产的分析中可以看出,该比率在收购完成后当年、1 年后、2 年后、3 年后分别于收购前 1 年相比,在扣除了行业因素后,分别增长了 37.9%、57.3%、50.8%和 61.9%。相似情况也出现在表 5.2 的 C 栏,$EBITDA$/主营业务收入的比率在收购完成后当年、1 年后、2 年后、3 年后分别于收购前 1 年相比,在扣除了行业因素后,分别增长了 39.1%、24.5%、40.2%和 33.4%。

　　从以上数据中可以得出以下结论:美的电器在管理层收购完成后,经营利润在收购当年发生大幅度提高,比收购前 1 年增长了近 1 倍,1 年后继续保持,2 年、3 年后进一步增长,而且这种增长速度是排除了行业因素影响的,也就是美的电器公司独有的。经营利润率在收购完成后也得到提高,但有逐年下滑现象,不过在扣除行业因素后,经营利润率反而在提高。即相对于同行业上市公司来说,其他公司的经营利润率在下降,而美的公司的经营利润率在上升。

　　表 5.3 反映了企业经营活动现金净流量的变化情况。

表 5.3　MBO 对美的电器的企业经营活动现金净流量的影响效应

经营活动现金流量分析	年度区间				
	(−2,−1)	(−1,0)	(−1,+1)	(−1,+2)	(−1,+3)
A、经营活动现金净流量					
增长率	1 286.11%	514.93%	1 254.08%	3 029.91%	2 647.32%
扣除行业因素后的增长率	1 324.81%	367.44%	1 177.32%	2 719.41%	2 427.15%
B、每股经营活动现金净流量					
增长率	1 183.33%	492.31%	1 200.00%	2 907.69%	2 538.46%
扣除行业因素后的增长率	1 261.76%	368.24%	1 122.22%	2 595.19%	2 513.88%

注:在处理现金净流量增长率时,如果基期数据为负值,比较期为正值或比较期的负值比基期的负值大(即现金净流出规模减小),则算出的增长率取绝对值;若比较期的负值比基期的负值小,即现金进一步净流出,则算出的增长率仍为负值。即正值的增长率表示现金净流量增加了,负值的增长率表示现金净流量减少了。

从表 5.3 的 A 栏中可以看出,美的电器在管理层收购完成的当年、1 年后、2 年后、3 年后,其经营活动现金净流量与收购前 1 年相比分别增长了 5.1 倍、12.5 倍、30.3 倍、26.5 倍,扣除行业因素影响后,分别为 3.7 倍、11.8 倍、27.2 倍、24.3 倍。与收购前扣除行业因素前后分别为 12.9 倍和 13.2 倍的增长速度相比,收购当年的增长速度下降超过一半,1 年后增长速度恢复到收购前的增长速度,2 年后、3 年后的增长速度接近或超过收购前增长速度的 2 倍。而每股经营活动现金净流量的增长情况几乎相同。

以上的数据说明,管理层收购完成后,美的电器公司的经营活动现金净流量逐年递增,且增长速度十分惊人。与收购前 1 年相比,收购后逐年的增长速度呈现出下降、恢复、加速增长的现象,收购后第 2 年的现金净流量达到了收购前的 30 倍以上,第 3 年的现金净流量也达到收购前的 26 倍。结合上文对 *EBITDA* 的分析,可以说,公司经营利润的增长是有现金流量保证的,经营利润率的提高是真实的。另外,两个分析指标在扣除行业因素前后的数据变化较小,说明经营性现金净流量的快速增长现象是美的电器公司所独有的。

第四节　对企业投资活动的影响效应

本文分析美的电器在管理层收购完成后公司的投资情况。

首先,考察投资活动的现金净流量指标,同样采取前文的分析方法,结果见表 5.4。

表 5.4 MBO 对美的电器投资活动的影响效应

投资活动现金净流量分析	年度区间				
	（−2，−1）	（−1，0）	（−1，+1）	（−1，+2）	（−1，+3）
增长率	153.51%	−5.71%	267.64%	376.79%	230.69%
扣除行业因素后的增长率a	170.62%	−78.86%	−106.71%	192.72%	144.33%

a：由于华意压缩1999年的投资活动现金净流量恰好为零，无法计算增长率。所以表5.3中行业因素指标采用其他6家上市公司的平均值。扣除行业因素后的增长率，为美的电器公司的指标减去同行业其他6家上市公司指标的平均数。

注：表中增长率为正值，表示现金净流出增加，负值表示现金净流出减少。

从表5.4中可以得出，美的电器公司的投资活动现金净流出量与收购前1年相比，在管理层收购完成的当年减少了5.7%，1年后、2年后、3年后分别增长了2.7倍、3.8倍、2.3倍。若扣除行业因素，收购当年减少了78.9%，1年后减少了1.1倍，第2年增长了1.9倍，第3年增长了1.4倍。从表5.4的数据中我们还可以推测，美的电器在管理层收购完成后减少了对外投资。由于上市公司的投资行为受到股票发行融资活动的极大影响，因此会造成分析结论的偏差。在本书的分析年度期间，美的电器公司在1999年实施了配股。在选择的行业样本公司中，青岛海尔在1999年度配股、2001年度增发；春兰股份在1998年配股、2001年增发；格力电器在1998、2000年两度配股。特别是海尔和春兰在2001年度的大规模增发，大大提高了行业2001年的投资活动现金净流量的增长率，使得扣除行业因素前后的美的电器的该年度指标由正转负。其实，从美的电器年度报表中的投资活动现金净流量的绝对数字来看，1998—2003年度的各年数字为−305.41，163.43，154.09，600.84，779.21，540.44（百万元，正数表示现金净流出），除收购当年略有减少外，其余年份都在增长。另外，年报中专门有一栏公司董事局对"公司投资情况"的说明，该栏目反映的是公司当年完成的具体产业项目的投资金额，包括技术改造、新建项目、对外收购公司股权等，1998—2003年的数字分别为103.12，379.84，716.66，565.00，410.53，621.4（百万元）。其中，2000年的数字较大，这是因为公司1999年配股资金部分在2000年度内进行了投资。

综观上述数据，管理层收购后美的电器公司的资本投资除在当年略有减少外，收购后的第1、2、3年皆呈增长状态。但与同行业相比，增长速度并不明显，在个别年份的增速甚至落后于行业增长速度，其主要原因是在收购结束后没有进行过股票发行。

第五节 收购效应的解释假说验证

上面的分析说明，管理层收购后的企业经营效率得到了提高，这种效率提高又来自于何处呢？综合前文提到的西方学者的理论假说以及我国资本市场中近来出现的一些观点，暂且先不论激励机制假说，其他的主要观点有：（1）内幕信息优势假说，具体在我国就表现为这样一种观点,在收购前,管理层将公司净资产人为低估,以获取较低的收购价格优势,在收购完成后再抬高净资产;(2)减员降薪假说;(3)高派息假说,认为管理层收购的公司将在收购结束后进行高现金派息,以偿还收购债务。有关数据详见表5.5。

表 5.5　MBO 对美的电器的每股净资产、员工人数、股息分配的影响效应

年度(年)	每股净资产ᵃ(元)	员工人数(人)	股息分配ᶜ(元/股)
2003	4.53	21 079	0.12
2002	4.03	17 196	0.10
2001	3.79	13 365	0.20
2000	3.61	13 112	0.30
1999	3.50	11 752	0.28
1998	2.74	b	0.26

a、每股净资产为经调整后的每股净资产数字。另外,如果前后报表反映同一年份的数字不一致,以最新的数字为准。b、1998年年报没有员工人数统计。c、股息分配为现金股息(含税),美的电器的各年度分配方案只有派发现金一种形式,所有中期都没有分配。

从表5.5中可以看出,每股净资产在收购后逐年递增,递增率为3.1%、5%、6.3%、12.4%,而收购前1年比收购前两年增长了27.7%。所以,收购前净资产低估、收购后净资产快速增长的现象并没有出现。这种现象有两种可能的解释:第一种可能是管理层收购中并不存在内幕信息优势;另一种可能是每股净资产并非此案例中管理层收购的定价依据。至于员工人数则在逐年增长。但是没有薪酬资料。分配方案没有出现高派息的现象,派息金额在收购当年较高,收购后反而逐年下降(关于 MBO 后公司的股息政策详见本书第七章)。

因此笔者可以推断,对美的电器这个管理层收购案例来说,内幕信息假说、减员降薪假说、高派息假说都不存在。那么,企业经营效率提高的唯一可能解释就是新激励机制假说了。我们在研究中发现,该案例体现的新激励机制内容,是不同于西方经典文献的阐述。

第六节　自由控制资产及其代理成本假说

在比较各年报数据时,我们发现一个现象:2000 年,美的电器公司的资产规模突然大幅度上升。美的电器在 1998—2003 年的历年总资产数字为:34.3,44.6,71.5,77.4,79.9,85.7(亿元)。其中,2000 年比 1999 年增长了60%;收购前1年也即 1999 年,比 1998 年增长了30%;而 2000 年以后,各年份的环比增长率不到10%。为什么美的电器的资产规模会在收购当年突然大幅度上升呢?从账面直接分析,原因在于合并会计报表的范围增加。2000 年年报中,当年新增进入合并报表的公司达到 15 家,以下是这 15 家公司的名称和情况,详见表5.6。

表 5.6 美的电器 2000 年年报当年新增进入合并范围的公司

公司名称	设立时间(年/月)	拥有股权比例
广东美芝制冷设备有限公司	1995.9	60%
广东美芝电机有限公司	1995.10	60%
广东美的集团芜湖制冷设备有限公司	1998.2	75%
芜湖顺泰工贸有限公司[a]	2000.5	80%
顺德市乐泰机电工程有限公司	2000.5	100%
芜湖市华龙工贸有限公司[a]	2000.6	86.5%
顺德市美的饮水机设备有限公司	2000.8	86.5%
顺德市美的洗碗机制造有限公司	2000.1	70%
广东美的制冷设备有限公司	2000.11	90%
顺德市美的空调工业投资有限公司 (现为佛山市美的空调工业投资有限公司)	2000.12	91%
顺德市美的家电投资有限公司	2000.12	88%
芜湖美的物业管理有限公司	2000.8	80%
芜湖市美的电器有限公司	2000.8	100%
深圳市创源网络科技投资有限公司	2000.3	90%
深圳市商路易电子商务有限公司[a]	2000.6	54%

a:公司于 2002 年被注销。注:资料来源于美的电器 2000 年年报。

在美的公司的其他年度报表中,1998、1999、2001、2002、2003 年当年新增合并公司的数字分别为 4 家、4 家、4 家、3 家、2 家。至于同行业 7 家上市公司的 2000 年年报中,除青岛海尔的合并报表中新增了 2 家公司之外,其他 6 家上市公司的合并报表范围都没有变化,也即没有新增进入合并报表范围的公司。因此,这种在收购当年新增进入合并报表公司数目激增的现象,可以说是美的电器独具的了。

在美的电器 2000 年年报的说明中,公司分别收购了美芝制冷、美芝电机和芜湖制冷设备三家公司 20%、20% 和 35% 的股权,使得拥有的这三家公司的股权都超过了 50%,纳入了合并报表。而这三家公司均是已成立数年的公司,并且拥有丰富的经营利润。美芝制冷、美芝电机当年的主营业务利润共有 3 亿元,芜湖制冷的主营业务利润有 2.9 亿元,而美的电器当年的主营业务利润为 18.5 亿元,合并入报表的三家公司的业务利润占了近 1/3。年报对收购的解释是:"有利于改善公司财务状况……有利于公司的利润增长,扩大公司的经营成果。"另外,公司还在 2000 年收购了顺德美的冷气机制造有限公司空调方面的经营性资产和负债,并在此基础上组建了广东美的制冷设备有限公司和顺德市美的空调工业投资有限公司,年报中的说明是,"有利于增强公司空调业务的独立性,减少公司今后的关联交易,从长期看,对公司的财务状况和经营成果有积极影响。"因此,美的电器在管理层收购完成的当年,即进行了公司资产结构的调整,将产生业务利润多、现金流量多的资产购置进入上市公司,提高上市公司的财务业绩。另外,对具有潜在发展前景的资产如空调业务,也购入上市公司,一方面减少关联交易,一方面为未来上市公司财务状况的提高打下基础。

我们认为,这种现象就是产权清晰后带来的积极效果。进一步设想,在管理层收购之前,管理层将一些优质资产或者潜在优质资产放在上市公司以外,这些优质资产是属于管理层自由控制的,出于各种原因不愿投入上市公司,比如制造关联交易以调控利润等,结果造成了企业价值和股东价值的损失。这是一种产权不清状况下的代理成本,这种代理成本与西方企业产权清晰情况下的股东与经理之间的代理成本是不同的。在管理层收购之后,管理层从法律上获得了对上市公司的所有权和控制权,将原先游离于上市公司之外的资产注入上市公司,因此,上述代理成本不再存在。我们将这些游离于上市公司之外的优质资产定义为管理层的"自由控制资产",将管理层意图自由控制这些资产给上市公司股东造成的价值损失,称为"自由控制资产的代理成本"。以上就是中国部分上市公司产权不清情况下的"管理层自由控制资产"的代理成本假说。可以看出,我们提出的这一假说是应对西方学者詹森提出的自由现金流量的代理成本假说,目的是为了给出中国企业管理层收购效应的解说。

进一步地,从自由控制资产的代理成本假说出发,中国潜在的待实施管理层收购的上市公司,就是一些产权不清的、并拥有游离于企业之外但被管理层控制的优质资产的上市公司,这类优质资产或是正在创造利润的"现金奶牛",或是有发展潜力的"明星企业",在 MBO 后将被管理层纳入上市公司,使得上市公司财务业绩有大幅度提高的潜力,上市公司的股权价值因而得到提高,管理层也因此可以偿还收购的借贷资金。与此相对,詹森等西方学者提出的潜在管理层收购对象公司,是本身有大量现金流量(所谓自由现金流量)、可用于偿还收购融资的企业。我们提出的中国潜在的管理层收购公司,是本身不存在大量自由现金流量但存在管理层自由控制资产的企业。显然,在寻找管理层收购的目标企业上,中国与西方是不同的。

另外,在表5.6中的公司中,除3家公司属于管理层自由控制资产之外,另外12家公司包括后来注销的3家公司中,只有2家与2000年的网络科技浪潮有关,其中包括注销了的1家,其他都属于美的电器的主业。可以说,在管理层收购后,公司的投资和扩张能力突然释放,产生了设立公司数量突增的现象。这可以解释为管理层收购后产权清晰带来的创业浪潮,它不同于西方理论提出的收购后企业收缩投资、出售资产的现象,说明我国管理层收购的企业在产权清晰后释放出的创业扩张能力很强。

第七节 收购后的投资者收益率

管理层收购后的企业经营利润和现金流量等财务绩效的显著提高,是否会被资本市场的投资者所认同?是否提高了投资者的收益率呢?我们以2001年1月19日为管理层收购的公告和完成日,选择了前后共五个年度区间,分别考察了收购前1年、收购当年、收购后第1年、第2年、第3年的投资收益率。考察期间的股票投资收益率详见表5.7。

表5.7 管理层收购对上市公司股票投资收益率的影响效应

年度区间(年/月/日)	1999.1.19—2000.1.19	2000.1.19—2001.1.19	2001.1.19—2002.1.18	2002.1.18—2003.1.20	2003.1.20—2004.1.16
股票投资收益率[a]	64.49%	14.15%	−29.56%	−16.82%	−10.26%
扣除市场因素后的收益率[b]	43.01%	−17.47%	11.75%	−25.01%	−34.07%
扣除行业因素后的收益率[c]	63.83%	−27.37%	2.56%	−22.93%	6.34%

a、股票投资收益率=经复权处理的股票价格÷1年前股票价格−1

b、扣除市场因素后的收益率=美的电器股票投资收益率−深成指的投资收益率

c、扣除行业因素后的收益率=美的电器股票投资收益率−同行业样本公司股票投资收益率的中位数

注:1. 股票价格的复权处理,是将股价回复到上一年的可比状态,如将2001年1月19日的股价复权到2000年1月19日的可比水平,这样可以计算逐年的环比年股票投资收益率。具体的复权公式如下:

复权价格=现价×(1+送股比例+转增比例+配股比例)−配股比例×配股价格+现金股息

公式中的现金股息是税后股息。另外,复权公式中没有考虑增发因素,因为深圳、上海证交所对增发一般不作除权处理。

2. 年度区间划分中有的年度的1月19日不是交易日,则取最近的交易日期。

3. 所有上市公司的历史股价为当日收盘价,数据来自证券之星(3.0版本)软件的数据库。

从表5.7中可以看出,股票投资收益率在收购前1年和收购当年分别取得了64%和14%的正收益率,而收购后第1年、第2年、第3年的收益率分别亏损了30%、17%和10%。在扣除行业因素后,收购前1年的收益率几乎没有变化,但收购当年由盈利变为亏损27%;收购后1年由亏损变为盈利3%;但收购后第2年亏损扩大为23%;收购后第3年又由亏损变为盈利6%。因此,股票的投资收益率在收购前1年最高、收购当年大幅度下降(实际为亏损)、收购后第1年上升、收购后第2年再次大幅度下降、收购后第3年又上升的变化走势。

表5.7的数据说明,资本市场并没有认同管理层收购后的企业经营利润和现金流量的积极改变,可能的原因有以下两点。(1)经营利润和经营活动现金流量并不是投资者决策的主要依据,而净利润、净资产收益率、每股收益等指标更为投资者所看重。(2)市场对管理层收购企业的谨慎或否定态度影响了投资者对企业股票价格的认同。目前,中国资本市场上对上市公司管理层收购的主流观点基本是负面的,如认为管理层收购"内幕信息充斥、关联交易频繁、收购价格不公、收购融资隐蔽"等,这些主流观点深深影响了投资者的心理和投资行为,使得投资者无视财务数据或者对MBO公司治理存在较强的负面评价。

第八节　总　结

本章的研究发现,管理层收购后美的电器公司的企业经营利润、经营利润率得到了大幅度提高,与收购前1年相比,息税折旧摊销前利润在收购当年、1年后、2年后、3年后分别增长了99%、99%、114%和119%,$EBITDA$/总资产的比率也分别增长了24%、15%、19%和14%。而经营利润的提高是有现金流量保证的,经营活动现金净流量在这4年中相对于收购前1年,分别增长了5.1、12.5、30.3、26.5倍。在扣除同行业因素之后,上述经营利润和现金流量的增长速度所受影响不大,保持了超越同行业成长的趋势。就公司的投资情况看,除在收购完成当年略有减少外,MBO以后第1年、第2年、第3年呈加速增长状态,但与同行业相比,增长速度并不明显,在个别年份的增速甚至落后于行业增长速度,原因是在收购结束后没有进行过股票发行。从公司净资产数年的变化看,没有出现收购前低估、收购后抬高的现象。人员变化也没有减员降薪现象。公司历年的利润分配没有出现收购后高派息现象,反而派息数额在下降。

本章提出了中国企业管理层收购的"自由控制资产"以及自由控制资产的代理成本假说。在企业产权不清的状况下,管理层控制了优质资产或潜在优质资产(自由控制资产)而不愿意投入上市公司;而在产权清晰后,管理层将这部分资产投入上市公司,并进行相关业务重组,提高了上市公司的财务绩效。在管理层掌握企业所有权后会产生创业浪潮,企业设立公司的数目增加。本章认同西方众多研究文献的结论,即管理层收购带来企业经营绩效增长现象的合理解释是创造了一种新激励机制,但是这种新激励机制在中国企业中表现为产权清晰后消除了自由控制资产的代理成本,从而增加了企业绩效,并不在于增加外部债权人的债权激励、消除自由现金流量的代理成本、外部购并专家的监督机制等原因,这些原因只适合于解释西方企业管理层收购的绩效。

对美的电器有关财务绩效的提高,资本市场没有认同,投资者的股票收益率并没有因管理层收购而得到明显提高。以上是本章的主要研究结论。不过这些结论也有局限性:因为只以一家公司作为研究对象,从一家公司的现象中得出的结论很可能含有太多的个别特征,虽然我们已经进行了行业比较处理,但作为管理层收购的普遍特征仍然留存可质疑之处。西方学者对管理层收购的研究,对象公司一般多达几十个。同时,美的电器属于乡镇集体、产权模糊的一类企业,因此,本章研究的是一类清晰产权的管理层收购,出于其他目的的管理层收购的企业效应可能不同。①

---

①　我们研究了其他18家公司的数据发现,企业总资产在MBO当年突然大幅度增加的现象,在其他样本公司中并不明显。因此,自由控制资产假说可能只适用于某些个案或者只在某种类型的MBO样本中存在,需要进一步的分析论证。

第六章　品牌价值与产权改革
——美的电器案例再研究

对中国的管理层收购而言,最大的特点就是,对管理层激励的改善是以公司所有权结构的重大调整为前提的。在产权结构调整和激励机制改变后,管理层收购后的上市公司在企业战略、公司治理、投资行为、财务绩效、股息分配等方面都发生了一些重要变化,西方文献有大量实证研究,这在前面章节中也已经论述,可见表5.1。下面,本章选择一个新的角度——品牌价值的变化进行研究,并再次以美的电器为例进行案例分析。

笔者曾于2004年研究过美的电器的管理层收购案例,主要从收购的动机和收购后的财务绩效进行研究,提出了我国企业管理层收购的自由控制资产假说。本章从品牌价值入手,通过个案和对比案例的分析,发现MBO后的企业品牌价值和自主创新能力得到了提高,其原因在于,产权改革对企业家创新活动的利润权利进行了保护,这可以促进管理知识的积累、优秀企业家的产生和企业效率的提高。从这一意义上说,MBO是解决企业效率和长期发展的措施之一。

本章的研究视角受启发于勒纳、斯特龙伯格、索伦森(Lerner, Strömberg & Sörensen, 2008)对PE收购后企业的创新能力的研究,勒纳、斯特龙伯格、索伦森(2008)研究了企业被PE收购后从事专利申请的情况。由于企业在专利申请上的投资属于长期投资,对PE基金来说,它是否会牺牲企业的长期利益、减少研究开发的支出、减少专利申请,从而获取短期利益呢?他们研究了PE投资前3年和后5年的总共495个企业的专利申请情况(期间企业必须至少有1个专利被注册),结果发现:企业专利申请的规模在PE收购前后没有显著变化,但是专利被引用的出现次数显著增加,LBO前注册的专利在3年内被引用的平均次数为1.99次,而LBO之后注册的专利在3年内被引用的平均次数为2.49次。专利被引用的次数是专利是否重要的代表性指标,勒纳等人解释为:PE投资后的企业更为关注核心业务,将其创新活动聚焦于少数核心领域,从而导致注册专利的质量得到了提高。

本章对品牌价值的研究与勒纳等人的研究存在异曲同工之意。

第一节　品牌价值与现代企业

现代富有竞争力的企业,不是看它有多少设备、厂房、土地等有形资产,而是看它的品牌有多少价值。一些国际著名品牌,如耐克运动系列产品、戴尔电脑等,他们并没有自己专属的制造工厂,而是采取完全的品牌管理模式,通过在全球各地委托加工的方法实现其品牌价值。现代企业追求对市场的垄断势力,导致垄断势力的根本因素有两个:一是技术,二是品牌。在成熟的消费品行业中,品牌更是决定竞争力的最重要因素。一个品牌形成后,品牌价值并不是一成不变的,而是在竞争中增值。因此,越来越多的企业在品牌上投入资源,品牌竞争越来越残酷。对品牌价值的积累稍有松懈,它就将被市场所冷落。因此,品牌建设是一个长期、执着、不懈的努力过程。现代市场经济中的品牌,从本质上说就是企业本身,做品牌就是做企业。一个好的品牌,不仅是一个高质量、有内涵的产品,而且是一个积极向上、视野广阔、管理细致的企业。

品牌价值的变化反映了企业的诸多变化。在同质化竞争严重、技术差异小的我国白色家电行业,品牌是决定企业竞争力的主要因素。美的电器作为我国著名的白色家电企业,其品牌价值引人注目。作为一家 MBO 后的上市公司,美的电器的品牌价值发生了什么变化呢? 品牌价值的演变与企业的产权改革有什么联系呢?

第二节　以 MBO 为时间分界的品牌价值差异

中国最有价值品牌的评估报告是由北京名牌资产评估有限公司借鉴世界最有价值品牌评价体系所做的一项研究,自 1995 年以来每年发布一次,是我国目前持续时间最长的品牌跟踪研究。[①] 该评价报告描述的不仅是各个行业品牌现在所处的地位,也记录了品牌成长的历史过程,提供了可以进行年度横向和历史纵向比较的公开信息。进入该评价体系的是消费品类行业领先并且能够提供财务资料的中国自主品牌企业。1995 年,首次发布的中国最有价值品牌有 80 个,其中,到 2006 年还继续留在排行榜里的有 18 个品牌,而发展不利的品牌则自动退出。随着竞争的变化,一些新品牌进入了排行榜。

美的电器自 1995 年进入该评价体系后,一直不间断地被逐年进行了评估,是家用电器行业拥有 11 年完整数据的两家公司之一,另一家是海尔电器。美的电器公司本身对该品牌评价体系也非常重视。在 2006 年年报中,公司董事局的报告称,"在公司整体竞争力不断加强的同时,公司品牌影响力也获得了全面提升,报告期内,美的品牌被评为中国最有价值品牌,居中国品牌的第七位,居中国白色家电行业的第二位。"以下是美的电器的品牌价值以及相关指标的历年数据,详见表 6.1。

---

① 　中国最有价值品牌的评价公式可以简单表述为:$P=M+S+D$,其中,P 为品牌的综合价值;M 为品牌的市场占有能力;S 为品牌的超值创利能力;D 为品牌的发展潜力。在这个体系里,主要指标的选取是看品牌是否具有较大的市场份额、较高的超值创利能力、较强的出口能力,商标是否具有较广泛的法律效力和不断投资的支持、是否具有较强的超越地理和文化边界的能力。关键指标是销售收入、利润额等已实现了的指标。品牌评估侧重在不同品牌价值的横向比较和纵向比较上。

表 6.1 上市公司美的电器的品牌价值及相关数据

年份 (年)	品牌价值(1) (元)	年度 增长率(2)	净资产(3) (元)	品牌净资产比 (1)/(3)	资产(4) (元)	品牌资产比 (1)/(4)
1995	2 600 000 000		669 528 186.02	3.88	2 420 004 208.57	1.07
1996	2 654 000 000	2.08%	706 157 707.96	3.76	3 033 448 651.81	0.87
1997	2 936 000 000	10.63%	1 264 736 958.59	2.32	3 261 484 944.16	0.90
1998	3 380 000 000	15.12%	1 357 919 409.44	2.49	3 498 119 240.69	0.97
1999	4 668 000 000	38.11%	1 845 011 112.41	2.53	4 469 353 063.65	1.04
2000	6 380 000 000	36.68%	1 975 362 140.11	3.23	7 174 086 415.56	0.89
2001	10 136 000 000	58.87%	2 091 285 278.79	4.85	7 652 885 250.74	1.32
2002	11 702 000 000	15.45%	2 195 920 584.68	5.33	7 986 226 641.30	1.47
2003	12 150 000 000	3.83%	2 378 307 733.87	5.11	8 572 353 219.93	1.42
2004	20 118 000 000	65.58%	2 669 050 636.86	7.54	10 964 813 484.99	1.83
2005	27 215 000 000	35.28%	3 058 915 480.89	8.90	9 609 422 147.63	2.83
2006	31 190 000 000	14.61%	3 483 133 431.17	8.95	12 442 024 812.45	2.51

资料来源:品牌价值的数据来源为北京名牌资产评估有限公司,《中国品牌价值研究报告》历年数据。资产、净资产数据来自上市公司年报。

从表 6.1 可以看出,美的电器的品牌价值增长十分迅速,特别是在 2004 年和 2001 年,品牌价值大幅度上升。如果以 MBO 事件发生年度划分为前后两个时间段[①],那么我们可以观察出一个显著的现象,即前后两个时间段的美的电器品牌价值变动率存在显著差异。从 1995—2000 年,品牌价值从 26 亿元上涨到 63.8 亿元,增长了 2.45 倍,年均增长 19.7%。而从 2001—2006 年,品牌价值从 63.8 亿元上升到 311.9 亿元,增长了 4.89 倍,年均增长 30.3%。从品牌价值与净资产比例看,1995—2000 年,在 2.32—3.88 倍之间,平均为 3.04 倍;2001—2006 年,在 4.85—8.95 倍之间,平均为 6.78 倍。从品牌价值与公司总资产比例看,1995—2000 年,在 0.87—1.07 倍之间,平均为 0.96 倍;2001—2006 年,在 1.32—2.83 倍之间,平均为 1.90 倍。见表 6.2 和图 6.1。这两个时间段内,品牌价值总量、增长率、与资产总值比例、与资产净值比例这 4 个指标都体现出明显的差异,品牌价值总量前后两个阶段相差超过 4 倍,而其他 3 个比例指标,后者基本上是前者的 1 倍。

这不禁让我们思考,为什么在 MBO 前后两个时间段内,企业品牌价值有着那么大的区别呢? 是什么力量促使企业品牌价值的大幅度上升呢?

---

① 美的电器公司在 2000 年 5 月、12 月发生了两次股权转让,管理层收购公司(时为美托投资管理公司,现更名为美的电器集团公司)收购了上市公司股权。2001 年 1 月 19 日,董事局公告表明管理层收购公司正式成为公司第一大股东,这标志着管理层收购的完成。因此,一般公认 2001 年是美的公司管理层收购的完成年度。

表 6.2 MBO 前后两个时间段的品牌价值

项目	MBO 前 6 年(1995—2000 年)平均	MBO 后 6 年(2001—2006 年)平均
品牌价值(亿元)	37.70	187.52
品牌价值年增长率(%)	19.70	30.30
品牌价值/净资产(倍)	3.04	6.78
品牌价值/总资产(倍)	0.96	1.90

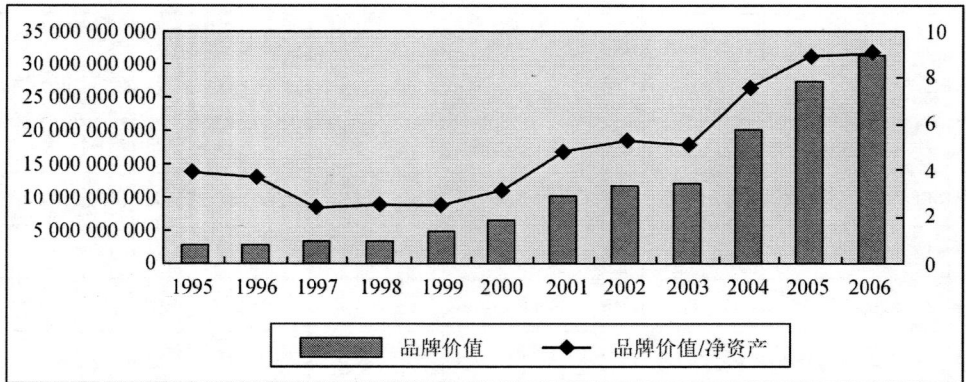

图 6.1 美的电器的品牌价值在 MBO 前后年度的变化

第三节 品牌产权与广告费投入

现代营销学认为,广告对传播品牌、扩大品牌影响、提高品牌的市场占有率有着非常重要甚至是无可替代的作用,因此,企业才乐于在广告上投入巨资。现代企业并不把广告仅仅视作一种纯粹意义的支出,而上升到投资形成的无形资产——品牌价值的认知水平。美国菲利普·莫里斯公司的总裁曾形象地说,"品牌如同储蓄的户头,当你不断用广告累积其价值,你可尽收源源利润。"(刘凤军,2000)仅仅在银行开个户头而不存款,不能得到利息。同理,若企业有了品牌而不宣传,品牌的认知度就低,市场范围就窄,品牌价值也难以增大。可见,广告是对品牌的一种长期投资,通过广告宣传能够提高品牌的知名度和美誉度,从而提高品牌的价值。

在我国,黑白家电是竞争最为激烈的一个消费品产业。在残酷激烈的竞争后,形成了行业品牌集中的态势,最后达到了三五个品牌控制 80% 以上市场的格局。20 世纪 90 年代后期直至今日,围绕市场份额的争夺,家电企业将大量的投入用于企业形象塑造、产品广告和营销网络的建设。在技术无差异的竞争中,企业更多的是借助广告的力量来推动市场,建立自己的品牌价值。因此,我们借助财务报表中可以获得的企业的广告费开支科目的数据来解释企业品牌价值的形成因素。

以美的所在的白色家电行业为例，我们比较了美的电器与春兰空调、格力电器、美菱电器、科龙电器等上市公司的广告费开支。[①] 本篇扣除了主营业务并非直接生产最终消费品的一些同行业上市公司，如大冷股份、华意压缩等。由于美的电器从1999年开始才在年报的会计附注中披露具体的广告费开支，所以，比较时间从1999年开始。2005年和2006年，美的电器年报会计报表附注中"与经营活动有关的现金支出"栏目不再披露具体的广告费数据，预提费用、待摊费用等也没有披露广告费数据，因此，本章选择1999—2004年的年度数据进行比较研究。见表6.3。

表6.3 白色家电类上市公司的广告费支出及相关比例（1999—2004年）

	1999年	2000年	2001年	2002年	2003年	2004年
美的电器						
A	157 176 330.90	206 038 997.53	261 474 304.11	307 191 780.49	447 281 806.65	466 107 728.76
B	0.033 7	0.024 4	0.021 7	0.024 1	0.028 4	0.020 9
C	0.027 1	0.023 4	0.024 8	0.028 3	0.032 5	0.024 3
D	0.210 5	0.168 8	0.132 0	0.137 2	0.175 4	0.159 4
春兰空调						
A	NA	NA	NA	13 319 897.02	25 652 896.36	28 240 179.14
B				0.006 6	0.007 7	0.007 7
C				0.007 7	0.008 0	0.008 8
D				0.063 8	0.053 0	0.055 9
格力电器						
A	152 907 137.60	26 000 000.00	36 000 000.00	71 641 259.32	50 061 770.00	73 924 139.00
B	0.027 6	0.003 7	0.005 1	0.009 6	0.005 5	0.011 6
C	0.029 6	0.004 1	0.005 5	0.010 2	0.005 0	0.005 3
D	0.238 2	0.018 5	0.031 8	0.063 6	0.033 6	0.037 0
美菱电器						
A	NA	7 142 212.20	84 847 768.98	31 330 735.49	49 493 110.22	21 153 363.14
B		0.005 1	0.050 8	0.020 9	0.030 4	0.011 7
C		0.005 3	0.065 6	0.024 8	0.035 8	0.014 7
D		0.038 6	0.201 3	0.133 2	0.130 7	0.089 9

———————

① 青岛海尔电器在历年的年报中没有公告广告费开支的数据，因此没有纳入本篇的比较对象。海尔电器的商标掌握在上市公司的集团母公司手中，而集团是集体所有制企业，并且被职工持股会控股。这种现象与本篇对品牌和企业产权关系的分析结论是一致的。关于海尔商标品牌所有权的讨论，可参见郎咸平.海尔变形记[N].财经时报，2004-07-31.

续表 6.3

	1999 年	2000 年	2001 年	2002 年	2003 年	2004 年
科龙电器						
A	837 260.00	90 603 990.00	176 665 911.00	35 048 277.00	34 838 488.00	43 368 605.00
B	0.000 1	0.017 1	0.037 9	0.007 6	0.004 6	0.004 7
C	0.000 1	0.020 5	0.037 4	0.007 2	0.005 6	0.005 1
D	0.000 7	0.065 1	0.083 4	0.041 2	0.025 5	0.025 1

A＝广告费(元)；B＝广告费/销售商品提供劳务收到的现金；C＝广告费/主营业务收入；D＝广告费/(营业费用＋管理费用)。NA 为未知。

注释：1. 广告费来自年报中会计报表附注的内容,首先选择现金流量表中的"与经营活动有关的现金支出"说明中的明细科目"广告费",如果年报中没有这个数据,则选择"预提费用"或者"待摊费用"科目中的"广告费"；2. 广告费不包括促销费等营销开支；3. 在上市公司的年报中,有的将广告费纳入管理费用,有的纳入营销费用,所以,我们选用 D 指标反映广告费的开支比例。

数据来源：根据 WIND 金融数据库中上市公司年报数据整理。

从表 6.3 中我们可以看出,美的电器广告费的绝对规模逐年稳步增长,2004 年已达到 4.6 亿元,而同类其他公司的最高数字才为 0.74 亿元,美的在同类公司中居于领先地位。在相对规模上,广告费占销售商品收到的现金、广告费占主营业务收入的两个比例都稳定在 2％—3％,而同类公司中两个比例或者均不到 1％(科龙、格力、春兰),或者波动中呈现下降趋势(美菱)。广告费占管理费用和营业费用的比例指标,美的稳定在 13％—17％,而科龙、格力、春兰等在 3％—6％,美菱的该指标也是在波动中呈现下降趋势。

如前所述,广告费开支的差异是品牌价值形成差异的重要原因,实际数据证明了这一点。当然我们也知道,广告费的差异是企业经营状况差异的一个体现,在广告费—品牌价值—企业价值之间存在互动反馈的关系。本章并不对此互动关系进行深入阐述。我们关注的核心问题是美的电器的 MBO 与广告费开支和品牌价值的关系,也即品牌价值差异、广告费开支差异背后的产权制度原因。在研究中,我们发现了一个线索,各公司广告费的差异与品牌的所有权即商标的所有权[①],有着密切关系。

在研究对象中,除了美的公司一直拥有商标所有权之外,其他公司的商标所有权都属于集团母公司或者历史上曾经长期属于集团母公司。我们用下面的例子来说明。(1)春兰电器的"春兰"商标归母公司春兰集团所有,上市公司和集团母公司在 1993 年 6 月签订了协议,在 1993 年 6 月 25 日到 2008 年 12 月 2 日期间,上市公司可以非独占性的使用商标,并且春兰集团以商标 15 年的"非独占使用权"作价 2000 万元入股了上市公

---

① 品牌与商标在法律上不同,但有着密切关系。商标是经法律注册、并可以以无形资产进入企业资产负债表中的一项资产。而品牌在法律上不能注册,在财务上也不能直接作为企业的无形资产。商标主要反映企业产权变动时的交易价值,品牌主要是一种信誉价值。品牌的形成需要一个可以识别的载体。根据国际惯例,在品牌价值评估中,一般以主商标为品牌评价的载体,这也是中国最有价值品牌评估的对象。因此在后文中,我们对品牌价值与商标价值不加区别使用。

司,由集团持股。春兰集团的产权性质为集体所有制企业。(2)格力电器的"格力"商标在 2006 年前归母公司格力集团所有,上市公司与集团签订了协议,在 1995 月 12 月 31 日至 2005 年 12 月 31 日期间,格力商标由上市公司无偿使用,但上市公司承诺每年支出不少于 2500 万元的广告费。2003 年 12 月,集团与上市公司签署商标转让合同,并于 2006 年 2 月生效,将商标无偿转让给上市公司。格力集团的产权性质为集体所有制企业。(3)美菱电器的"美菱"商标在 2002 年前归集团母公司所有,1995 年 12 月,双方签订了为期 5 年的商标使用权协议,上市公司每年向集团支付营业额的 0.01% 作为商标使用费。2001 年,上市公司与集团续签了一年的《商标使用协议》,规定 2001 年度公司将向集团支付相等于营业额 1% 的年费。2002 年,集团将商标作价 1.3 亿元转让给了上市公司,转让价格抵减了集团所欠上市公司的 1.3 亿元款项。美菱集团的产权性质为国有独资公司。(4)科龙电器的"科龙"、"容声"商标在 2003 年前归母公司容声集团所有。1996 年 4 月,上市公司和集团之间签署商标使用协议规定,上市公司向集团公司无偿租赁使用商标,期限直到商标注册的有效期及其延续期限为止。2002 年 11 月,容声集团将"科龙"、"容声"商标的专用权和土地使用权转让给上市公司,用于抵偿容声集团及职工工会所欠上市公司款项。容声集团的产权性质为镇属集体所有制企业。

当商标所有权归属集团母公司时,上市公司只是在一段时期内(无论是 5 年还是 15 年)无偿或有偿使用,未来可能无法继续使用商标,抑或继续使用需要续签合同,总之是面临着不确定性。在这种不确定性下,作为商标和品牌使用者的上市公司,不可能为并不属于自己的商标的投入和建设而倾尽全力。问题的另一方面是,作为商标所有者的母公司无能力发展品牌。上市公司的母公司一般限于资金实力(因母公司主要的创利资产就是上市公司),无法大力进行品牌建设的投入。结果,母公司或者是要求上市公司投入广告费并规定不得少于某某数字(如格力),或者是在母公司和上市公司之间分摊广告费(如春兰、美菱、科龙),但实际上,合同中约定的应由母公司投入的广告费开支往往却由上市公司承担,并因此形成了母公司对上市公司的负债,上市公司还会疏忽对此进行信息披露(如美菱)[①]。总之,在这种制度下,虽然母公司拥有了品牌所有权,但却没有或者不能充分发展品牌价值,在广告费开支、技术开发和创新能力上都十分欠缺。上市公司获得了品牌使用权,支付着广告费开支和投入技术研发资源等,形成的品牌价值却不归自己所有。显然,这种制度不利于企业品牌价值的发展,同时也造成上市公司的资产不完整,不符合中国证监会规定的上市公司与控股股东的"五分开"中的资产分开原则。因此,这是一种不合理的、不利于企业品牌价值发展的制度。

那么,这种不利于企业品牌价值发展的制度,为什么在这些企业中曾经长期实行或仍然在实行呢?为什么母公司要控制品牌呢?进一步说,为什么母公司在自身发展品牌价值能力不够的条件下,在控制企业股权之外还要控制品牌所有权呢?我们分析,可能有以下四种原因。

---

① 2002 年 7 月,美菱公司因与集团公司签订广告分担协议,却实际由上市公司垫付同时未履行必要的审批程序和及时披露的义务,受到了深圳证券交易所公开谴责。

第一,对于白色家电这种竞争激烈的行业,随着市场竞争的加剧,品牌资产的附加值越来越高,品牌越来越值钱。品牌成为家电企业最重要的资产。拥有了品牌,就可以控制企业,更可以控制未来更多的资产,进行品牌经营。

第二,为母公司占用上市公司资金提供合法的权利。通过收取品牌使用费、分摊或者全部转移广告开支等在母子公司之间形成关联关系,这是一条合法的利益转移通道。就大股东对上市公司的掘隧转移利益行为,利用担保、原材料采购、产品销售等关联交易都是常见的渠道。而通过品牌和商标的占用,母子公司也形成了一种利益转移渠道。而且,当最终需要清欠占用的上市公司资金时,母公司还掌握着最后的"王牌"——商标和品牌资产经评估后可以用来抵债。

第三,品牌的价值不易评估,并且评估后价值过大。按照我国原公司法的规定,无形资产入股比例不得超过注册资本的 20%。品牌价值如果作为无形资产入股上市公司,会超过 20% 的比例。[①]

第四,控股股东的所有制属性。春兰集团、格力集团、容声集团等均为集体所有制,美菱集团为国有资产授权管理的公司。总之都是公有制企业。

我们认为,上述四种因素中,关键的因素是第四个因素即产权因素。为什么企业产权制度会决定品牌的所有权归属呢?因为品牌产权的背后实际上是企业产权。

品牌价值的形成依附于企业家特别是创业企业家,是企业家人力资本的历史积累和高度凝聚。在中国企业中,这一点特别明显。当企业家的人力资本没有在公司股权中得到体现和承认,企业家及其团队就不愿将品牌资产注入上市公司,而要掌握在母公司或者自己控制的公司手中。而母公司如春兰、格力、容声等集体所有制的集团公司,实际上是产权模糊的,实际的控制权掌握在创业企业家手中,形成了所谓的"企业家控制的企业"[②]。美菱集团公司的董事长和上市公司董事长是一个人,集团也是控制在企业家手中。可以用于佐证的事实是,当外部收购者可能危及企业控制权,原本放在母公司的品牌可能落入新大股东之手、创业企业家可能会失去对品牌控制的危机形势下,此时,创业企业家就要将品牌进行转移。2005 年发生在上市公司东阿阿胶的事情就是一个典型[③],2007 年发生的娃哈哈与达能的品牌使用权的争议也是案例。因此,品牌之所以掌握在母

---

① 2006 年,我国新公司法规定,企业的无形资产入股比例可以由股东之间自主决定,不再受到 20% 的比例限制。

② 周其仁提出了乡镇公有制企业是"企业家控制的公有制企业",即创业企业家获得了部分的利润分享权和全部的企业控制权,以控制权回报作为承认企业家人力资本产权的主要方式。但是,在企业家决策能力弱化和可能消失的条件下,剩余索取权的安排却一定优于企业控制权。参见周其仁(1997)。

③ 2003 年,华润集团采取重组母公司的方式收购上市公司东阿阿胶,和母公司阿胶集团组建成立新的华润东阿公司,由华润集团控股。阿胶集团注入新公司的主要资产就是东阿阿胶的 81 个系列商标资产,品牌控制权将发生转移。但阿胶集团并不控制在地方政府手中。阿胶集团的董事长和实际控制人是刘维志,刘也是上市公司的董事长,以刘为代表的创业企业家拒绝将商标转移入新公司。阿胶集团于 2005 年 7 月将商标转移入上市公司,以制造新股东进入的困难。2005 年 11 月,华润集团起诉山东聊城国资局和阿胶集团,直至省政府行政力量介入,刘维志才屈服,商标重新转回集团,刘维志也在 2006 年 4 月退休。有评论文字如下:"刘维志夫妇缔造了一个现代企业,甚至光大了一个传统产业。但是,创业者仍然只是企业的雇员,亲手抚育大的'孩子'终有一天会离自己而去。"参见赵燕凌(2005,2006)。

公司手中,有历史的因素,因为在 20 世纪 90 年代初期,企业并不知道或重视品牌的价值;也有公司法的因素,但我们认为,更主要的还是企业产权因素。在企业产权未清晰的前提下,创业企业家要牢牢掌握品牌的因素、决定品牌的归属。当行业竞争激烈残酷时,这种制度限制了品牌的发展,也不利于企业发展,同时,证券监管部门对上市公司资产分开的严格要求、对母公司资金占用的严厉惩处,使得品牌资产在 2006 年来逐步回归上市公司。但是,凝聚在品牌价值中的创业企业家的人力资本产权问题并没有得到普遍的解决。①

在产权制度没有改革的前提下,企业品牌的发展滞后了。因此,春兰等和美的之间品牌价值的差异,表面的原因是广告费开支等的不同,更深层面的因素实际是产权制度的因素。在白色家电行业,只有美的完成了上市公司层面的产权改革,实现了管理层收购。在 2000 年的管理层收购之前,美的公司虽然拥有品牌,但公司并没有完成对创业企业家们的产权改革。通过管理层收购,特别是对企业家历史贡献进行承认的折价转让的收购完成之后②,企业家人力资本的历史积累得到了承认,获得了股权,建立了以股权为核心的长期激励机制,未来的人力资本投入也拥有了产权回报。这样,品牌作为企业最有价值的资产和企业家人力资本投入最集中的价值体现,得到了长期发展的制度保证。产权制度改革后,企业家团队人力资本的持续投入和广告费开支增长,品牌价值获得了进一步提升发展的空间,在企业家人力资本、品牌价值、企业价值、管理层的股权价值之间形成了一个正向的反馈环路。这样,我们就解释了美的公司在 MBO 前后两个不同阶段品牌价值差异显著的原因。在企业产权清晰后,品牌价值也获得了重要保护。2005年,上市公司美的电器与更名后的母公司——美的集团签订了商标使用许可合同,许可集团将美的商标使用在集团公司商号和集团控股参股公司的产品上。根据许可合同,美的电器对美的集团使用美的商号收取商号使用费每年 10 万元,对集团控股或参股公司销售使用美的商标的产品按年不含税销售收入总额的 0.3% 计收商标使用费。商标使用许可合同每年一签。从母公司拥有品牌、向上市公司收取品牌使用费转变为上市公司拥有品牌、向母公司收取品牌使用费,这种关系的置换恰好体现了品牌产权与企业产权的内在联系。

在上面的论述之后,产权改革和品牌价值已经建立起重要的关系了。这种品牌发展和产权改革的相关关系,不仅存在于本篇列举的白色家电行业,在中国其他一些著名公司中也同样存在。北京名牌资产评估公司在 2004 年度中国最有价值品牌评估报告中称,"在国有企业,却出现了品牌发展的深层障碍,一些企业为了实现 MBO,对品牌采取

---

① 美菱、科龙因清理上市公司母公司的欠款,而将商标品牌回收,但是没有实施创业企业家的产权改革。格力的商标回收是和格力电器股权分置改革挂钩的。2005 年 12 月,格力集团和格力电器的无偿转让商标合同,是股权分置改革的两个配套合同之一,另外一个配套合同就是大股东实施对管理层的股权激励合同。大股东承诺,在持股中划出 2639 万股份,用于未来三年中(2006—2008)在达到规定的净利润指标条件下,奖励给管理层。因此,当我们将股权激励制度和商标划入上市公司两个合同联系起来观察时,发现了这种做法背后的思想——将企业品牌价值发展与企业产权制度改革相结合。珠海格力的做法印证了本篇的逻辑。

② 美的电器的管理层收购分两次进行,2000 年 4 月和 12 月的两次收购价格分别为 2.95 元/股和 3 元/股,而 2000 年底的净资产价值为 4.07 元/股。

低调策略,也不希望品牌有价值体现。"(王静,2005)而我国一些民营企业已经完成原始积累过程,并且已经确立了明确的发展方向——创立百年品牌。在 20 世纪 90 年代发布的品牌名单中,几乎找不到民营企业的品牌,而 2004 年发布的 43 个品牌中,民营企业品牌达到 17 个。民营品牌在中国最有价值品牌中的不断增加,不仅反映了民营企业的快速发展,同时也显示了民营企业在品牌价值取向方面所发生的深刻变化。两相比较,说明品牌发展必须在清晰的企业产权制度下才能保证。

进而,我们在对管理层收购的跨国界研究,主要是对日本的研究中发现,管理层收购不仅明晰了企业产权,明晰了品牌的所有权,而且管理层收购和品牌收购本身有着密切关系。在日本,早就有老伙计"开分号"的习惯。把使用同一字号开店的权利转让给能干的掌柜,这叫做老伙计"开分号"。这种老伙计"开分号"的方法在日本就可以理解为管理层收购。(参见片庭浩久,2001)日本企业的管理层收购中,品牌经营权的转让是关键内容,品牌价值也必须进行评估。因此,管理层收购实际上收购的是企业品牌,包括品牌全部或部分的经营权。另外,美的于 1997 年开始采取的事业部制实际上来自日本的业务部门负责制,该制度是以各产品、地区、市场等业务领域为单位设立业务部,把生产、销售、利润责任和权限交给业务部长,成为"企业里的企业",这也是管理层收购。因此,美的在 1997 年进行的事业部制改革,可理解为在下属业务单位进行的管理层收购,2000 年进行的则是对上市公司的管理层收购。美的电器借助管理层收购,清晰了企业产权,也清晰了品牌产权,并带来了企业品牌价值的可持续发展。

接下来,我们将通过对美的和科龙公司的比较案例来继续进行 MBO 之后企业的品牌战略研究。

第四节 美的与科龙的案例比较:品牌发展的不同道路

一、美的和科龙品牌价值的比较

美的和科龙,同是历史辉煌的广东顺德市乡镇集体企业,同是家电行业的明星企业,处于相似的竞争环境与政策环境之下。美的是我国内地第一家 A 股上市乡镇企业,科龙是香港第一家 H 股上市乡镇企业。可是,两者的最终出路却截然不同:科龙被地方政府将股权卖给了外资民营企业,又因外资民营企业出现问题,控股权再次被转让给国有企业;美的则通过 MBO 实现了管理层控股。

美的和科龙结局的不同,今天回头来看,在于当初选择道路的不同。实际上,20 世纪 90 年代后期,随着家电行业竞争的日益加剧,美的和科龙均不同程度遭遇困难。对此,美的和科龙的对策却有很大差别:科龙依旧保持着原来的产权状态和巨额的高管薪酬,唯一不同的是政府加强了干预和对公司高层进行频繁变动;而美的则开始了对公司原有产权制度的改革,先是 1997 年的事业部改造,然后是管理层收购完成的民营化进程。对策的不同导致最终结果的截然不同。已有研究者发现,大股东的不同干预行为**和经营者激励**结构的差异是两家上市公司不同结局的主要原因(参见谭劲松、郑国坚,2004)。我们不准备对地方政府干预行为的不同进行分析,虽然实践中地方政府对企业改革道路的选择是非常重要甚至是决定性的因素[①]。我们侧重于对比研究两个公司不同的**品牌**战略,来揭示产权改革和激励机制改革对企业行为的影响。2005 年,由于科龙发生公司实际控制人因经济犯罪被拘捕、大股东产权发生转让的重大变化,我们主要研究 2001—2004 年的两家企业的品牌战略。

以下是美的和科龙在中国最有价值品牌榜上的历年品牌价值数据,详见表 6.4。

表 6.4 美的电器和科龙电器的品牌价值比较(亿元)

年度(年)	美的电器	科龙电器
1995	26.00	17.82(容声)
1996	26.54	26.78(科龙)
1997	29.36	
1998	33.80	55.50(科龙)
1999	46.68	59.16(科龙)
2000	63.80	148.36(科龙、容声)
2001	101.36	153.14(科龙、容声)
2002	117.02	
2003	121.50	
2004	201.18	
2005	272.15	
2006	311.90	

注释:美的公司一直只有"美的"一个品牌。而科龙在不同年度中进入价值榜的品牌不同,有"容声"和"科龙"两个品牌。两者都进入的则加总计算品牌价值。空缺数字为没有进入排行。

资料来源:北京名牌资产评估有限公司的《中国品牌价值研究报告》历年数据。

从表 6.4 中可见,在 2001 年之前,科龙的品牌价值都在美的之上(95 年除外),而自 2002 年起,科龙则退出了品牌排行。在产权变动上,2002 年 4 月,科龙的大股东容声集团将公司的控制股份转让给了民营外资的格林科尔公司,后者成为科龙第一大股东。美的在 2001 年完成了管理层收购。

[①] 记者徐南铁记载了 20 世纪 90 年代顺德产权改革的整个历程。在他的书中,美的所在地的北窖镇党委书记冯润胜等主流派坚决支持产权改革,而科龙所在地的容奇镇党委书记陈伟则反对"靓女先嫁",成为顺德产权改革的持不同意见者,容奇镇的企业改革也因此与整个顺德市的改革不相同。参见徐南铁(2002)。周其仁在他的实地调研中也证实,当地人士认为主要是由于地方政府领导的不同思路,造成了科龙在 90 年代没有进行产权改革。参见周其仁(2006)。

二、美的和科龙 2002 年以来品牌发展不同道路的比较

(一)品牌归上市公司所有,还是归母公司集团所有?

2002 年 11 月,科龙与容声集团签署协议,自 2003 年起,将"科龙"、"容声"、"容升"商标的专用权转让给上市公司,用于抵偿集团欠款,商标作为资产进入上市公司。美的则一直是将"美的"商标放在上市公司。

(二)企业进军国际化采取的是 OEM[①] 贴牌生产,还是发展自己的品牌?

科龙在海外扩张上主要走的是 OEM 贴牌生产道路。科龙在 2003 年年报中称,"本集团以 OEM 形式为国际知名家电企业制造冰箱与空调,外销业务保持卓越的成绩,是本集团收入与利润的主要增长点之一。"在 2004 年年报中称,"尽管报告期内国际家电市场竞争激烈,本集团以 OEM 形式,为国际知名家电企业、大型家电连锁店及超级市场制造空调及冰箱产品的销售收入仍在迅猛增长,利润进一步改善,证明本集团产品在技术、价格及质量方面的竞争优势"。2004 年,科龙的外销业务收入超过 4 亿美元,较 2003 年增加了 87.5%,占公司整体销售收入的 41%,成为收入及利润的一个主要增长点。但是,这种收入的增长主要是贴牌生产带来的。虽然科龙也意识到 OEM 市场竞争的激烈,产品承受着价格下调的压力,但是科龙一直坚持走 OEM 道路,并以成为家电领域的国内最佳 OEM 厂商而自豪。"由于科龙成本效益出众及技术领先,使其成为大部份世界领先国际企业之首选 OEM 生产商。"

而美的采用的是发展自我品牌的策略,面向海外的出口以自主品牌出口为重点发展方向。美的在 2004 年以来的历年年报中一直陈述,"海外销售持续推进区域营销公司的建设,尝试品牌收购与租赁,加大自有品牌海外拓展力度,保证海外销售的领先优势。"另外,在国内生产中,美的也积极利用品牌进行扩张。(1)使用品牌委托外部加工,并收取品牌使用费。比如 2005 年年报披露,佛山市日用家电集团使用"美的"商标销售产品,美的按其销售收入的 0.3% 计收商标使用费。(2)收购原来的委托加工厂商,整合生产能力。2004 年年报中揭示,"OEM 生产性资产的收购工作基本完成,解决了生活电器、取暖清洁、热水器、厨房电器等单位长期存在的制造问题,促进了 OEM 的转型。"

(三)是单品牌发展还是多品牌发展?是单品牌的多元化扩张还是多品牌的多元化扩张?

科龙一直实行多品牌的发展策略,在 2002 年新股东进入后,更加注重发展多品牌。在冰箱业务上,以"科龙"品牌稳守高端市场,以"容声"品牌扩展中高端市场,以"康拜恩"品牌发展低端市场。在空调业务上,则分别发展了"科龙"、"华宝"、"康拜恩"三个品牌。公司希望能够对各个品牌进行清晰定位,分品牌进行营销开拓,借助多品牌战略使集团全面享受市场覆盖的最大效益,力争更大、更稳定的市场份额。美的则实行的是单品牌策略并且是主商标品牌,品牌与公司名称一致。同时,将美的品牌在小家电等相关领域

---

① 委托代工,Original Equipment Manufacturing,简记为 OEM。

实行单品牌的多元化扩张,并获得了巨大成功。[①]

(四)是坚持原有品牌还是发展新的品牌?

科龙的发展历史上,最初的自有品牌只是冰箱的容声和科龙两个;而后进入空调业,形成了科龙空调品牌;1999 年收购华宝空调,获得了华宝品牌。2002 年,格林科尔进入后,带入了新的康拜恩品牌[②]。因此,随着公司收购和产权的变动,每次都带来了新的品牌,形成了原有品牌和新品牌共存的局面。美的自 20 世纪 80 年代以来,一直使用唯一的美的品牌,坚持发展原有品牌。

因此 2002 年以来,科龙和美的的商标、品牌都属于上市公司资产,不存在前文所说的集团母公司占用上市公司品牌资产的问题。但是,比较二者的品牌战略则存在明显区别。对比这些区别,我们的观点如下。

第一,走 OEM 道路,短期可行长期则不行。OEM 靠的是低成本优势打开海外市场,除了利润微薄之外,发展前景也是十分危险的。格兰仕是一个前车之鉴[③]。企业的国际化经营应该从单纯的产品输出过渡到资本输出,再到实现品牌的输出。

第二,自主品牌需要自主创新,只有自主创新形成的自主品牌才具有真正持久的竞争力。自主创新并不仅仅是科技开发或开发新产品,而且也是以品类创新为目的的品牌创新,通过品牌创新引导科技创新占据市场。在这方面,美的是成功的。为了提升自身的品牌价值,美的进行了研发体系的资源整合,通过自主研发与工艺研究提升技术优势。美的主要通过走合资道路,引入同行业国际企业进行技术合作。[④] 2005 和 2006 年年报中称"美的公司整体的自主创新能力有所加强"。

第三,单品牌和多品牌都有成功的企业,但单品牌策略被认为更有利于企业品牌形象的形成。科龙的多品牌格局是被动形成的,品牌之间的清晰划分和定位需要时间和成本。历史上,科龙、容声、三洋科龙这三个冰箱品牌曾经相互牵制。1999 年,科龙收购华宝是为了"救急"当地政府,收购的结果是带来科龙和华宝两个同档次空调品牌的自相竞争[⑤]。

---

① 美的在冰箱、空调价格大战不止的情况下,潜心开发小家电,在电饭煲、微波炉、饮水机等领域统领市场,全部厨用电器的美的品牌价值 78 亿元,占美的全部品牌总价值 201.18 亿元的 38.8%。参见王静(2005)。

② 2003 年 4 月,科龙与格林科尔中国公司签订商标使用协议,格林科尔中国公司允许科龙及子公司使用"康拜恩"商标而无须支付使用费。2003 年,科龙公司开始在冰箱、空调产品中使用康拜恩品牌。见科龙 2004 年年报。

③ 2004 年,格兰仕提出了"让渡品牌"战略,淡化品牌色彩,为全球 250 家微波炉生产商贴牌生产,从而成为世界最大的微波炉生产车间。格兰仕以低成本优势打开了海外市场,当年的海外销售数量增长超过 60%,海外市场销量占到格兰仕销量的 70%。然而,格兰仕的低成本、低价格的 OEM 模式,已经受到来自各方的压力和冲击。首先,钢材等原材料价格上涨,格兰仕希望调高产品价格,却遭到美国品牌和销售合作方沃尔玛超市的抵制。其次,格兰仕也遭到竞争对手的攻击,以 LG 为代表的竞争对手将生产线搬到了中国,LG 推出的最低价格的微波炉已击穿了格兰仕的价格底线。

④ 美的 2004、2005 年年报中记载,经历经 4 年的艰苦谈判后,2004 年,美的空调业务成功实现与"东芝开利"的合资合作,初步实现了市场、技术、产品、人才、信息与国际化的对接,有力提升了公司的国际竞争力。2005 年,在空调合资公司中,美的加大技术资源投入和对外技术合作,通过与东芝开利以及伊莱克斯等进行战略合作,提升了核心技术研发能力。在压缩机合资公司,美的加大了研发力度,年内新建了压缩机实验大楼,通过软硬件资源的投入和技术人才队伍的建设,保障了研发能力的不断提高。

⑤ 华宝事件是港商在收购华宝一年后退出,要求顺德市政府退回收购资金,而政府已经将收购资金用作社会保障等支出,无奈之下,政府要求科龙收购华宝,于是科龙接手收购了华宝。有科龙内部人士认为,收购华宝作为一个分界线,科龙就开始走下坡路了。详见佘南铁(2002)。

2003 年,格林科尔进入后,带来了顾雏军拥有的康拜恩品牌,而格林科尔出事后,该品牌今天已不再使用,目前科龙公司网页再也看不到康拜恩的品牌了。因此,对科龙来说,多品牌带来的更多是困惑。企业收购后,没有消灭目标公司的品牌、发展壮大自有品牌,而让目标公司品牌继续存在,并和公司原有品牌进行竞争;新的产权投资者进入,不去发展原有品牌,反而引入新的品牌。虽然多品牌可以扩大市场覆盖面,但是,解决品牌之间的清晰定位和相互竞争,并非易事,而且发展不同品牌,需要更多的广告费投入,分散了企业力量。

因此,科龙和美的品牌价值的不同,反映了不同的品牌战略:一个立足短期,一个立足长远;一个要成为国内最大的 OEM 生产商、利用海外的家电企业和经销商占领更大的海外市场,一个要发展自主品牌、建立自己的海外营销机构;一个因产权变动和对外收购而被动发展多品牌,一个自始至终发展一个品牌。二者的品牌战略分别取向于长远利益和当前利益,我们认为关键的原因在于产权和激励机制的不同。我们以董事长工资和股权红利收入为代表性分析因素来解释两个企业不同的激励结构。见表 6.5。

表 6.5　科龙和美的董事长历年分红与工资情况比较(1999—2004 年,单位:万元)

年份(年)	科龙		美的	
	工资	红利	工资	红利
1999	375	21.4	45	15.8
2000	125	0	75	16.8
2001	750	0	55	11.2
2002	150	0	45	11.2
2003	400	0	55	6.7
2004	450	0	85	8.4

注:董事长工资是根据年报披露的区间取中间值得到。红利是根据每股股利与董事长年末持股数计算得出。科龙红利为零是因为公司亏损无红利发放。

科龙公司早在 1996 年 5 月的临时股东大会上审议通过了《关于董事薪金、袍金、奖励金及监事的报酬提案》,这使得科龙高层的报酬远远高于国内其他上市公司,董事长薪酬长期名列全国上市公司高管薪酬第 1 名[①],而董事会成员和高管持股只占总股本的0.000 01%—0.000 1%,远低于全国平均水平。美的董事长的个人持股占总股本的0.02%—0.11%,高于全国平均水平,而 MBO 完成之后,董事长控股的美托公司(2004年经工商登记更名为目前的美的集团)持股 22.19%,2006 年借股权分置改革进一步增持股份达到 46.74%。表 6.5 反映出两者不同的激励机制,在股权带来的剩余分享激励上,美的要远远大于科龙(表 6.5 中还没有计算美的董事长在控股公司的分红收入),而

[①]　上海荣正投资咨询有限公司.中国企业家价值报告(1999—2005 年各年度)[M].上海:上海远东出版社.

在货币工资上,科龙则远远超过了美的。

管理层收购后,美的的激励机制使得管理层的利益主要来自于努力经营所带来的股权收入。企业剩余索取权向管理层的倾斜安排,使得管理层与产权主体的利益趋同化。1997年之后的事业部改制也对子公司中高层管理者起到了相似的激励作用。这些激励机制提高了管理层努力经营并减少无效率追逐灰色控制权收益的激励。相反,偏向于货币工资的激励制度安排,排斥了管理者不努力经营的收益惩罚,并且导致其行为的短期化。不合理激励机制带来了控制权主体对控制权利益的过度追逐,产生了巨大的代理成本,这在科龙体现更为明显。[①] 美的立足于长远利益,选择了发展自主品牌、塑造企业品牌形象的长远战略。而科龙在一年一定的薪酬政策激励下,更重视当前利益,选择了OEM、多品牌、新品牌等可以增加短期利益的品牌战略。

因此,激励机制的不同导致了科龙和美的的发展战略的不同,在品牌战略上就体现出追求长远利益还是当前利益的差异,这就解释了二者品牌发展的不同道路的根本原因。前文说明了产权改革和品牌发展有着相关关系,清晰产权不仅明确了品牌的所有权,而且推动了企业品牌增值。这个逻辑关系背后的原因在于激励机制。管理层收购后的美的公司建立了长期的股权激励机制,技术创新和品牌发展获得了制度保证。[②]

现代企业的品牌经营已不是单一的传统意义上的营销,它是通过对核心技术、行业标准的控制以及商标、专利等知识产权的保护手段,对世界范围内的投资、生产、销售、服务等各个环节进行全流程控制,进而控制市场和行业的发展方向,获得超额利润。因此,优秀的品牌必然是拥有自主知识产权的品牌,企业拥有自主知识产权是塑造品牌价值的重中之重。知识产权具有独占性,一旦拥有这些权利,就拥有了法律所赋予的对某些技术及产品的独占性、使用权、生产权,获取靠打广告难以企及的庞大市场份额。面对"世界名牌中国造,品牌价值何其高"的严峻形势,中国企业应当积极营造有利于自主知识产权业生长、发展的环境,从 OEM 努力走向 ODM(设计加工,Original Designing & Manufacturing,简记为 ODM),再走向 OBM(自主品牌,Original Branding & Manufacturing,简记为 OBM)。

具体到白色家电行业,在全行业规模化发展的同时(目前全球空调制造业向发展中国家转移,全球超过 70% 的空调产自中国,我国已经成为全世界最大的空调生产基地),国内品牌突破同质化竞争的技术积累却明显不足,使得竞争依然在规模和价格等维度展开,行业利润率已经接近极限,全行业经营风险持续攀升。因此,白色家电行业的竞争必须从单纯的规模竞争上升到以技术驱动为核心的综合竞争,最终将外化体现在公司品牌内涵和品牌价值的区别之上。

---

① 由于产权不清晰,地方政府通过向经营者出让部分灰色控制权收益如厂外办厂、吃回扣等形式激励经营者。科龙的一些元老办了不少空调、冰箱的零部件厂,并且科龙存在大量与公司高层关系密切的内部职工,形成了独特的裙带经济。参见段传敏(2002)。

② 值得提出的是,2005 年海信进入科龙后,品牌战略有所变化,提出了擦亮"容声"、重塑"科龙"的口号,2007年度将加大品牌宣传投入。在海外业务方面,推行自有品牌和 OEM 贴牌两种模式并行发展的模式。参见科龙 2006年年报。

第五节　总结

一方面,品牌利益具有长期性,确保了未来目标顾客的持久选购。正是由此产生的每年利益按照一定收益率的折现值,构成了品牌价值。品牌价值是长远的,品牌价值也是变动的,品牌价值的形成需要企业长期的投入积累。另一方面,经营者行为短期化、经营者激励的短期性等问题,一直是困扰我国公有制企业改革的难题之一。

在将企业品牌价值与企业产权改革、激励机制改革结合起来进行研究的思路下,本章聚焦剖析了企业管理层控股的、股权多元化的上市公司——美的电器,它在管理层收购完成后的品牌价值创造及增值,明显超越其他同行业上市公司,体现了一种立足长远利益的行为。

本章的主要结论如下。

第一,企业品牌价值背后是企业的产权问题。只有明晰企业家在品牌形成过程中的人力资本产权,才能保证品牌价值得到发展,才能实现企业自主创新,增加企业的品牌价值。MBO解决了企业的产权问题,承认了创业企业家凝聚在企业品牌中的人力资本的投资积累。管理层收购的不仅是企业股权和资产,更是企业品牌。

第二,收购后企业家团队利益的长期化,来自于企业未来的剩余索取权的激励机制。这使得企业家团队有积极动力增加对品牌的广告投入、技术开发等,以使得品牌价值升值,获取长远、超额的利益,在企业家人力资本、品牌价值、企业价值、管理层的股权价值之间形成了一个正向的反馈环路。

第三,比较案例说明。MBO后的美的立足于创立和提升自主品牌,通过品牌经营,进行国内外产品扩张和资产扩张;而未进行产权改革的科龙立足于 OEM、新品牌、多品牌的发展战略,二者形成对比,而最终结果是前者获得了更好的发展。

第四,比较案例进一步说明,政府需要在企业的不同发展时期扮演不同角色。有效的政府行为应该是在企业成长的初级阶段,动用手中的行政权力为企业争取更多的资源,迅速将企业规模扩大,抵御外部竞争。当企业步入成熟期后,就应该进行明晰产权的改革,将竞争性行业中的企业交给市场。此时,政府的首要任务是努力营造良好的竞争环境。

百年企业实际上是百年的品牌。创业企业家退位后,品牌文化能不能延续,品牌管理能不能形成科学机制等,都必然影响着品牌的健康发展。西方的国际品牌,历经上百年历史,不知经历了多少代的人事更迭,但是创业企业家的经历,构成了美好的品牌故事,在一代又一代人的耕耘中,品牌文化越来越醇厚,构成数十亿、数百亿美元的品牌价值。中国竞争性行业中大量品牌的诞生时间不长[①],相当一部分企业存在着对创业企业家的依赖。如何合理解决创业企业家与企业的资本关系,是直接关系着中国品牌能否持续发展的核心问题之一。

---

　①　中国最有价值品牌的平均诞生历史为 27 年,参见王静(2005)。

第七章 MBO后上市公司的股利政策

本章延续前文,继续研究 MBO 后的公司治理,选择了 MBO 后公司的股利分配这样一个具体的角度来展开。股利政策历来是公司金融的研究焦点之一,在此领域已有浩如烟海的研究文献,至今尚未形成定论,被西方学术界称为"股利政策之谜"(Black,1976)。特别是对中国企业的股利政策来说,更是"谜中之谜"。是否派发股利、派发多少股利、派发股利的形式这三个问题是股利政策的主要内容,相互之间又有密切的联系。MBO 后公司的股利政策一直存在着争议,本章从实证数据出发,意图澄清 MBO 后公司股利政策的变化。

第一节 问题的提出

1961 年,莫迪格利安尼和米勒(Modigliani & Miller)首先提出在满足无税收、无交易成本等假设条件下,公司的股利政策并无优劣之分。这一理论认为,股利政策和公司价值无关,因此也被称为股利无关理论,它奠定了股利政策领域的研究基础。然而,股利无关的理论前提——完美资本市场假设,这在现实中并不存在。在现实世界中,公司支付股利有着众多的原因和不同结果,并相互影响。从现有的研究文献来看,吕长江和王克敏(1999)发现,公司的现金股利支付水平主要受前期股利支付额和当期盈利水平及其变化等因素影响。杨淑娥等(2000)的研究表明,现金股利主要受货币资金余额和可供分配利润两个因素的影响。陈国辉和赵春光(2000)认为,对现金股利有解释作用的因素主要有股票股利、净资产收益率、利润增长率和股票市价等。林海(2000)发现,现金股利发放与企业收益存在相关关系,现金股利与股票股利存在着相互替代关系。吕长江和韩慧博(2001)认为,在影响股利分配倾向的各因素中,盈利能力和经营风险是最主要的。李增福和唐春阳(2004)发现,不同行业上市公司的股利分配具有显著差异。吕长江和周县华(2005)认为,股利政策有代理成本和利益侵占的两面性,现实中公司股利支付与大股东性质、大股东持股比例密切相关。

而就国内 MBO 的研究而言,股利政策并非重心所在。该领域的文献主要集中于两个方面,即 MBO 的公平与效率问题(如毛道维,等,2003;汪伟,等,2006)和 MBO 后公司经营业绩、治理机制的变化(如益智,2003;廖洪,等,2004;马忠,2004;杨咸月,等,2007)。

针对 MBO 公司股利政策的研究文献非常少,李康等(2003)是一篇主要文献。

李文认为,已完成和正在实施 MBO 的公司存在明显的高派现行为,股票市场对此作出了负面反应。文章的结论是,MBO 公司的高派现是一种二元股权结构下非流通股东对流通股东的利益侵害行为,需要建立监管机制来遏制 MBO 公司的大比例分红。此文之后,国内专门讨论 MBO 公司股利政策的文献并未再现。该文的结论符合人们的思维直觉,并且文章获得了权威机构的评奖①,这样,李文提出的"MBO 公司在完成收购后会大比例分红来满足大股东的利益需求"的命题,已经在很大程度上主导了人们的认识。

从公司治理理论研究股利政策,历来有两种主要的观点。一为保留现金观。控股股东制定不发放股利或者削减股利的分配政策,而利用自己对公司的控制优势获取其他利益,由此而造成的对公司的损失,大股东只负担部分成本。(Klaus & Yurtoglu,2002; Easterbrook,1984)因此,发放现金股利是限制大股东剥削小股东利益的重要手段。发放现金股利高,表明大股东不愿意剥削小股东,市场会给以正面反应。现金股利是降低企业代理成本的一种方式。(Jensen & Meckling,1976;Myers,1977;Jensen,1986;Lang & Litzenberger,1989)这种理论预测,企业的股利发放率和大股东的持股比例成负相关关系。另一种相反的理论为转移现金观。这种理论认为,只有在大股东持股比例比较低的情况下,大股东才会利用控制权进行寻租获利行为;而在大股东持股比例较高的情况下,可以通过制定高的股利发放率来获取回报。这种理论预测,企业股利发放率和大股东持股比例正相关。国内学者对国内企业的实证研究和案例研究对转移现金理论有较多的支持(陈冬华,等,2003;原红旗,2004;等等)。

那么,对 MBO 类上市公司的控股股东(管理层)是保留现金还是转移现金呢?通过对 MBO 前后公司股息政策的实证分析,我们可以给以回答。从逻辑推理的直觉上说,MBO 前,公司在管理层内部人控制下可能会采取不分红、少分红,股利政策体现为保留现金观;MBO 后,公司进行大比例分红,大股东(管理层)以分红偿还收购借款,股利政策则体现为转移现金观(该观点也符合李文)。假如该逻辑推理能够得到事实证明,股利政策就是 MBO 公司代理成本的直接表现形式了,该类公司的治理机制则存在着重大的弊端。因此,我们选择股利政策研究后 MBO 公司的行为,实则想以此作为锲入口来研究该类公司的治理问题。

沿此思路出发,我们进一步研读了李康(2003)一文。我们发现,该文的结论其实只是一个假设命题,因为李文文中样本公司 MBO 的公告时间均为 2001 年和 2002 年,而股息政策的研究区间却是 1999—2001 年,而且仅仅发现在 2001 年股息支付率高于整体的上市公司。所以,李文样本的选择和研究期间存在着客观上的不匹配,对公司股利分配的影响因素也没有进行计量分析。

当前,在中国上市公司 MBO 已经发生了 5 年甚至更长的时间之后,我们必须对"后 MBO 公司进行了高现金分红"的命题进行重新研究。

---

① 李康等(2003)的文章获得深圳证券交易所第五届会员单位研究成果评比二等奖。

第二节 研究思路及指标

上市公司所支付的股利包括现金股利和股票股利(红股、公积金转增股票 108)两种形式。本篇以体现现金股利的股利支付率、体现股票股利的每股股票股利两项指标作为股利政策的基本变量,考察以下因素对 MBO 上市公司现金股利和股票股利政策的解释力,包括净资产收益率、累积未分配利润/净利润、资本公积金/净利润、每股现金净流量/每股收益、资产负债率、市净率、总资产、第一大股东持股比例、总股本等(变量指标及其描述见表7.1)。其中,净资产收益率、累积未分配利润/净利润、资本公积金/净利润反映了企业的当前盈利能力和通过盈利积累的可分配能力,预计相关性为正。现金净流量/净利润反映了企业的现金支付能力,预计和现金股利的相关性为正。资产负债率反映了公司的财务杠杆,预计和现金股利、股票股利的相关性均为负。市净率反映了公司的成长性[①],预计和现金股利的回归系数符号为负,和股票股利的回归系数符号为正。总资产、总股本反映了公司的规模,预计和现金股利的相关性为正,和股票股利的相关性为负。第一大股东的持股比例反映了公司的股权结构,预计和现金股利的相关性为正。以上指标的选取和预计符号是参考了有关股利政策影响因素的文献后提出的。

表 7.1 股利政策分析的主要变量定义

变量	代码	性质	指标描述	指标的计算
现金股利支付率	$Divpayout$	因变量	公司现金股利政策	现金分红与净收益之比
每股股票股利	$Sdiv$	因变量	公司股票股利政策	每股红股与转增股之和
净资产收益率	Roe	解释变量	盈利能力	净利润与净资产之比
累积未分配利润/净利润	$Renp$	解释变量	未分配利润的积累	累积未分配利润与净利润之比
资本公积金/净利润	$Csnp$	解释变量	资本公积金积累	资本公积金与净利润之比
现金净流量/净利润	$Cfnp$	解释变量	现金流量状况	每股现金净流量与每股收益之比
资产负债率	Da	解释变量	公司财务杠杆	总负债与总资产之比
市净率	Pb	解释变量	公司的成长性	股票市价与每股净资产之比
总资产	$Lnta$	解释变量	公司规模因素	总资产的自然对数
第一大股东持股比例	$Largest1$	解释变量	公司股权结构	第一大股东持股比例
总股本	$Lnts$	解释变量	公司股本大小	公司总股本的自然对数

---

① 红股和转增具有同样的股本扩张效应,而且我国无论发放红股还是公积金转增股本,会计上都采用相同的面值法处理。另外,由于本篇的 MBO 样本公司数目较少,所以尽管红股和转增从来源上看不同(分别来自未分配利润和资本公积金),但下文在回归分析中将红股和转增统一作为股票股利分析。

本章先通过统计描述和统计分析揭示 MBO 公司股利分配的特征,然后采用多因素模型回归的方法,以现金股利支付率和每股股票股利为因变量,以上述 9 个变量为自变量,通过回归分析揭示影响 MBO 上市公司股利政策的显著因素,并试图给出解释。

第三节　统计描述和分析

一、样本统计描述

(一)股利分配的公司比例及与总体比较

由于上市时间不同,19 家 MBO 样本公司中有部分公司在 1998—2001 年期间还没有上市,所以在考察期间(1998—2009 年),MBO 样本公司中共有 221 个观测点。在这 221 个观测点中,有 11 个观测点亏损。在全部观测点中,进行现金分红的公司有 153 家次,占 69.23%;进行送红股的有 30 家次,占 13.57%;进行转增的公司有 53 家次,占 23.98%。所有的 11 个亏损观测点中,有 1 个观测点发放现金股利,1 个观测点发放股票股利。见表 7.2 和图 7.1。因此,样本统计描述显示,现金分红是 MBO 公司股利政策的主要方式。

表 7.2　MBO 样本公司和沪深全部上市公司股利分配比例(1998—2009 年)

	年度(年)	1998	1999	2000	2001	2002	2003	2004	2005	2006	2007	2008	2009	总计
样本公司	样本家数	15	16	19	19	19	19	19	19	19	19	19	19	221
	派现家数	7	8	18	17	15	13	12	12	13	11	15	12	153
	送红股家数	1	5	3	2	2	1	1	0	4	6	3	2	30
	转增家数	6	5	2	2	3	3	7	9	5	6	2	3	53
	派现公司比(%)	46.67	50.00	94.74	89.47	78.95	68.42	63.16	63.16	68.42	57.89	78.95	63.16	69.23
	送红股公司比(%)	6.67	31.25	15.79	10.53	10.53	5.26	5.26	0.00	21.05	31.58	15.79	10.53	13.57
	转增公司比(%)	40.00	31.25	10.53	10.53	15.79	15.79	36.84	47.37	26.32	31.58	10.53	15.79	23.98
全部上市公司	公司家数	902	996	1 157	1 216	1 273	1 345	1 422	1 455	1 500	1 615	1 659	1 833	16 373
	派现家数	291	339	742	767	662	655	785	683	752	835	901	1 048	8 460
	送红股家数	179	130	122	101	70	99	61	56	100	160	86	124	1 288
	转增家数	180	149	175	130	142	202	183	406	186	368	218	304	2 643
	派现公司比(%)	32.26	34.04	64.13	63.08	52.00	48.70	55.20	46.94	50.13	51.70	54.31	57.17	51.67
	送红股公司比(%)	19.84	13.05	10.54	8.31	5.50	7.36	4.29	3.85	6.67	9.91	5.18	6.76	7.87
	转增公司比(%)	19.96	14.96	15.13	10.69	11.15	15.02	12.87	27.90	12.40	22.79	13.14	16.58	16.14

注:数据来自 CSMAR 数据库。

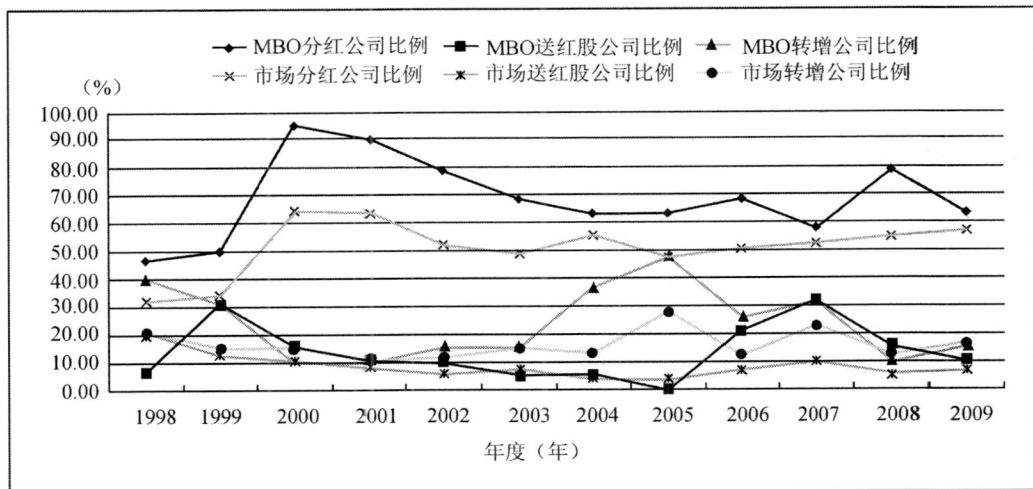

图7.1 MBO样本公司和沪深全部上市公司股利分配比例(1998—2009 年)

将 MBO 样本公司与沪深交易所全体上市公司相比较,可以发现,在考察期间,MBO 公司中进行现金分红的公司比例高于全部上市公司中的现金分红公司比例,除 2004、2007、2009 年度外,二者的差距都在 20%左右;除 1998、2003、2004、2005 年之外,MBO 公司中送红股的公司比例均高于全部上市公司中送红股比例,在考察期可前者平均高于后者 6 个百分点。从转增公司所占比例来看,除 2000、2001、2008 年度外,MBO 公司的比例均高于于总体比例,在整个考察期间前者平均高于后者接近 8 个百分点。因此结论是,与总体上市公司相比,MBO 公司中进行现金分红的比例显著、持续地超越总体比例,MBO 公司中发放股票股利和进行资本公积转增股本的公司比例也显著高于总体比例。

(二)股利分配的绝对水平及与总体的比较

在 1998—2009 年间,MBO 样本公司的平均每股现金分红 0.106 元,股息支付率达30.4%,平均每股红股 0.03 股,平均每股转增 0.093 股,平均每股股票股利合计 0.122股。而沪深两市全部上市公司同期数据分别为 0.04 元,24.9%,0.035 股,0.047 股和0.082股。相比之下,MBO 样本公司平均每股现金分红和股息支付率比市场平均值高0.066元及 6.5 个百分点,平均每股股票股利高于市场平均值 0.04 股,这显示 MBO 样本公司进行现金分红、送红股和转增股本的规模更大。从表 7.3 和图 7.2、图 7.3 可以看出,考察期间 MBO 样本公司的平均股息支付率除了个别年份略小于市场外,其他年度皆稳定地大于市场平均值。每股红股与转增的波动性较大,红股的支付水平在考察期间的两头时间曾高于市场水平,但大部分时间是低于平均水平。转增的支付水平但除少数年份外,MBO 公司是高于总体的。

表 7.3 MBO 样本公司和沪深两市全部上市公司股利分配水平（1998—2009 年）

	年度（年）	1998	1999	2000	2001	2002	2003	2004	2005	2006	2007	2008	2009	期间平均
样本公司	平均每股现金分红（元）	0.092	0.073	0.132	0.162	0.104	0.084	0.085	0.121	0.086	0.105	0.111	0.120	0.106
	平均股息支付率	0.179	0.170	0.350	0.414	0.420	0.369	0.287	0.457	0.250	0.233	0.292	0.225	0.304
	平均每股红股（股）	0.003	0.088	0.032	0.016	0.008	0.018	0.011	0.000	0.034	0.095	0.037	0.016	0.030
	平均每股转增（股）	0.140	0.138	0.074	0.032	0.087	0.089	0.126	0.152	0.108	0.100	0.026	0.041	0.093
	平均每股红股与转增（股）	0.143	0.225	0.105	0.047	0.095	0.108	0.137	0.152	0.142	0.195	0.063	0.056	0.122
全部公司	平均每股现金分红（元）	0.058	0.053	0.045	0.043	0.041	0.039	0.037	0.036	0.035	0.033	0.032	0.029	0.040
	平均股息支付率	0.193	0.177	0.322	0.289	0.283	0.247	0.310	0.232	0.233	0.186	0.283	0.233	0.249
	平均每股红股（股）	0.051	0.046	0.040	0.038	0.036	0.034	0.032	0.032	0.031	0.028	0.028	0.025	0.035
	平均每股转增（股）	0.069	0.062	0.054	0.051	0.049	0.046	0.044	0.043	0.041	0.038	0.037	0.034	0.047
	平均每股红股转增（股）	0.120	0.108	0.093	0.089	0.085	0.080	0.076	0.074	0.072	0.067	0.065	0.059	0.082

注：数据来源 CSMAR 数据库。

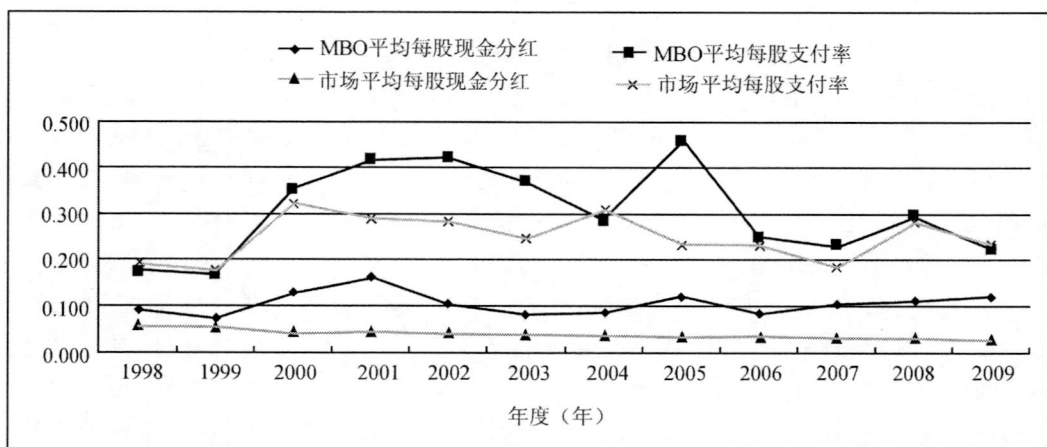

图 7.2 MBO 样本公司和沪深两市全部上市公司现金股利（1998—2009 年）

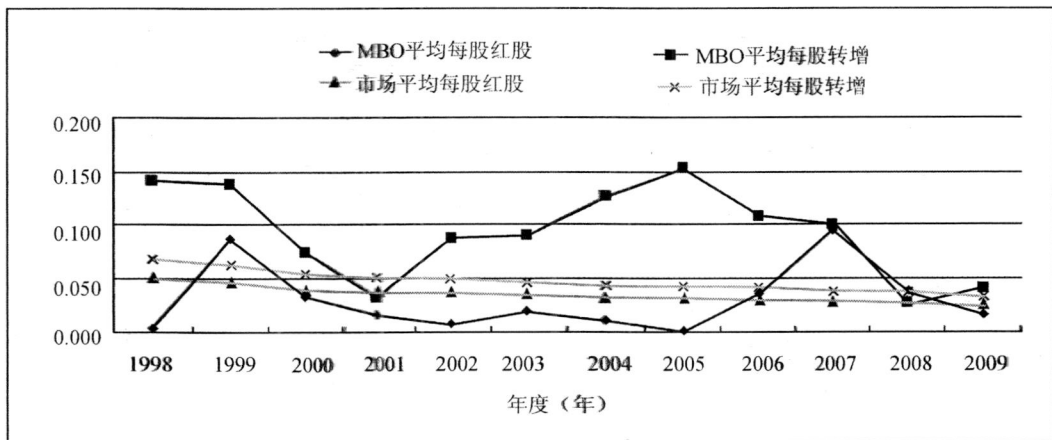

图 7.3 MBO 样本公司和沪深两市全部上市公司股票股利(1998—2009 年)

二、股息政策前后的非参数 Wilcoxon 检验

上述的统计描述仅给予了我们一个直观的认识。为了回答 MBO 后公司是否存在大比例分红,我们可以进行样本公司 MBO 前后股息政策变化的非参数显著性检验。由于样本数比较少,不满足正态分布的要求,不宜使用 T 检验的方法。对于小样本前后指标变化的比较研究,Wilcoxon 检验是比较精确且有用的方法,本章采用 Wilcoxon 双边检验对样本数据进行显著性检验。定义表 1.2 所列公告日当年为第 0 年,公告日前 3 年、前 2 年、前 1 年分别为-3、-2、-1 年,MBO 完成后 1 年、后 2 年、后 3 年分别为+1、+2、+3 年等。以 MBO 前 1 年为基准年,用 MBO 完成后年度数据减去 MBO 前 1 年的数据,如(+2,-1)表示+2 年指标均值减去-1 年指标均值。

表 7.4 所示 MBO 后样本公司从-3 到+6 年的每股现金股息均值以及该年度每股派现均值与-1 年派现值的差值。有趣的发现是,MBO 前 1 年,上市公司的每股现金分红金额最高(除+4 年外),MBO 后上市公司并没有提高分红。相反,与 MBO 前 1 年相比,现金分红数量反而在下降。统计检验显示,Wilcoxon 双边检验的 P 值均较大,所以从统计意义上必须接受这样的判断,即 MBO 前后样本公司的现金股息分配水平没有发生变化。[①]

表 7.5 所示为 MBO 后上市公司从-3 到+6 年的每股股票股息的均值及其变化。通过表 7.5 发现,MBO 前 1 年公司的股票股息处于一个较低水平,仅高于-3 年的股票股息。而 Wilcoxon 双边检验的 P 值也非常大,所以从统计意义上必须接受这样的判断,即 MBO 前后样本公司的股票股息也没有发生差异。

---

① 由于-1 年现金股息水平很高,其他年度之间股息水平相互比较的 wilcoxon 检验结果也不显著,这里省略。

表 7.4 MBO 前后样本公司每股现金股息与检验①

年度	−3	−2	−1	0	+1	+2	+3	+4	+5	+6
每股现金股息（元）	0.107	0.079	0.147	0.113	0.073	0.094	0.094	0.155	0.124	0.134
年度区间	(−3,−1)	(−2,−1)		(0,−1)	(1,−1)	(2,−1)	(3,−1)	(4,−1)	(5,−1)	(6,−1)
每股现金股息差异（元）	−0.040	−0.069		−0.034	−0.074	−0.054	−0.053	0.007	−0.023	−0.013
Wilcoxon 双边检验 P 值	0.223	0.362		0.125	0.148	0.127	0.130	0.897	0.306	0.499

表 7.5 MBO 前后样本公司每股股票股息与检验

年度	−3	−2	−1	0	+1	+2	+3	+4	+5	+6
每股股票股息（股）	0.205	0.079	0.134	0.121	0.111	0.124	0.168	0.042	0.179	0.126
年度区间	(−3,−1)	(−2,−1)		(0,−1)	(1,−1)	(2,−1)	(3,−1)	(4,−1)	(5,−1)	(6,−1)
每股股票股息差异（股）	0.205	0.079		0.121	0.111	0.124	0.168	0.042	0.179	0.126
Wilcoxon 双边检验 P 值	0.387	0.672		1.000	0.799	0.766	0.283	0.446	0.726	0.645

既然 MBO 事件本身没有改变样本公司前后的股息政策，那么，MBO 公司持续的高现金股息和股票股息从何而来呢？即什么因素决定其高股息政策的呢？以下我们进一步通过回归模型来分析。

第四节 回归模型结果及解释

一、现金股息的因素分析

本章以选定样本建立面板数据（Panel Data）的计量模型，按照自变量的显著性采取逐步剔除法，对两个因变量各自分别建立了 5 个模型，运用 OLS 方法（普通最小二乘法，是 Ordinary Least Square 的简称）估计各个自变量的解释力度。股息数据来源于 CSMAR 数据库，财务及市场数据来源于 Wind 资讯数据库。

从回归结果来看，现金股利支付率与 $Cash(-1)$（前 1 年的现金股息支付率）、$Csnp$（资本公积金/净利润）、Roe（净资产收益率）、Pb（市净率）、$Lnts$（总股本的自然对数）具有

---

① 相对于股息支付率，每股现金股息更能反映公司股息政策的平稳性。股东重视的是拿到手的每股股息而非股息支付率。股息支付率不考虑公司股本扩张的影响，而每股现金股息已经剔除了公司股本变化的影响，所以更适合于比较不同时期公司现金股息政策的变化。同时，我们也进行了股息支付率的统计检验，结论同样不显著。

显著的正相关性,与 $Cfnp$(现金净流量/净利润)具有显著的负相关性,与我们感兴趣的 $Largest1$(第一大股东持股比例)不具有显著相关性。见表 7.6。这表明,实施 MBO 后,净资产收益率高且具有较高赢利积累、市净率高的公司更愿意发放较高的现金股利;股本规模大的公司也倾向于发放更高水平的现金股利;而盈利的现金质量较高的 MBO 公司反而倾向于减少现金股利的发放。但是,现金股利支付率与公司股本规模并没有显著的相关性。一个很关键的结果是,现金股利支付率与第一大股东的持股比例之间的关系不显著。从模型的拟合优度检验来看,5 个回归模型调整的 R^2 都接近 0.80,这说明模型的拟合优度比较好。从 F 检验的结果来看,F 统计量的值在 0.01 水平的水平上都非常显著,这表明模型的整体线性关系比较显著。从 D-W 检验的结果来看,$D.W.$ 的统计量都接近于 2,这表明模型并不存在一阶序列相关,这就保证了最小二乘法的有效性,也使本章的结论更为可靠。

表 7.6　MBO 后公司现金股利政策的因素分析(MBO 当年及之后 6 年)

解释变量	预期符号	因变量:现金股利支付率				
		模型 1	模型 2	模型 3	模型 4	模型 5
$(Constant)$		$-0.418(-0.760)$	$-0.453(-0.772)$	$-0.520(-1.084)$	$-0.390^*(-1.881)$	$-0.515^{***}(-2.922)$
$Cash(-1)$		$0.412^{***}(5.646)$	$0.407^{***}(5.715)$	$0.389^{***}(6.682)$	$0.324^{***}(5.026)$	$0.349^{***}(5.372)$
Roe	$+$	$0.001(1.101)$	$0.001(1.180)$	$0.001(1.417)$	$0.001^{**}(2.645)$	$0.002^{***}(3.904)$
$Csnp$	$-$	$0.000(-0.825)$	$0.000^{**}(-2.041)$	$0.000^{**}(-2.191)$	$0.000^{**}(-2.189)$	$0.000^{***}(-3.059)$
$Cfnp$	$-$	$-0.001(-0.697)$	$-0.001^*(-1.771)$	$-0.001^*(-1.878)$	$-0.001^*(-1.927)$	$-0.001^{**}(-2.899)$
Pb	$+$	$0.004^{***}(2.954)$	$0.004^{***}(3.273)$	$0.004^{***}(3.496)$	$0.003^{***}(3.834)$	$0.004^{***}(2.933)$
$Lnts$	$+$	$0.030(1.598)$	$0.033(1.600)$	$0.036^*(1.849)$	$0.054^{**}(2.479)$	$0.067^{***}(3.411)$
Da	$+$	$0.000(-0.585)$	$0.000(-0.581)$	$0.000(-0.812)$	$0.000(-0.315)$	
$Lnta$	$+$	$0.027(0.426)$	$0.028(0.441)$	$0.031(0.665)$		
$Largest1$	$+$	$0.000(-0.406)$	$0.000(-0.396)$			
$Renp$	$+$	$0.000(-0.178)$				
$Adj R^2$		0.799	0.795	0.801	0.822	0.830
D-W		1.837	1.844	1.843	1.812	1.888
F-检验值		17.059	17.184	18.530	21.872	23.993
P 值		0.000	0.000	0.000	0.000	0.000
观测数		114	114	114	114	114

注:表内数字为常数项和解释变量的回归系数,括号内为 t 值。 $***$ 为 0.01 水平显著, $**$ 为 0.05 水平显著, $*$ 为 0.10 水平显著。在对每一模型的回归中进行了 TOL 和 VIF 共线性检验。由于 1998 年以前我国上市公司并不编制现金流量表,现金流量的相关数据无法取得,观测点数为 1998 年以后年度的观测点。

我们又对样本公司 MBO 前 3 年的数据和 MBO 前后 3 年共 7 年的数据分别进行了回归(由于篇幅限制,表格省略)。由于 MBO 前 3 年的数据比较少,回归模型的拟合优度比较差,各个因素的相关性也不显著。而 MBO 前后共 7 年数据的回归分析结果与表 7.6 的结论完全一致。

因此我们得出的结论是,管理层控制下的 MBO 上市公司在派发现金股利时主要考虑:过去的现金股息影响当前的股息政策;当前盈利能力越强、累积的未分配利润和公积金越高、企业股本规模越大,就考虑派发更多的现金股利,而企业的财务杠杆越高,就减少派发现金股利。公司在派发现金股利时,并没有考虑第一大股东即管理层股东的持股比例因素,因此,管理层作为第一大股东,其持股比例对公司的现金股利发放没有显著性影响。

二、非现金股利政策的因素分析

接着,我们再对股票股利进行回归分析。

从回归的结果来看,每股红股和转增股数目与 Roe(净资产收益率)、$Cfnp$(现金净流量/净利润)、$Lnta$(总资产的自然对数)、$Largest1$(第一大股东持股比例)等具有显著的正相关性,与 Pb(市净率)具有显著的负相关性,与其它因素不具有显著相关性。见表 7.7。这表明,净资产收益率高、盈利质量好、总资产规模大的 MBO 上市公司更倾向于支付股票股利,而市净率高的公司倾向于较少支付股票股利。我们特别关注的第一大股东持股比例,会显著增加公司派发股票股利的规模。从模型的拟合优度检验来看,5 个回归模型的修正 R^2 在 0.27 左右,这说明模型的拟合优度存在一定的不足。从 F 检验的结果来看,F 统计量的值在 0.01 水平的水平上显著,这表明模型的整体线性关系比较显著。

表 7.7　MBO 后公司股票股利政策的因素分析(MBO 当年及之后 6 年)

解释变量	预期符号	因变量:每股红股及转增股				
		模型 1	模型 2	模型 3	模型 4	模型 5
$(Constant)$		$-1.311(-1.246)$	$-1.275(-1.257)$	$-1.201(-1.195)$	$-1.622^{***}(-2.822)$	$-0.563^{*}(-1.775)$
Roe	+	$0.002^{***}(5.131)$	$0.002^{***}(5.150)$	$0.002^{***}(4.634)$	$0.003^{***}(5.789)$	$0.003^{***}(4.353)$
$Cfnp$	+	$0.002^{**}(2.174)$	$0.002^{***}(2.840)$	$0.001^{***}(2.748)$	$0.001^{**}(2.276)$	$0.001^{*}(1.943)$
Pb	+	$-0.009^{**}(-2.570)$	$-0.009^{**}(-2.480)$	$-0.009^{***}(-3.021)$	$-0.006^{*}(-1.970)$	$-0.007^{***}(-4.089)$
$Lnta$	+	$0.449^{***}(4.125)$	$0.439^{***}(4.090)$	$0.433^{***}(4.210)$	$0.184^{**}(2.583)$	$0.059^{**}(2.008)$
$Largest1$	+	$0.005^{**}(2.432)$	$0.005^{**}(2.425)$	$0.005^{**}(2.386)$	$0.005^{**}(2.219)$	$0.004^{**}(2.456)$
Da	—	$-0.004^{**}(-2.340)$	$-0.004^{**}(-2.239)$	$-0.004^{**}(-2.242)$	$-0.002(-1.284)$	
$Lnts$	—	$-0.318^{*}(-1.788)$	$-0.311^{*}(-1.772)$	$-0.313^{*}(-1.864)$		
$Renp$	+	$0.000(1.074)$	$0.000(1.079)$			

解释变量	预期符号	因变量:每股红股及转增股				
		模型 1	模型 2	模型 3	模型 4	模型 5
$Csnp$	+	0.000(0.113)				
$Adj R^2$		0.273	0.276	0.280	0.271	0.280
$D.W.$		2.298	2.297	2.289	2.384	2.405
F-检验值		2.820	2.923	3.039	3.030	3.214
P 值		0.000	0.000	0.000	0.000	0.000
观测数		132	132	132	132	132

注:同表 7.6。

我们又对样本公司 MBO 前 3 年的数据和 MBO 前后各 3 年共 7 年的数据分别进行了回归(由于篇幅限制,表格省略),发现对 MBO 前 3 年数据的回归拟合优度比较好(修正的 R^2 大于 0.2),每股红股转增与总资产、Pb(市净率)、$Renp$(累积未分配利润/净利润)呈现显著正相关。这表明,MBO 之前,企业如果资产规模大、成长性高、累积未分配利润多,就会考虑多支付股票股利,这与图 7.3 的结论相似。而 MBO 前后共 7 年的数据回归结果与表 7.7 基本相同。

因此我们得出的结论是,管理层控制下的 MBO 上市公司在派发股票股利时主要考虑,资产规模越大、总股本越小、盈利能力强,就更多发放股票股利;企业资产负债率高,市净率高,就减少股票股利的发放。在 MBO 之前,MBO 公司制定股票股利政策还会考虑企业的成长性、累积盈余而多发放股票股利。特别是公司在决定股票股利发放时,第一大股东的持股比例会显著增加公司发放的股票股利。

第五节 总 结

本章的结论如下。

第一,在现金股利和股票股利选择上,MBO 公司偏好现金分红。19 家样本公司在 1998—2009 年期间,进行现金分红的次数达 153 次,占全部 221 个观测点的 69.23%,而送股和转增分别占 13.57% 和 23.98%。

第二,和沪深交易所的全部 A 股上市公司相比,MBO 公司的现金分红家数比例、现金分红水平都明显且持续超越总体。在考察的 1998—2009 年间,除 2004、2007、2009 年度外,MBO 公司中进行现金分红的公司家数比例与同期全部上市公司中的家数比例一直维持着 20 个百分点的差异。MBO 公司在这期间的平均每股现金分红 0.106 元,股息支付率达 30.4%,而全部上市公司同期的数据分别为 0.04 元和 24.9%,MBO 公司分别高出总体 0.066 元及 6 个百分点。就股票股利而言,送股与转增公司的家数比例、绝对水平与总体数字相比较,年度数据波动性较大,期间均值则是样本公司高于总体公司。

第三,公司 MBO 后的股利政策没有发生变化。在 MBO 事件发生前 3 年到后 6 年,样本公司的每股现金股息、每股股票股利的差异都没有通过统计显著性检验。一个有趣的发现是,MBO 前 1 年的现金股息处于整个考察期间的最高水平。该现象可以解释为,由于收购前 1 年的净资产是收购价格的直接依据或者对收购价格有重大影响,管理层通过多派发现金股息进而降低净资产,从而实现降低收购价格的目的①。

第四,MBO 上市公司现金股利支付率与公司盈利能力、资本公积金积累、股本规模、市净率等正相关,与盈利的现金质量负相关,与第一大股东的持股比例无关。股票股利与公司资产规模、第一大股东持股比例、净资产收益率等正相关,与市净率负相关。因此,管理层第一大股东的持股比例不能影响现金股息率,但影响股票股利支付率。

至此,本章可以否定"后 MBO 公司进行高现金分红或称恶性分红"的假设命题。我们发现,MBO 公司本身就是一类具有高现金分红能力的公司。在研究的 9 年跨度时间内(包含了 MBO 的前后年度),MBO 公司超越总体的现金股息水平和股息支付率是一直持续且稳定的。MBO 前后的股息政策并没有变化,因此,不能说公司因 MBO 而改变分红政策并损害了中小股东的利益。

后 MBO 公司的高现金分红能力与公司的资产规模、现金状况、资产负债率等的相关关系特征,与一般的公司股息政策的研究结论相符,并未出现异常性。而我们感兴趣的第一大股东持股比例因素,却没有表现出与现金股息的显著相关性。现代公司治理理论在大股东与公司现金股利的关系上,提出了两种截然相反的代表性学派观点:保留现金观和转移现金观。本篇的数据统计说明,公司在 MBO 前后一直进行高现金分红,应该是属于转移现金的一类。这与我们在文章开头提出的收购前保留现金、收购后增加现金股息的假设不相符合。我们的研究发现是,在管理层获取控制股权之后,并没有进一步增加股息支付,而是倾向于继续维持原先的股利政策。

本章的发现还使得我们可以推论,西方管理层收购动因中的自由现金流量假说(Jensen,1986)在我国不能成立。自由现金流量假说认为,并购前目标公司的高额代理成本导致股息支付少(管理层保留现金),并购后通过高负债和管理层持股使得公司增加债息和股息支付,代理成本得以降低。这个解释西方管理层收购发生动机及效应的经典理论,并不能得到中国管理层收购样本的经验支持。

我们进一步推论,在中国管理层收购的目标公司选择上,高现金分红能力本身就是这类公司的一个特征或者条件。这或许是中国公有制企业改制(管理层收购或早先所称"经营者持大股"是公有企业改制最重要的方式之一)实践中"靓女先嫁"论的一种佐证吧。

最后,我们附上 MBO 样本公司 1998—2009 年的股利政策状况,详见表 7.8 和表 7.9。

---

① 在本书的 19 个样本中,管理层收购时的收购价格一般均为最近年份的账面净资产或者有折价,这体现了原股东(集体或者产权模糊的持股主体)对管理层的利益让渡。在股改以前,账面净资产是上市公司协议转让国有股、法人股定价的最重要指标。因此,不难理解样本公司管理层降低收购前公司净资产的动机。

表 7.8　MBO 公司股票每股股利（元/股，税前）

代码	公司	1998 年	1999 年	2000 年	2001 年	2002 年	2003 年	2004 年	2005 年	2006 年	2007 年	2008 年	2009 年
000023	深天地 A	0.066	0.056	0.050 6	0	0	0	0	0	0.010	0.116 15	0.10 96	0.044 9
000055	方大 A	0.180	0	0.120	0.100	0.070	0.030	0	0	0	0	0	0
000062	深圳华强	0	0.100	0.100	0.100	0.100	0.100	0.100	0.087 527	0.050	0.050	0.050	0.050
000407	胜利股份	0	0.050	0	0.200	0.100	0.050	0	0	0	0	0.100	0
000527	美的电器	0.250	0.280	0.300	0.200	0.100	0.120	0.150	0.250	0.350	0.400	0.100	0.100
600066	宇通客车	0.500	0	0.600	0.600	0	0.400	0.500	1.000	0.500	0.700	0.600	1.000
600079	人福科技	0.100	0.100	0.125	0.100	0.025	0.050	0.020	0.030	0.012	0.015	0.042	0.040
600089	特变电工	0	0	0.100	0.100	0.100	0.100	0.100	0.090 9	0.100	0.025	0.100	0.100
600105	永鼎光缆	0.100	0	0.100	0.137	0.120	0.100	0.100	0.100	0.080	0	0	0
600193	创兴科技		0	0.050	0	0	0	0	0	0	0	0.035	0
600257	洞庭水殖			0.100	0.050	0.100	0	0.020	0	0.010	0.022	0	0
600275	武昌鱼			0.060	0.060	0.020	0	0	0	0	0	0	0
600295	鄂尔多斯	0.180	0.210	0	0.630	0.290	0.100	0.120	0.130	0.150	0.150	0.100	0.100
600400	红豆股份	0		0.050	0.080	0.100	0.100	0.110	0	0.012	0.020	0.020	0.020
600611	大众交通	0	0.220	0.250	0.260	0.180	0.200	0.200	0.200	0	0	0.130	0.100
600635	大众公用	0	0.150	0.200	0.210	0.180	0.150	0	0.030	0	0	0.055	0
600662	强生控股	0	0	0.100	0	0.300	0	0	0.150	0.110	0	0.080	0.080
600779	水井坊	0	0	0.100	0.050	0	0	0.100	0.130	0.156	0.380	0.530	0.540
600884	杉杉股份	0	0	0.100	0.200	0.200	0.100	0.100	0.100	0.100	0.120	0.060	0.100

表 7.9　MBO 公司股票每股红股及转增（股/股）

代码	公司	1998年	1999年	2000年	2001年	2002年	2003年	2004年	2005年	2006年	2007年	2008年	2009年
000023	深天地 A	0.05	0	0	0	0	0	0	0	0	0	0	0
000055	方大 A	0.20	0	0	0	0	0	0	0.19	0.10	0.10	0	0.07
000062	深圳华强	0.30	0	0	0	0	0	0	0.30	0	0	0	0
000407	胜利股份	0	0.50	0	0	0	0.20	0	0.40	0	0	0.40	0
000527	美的电器	0.30	0	0	0	0	0	0.30	0	1	0.50	0	0.50
600066	宇通客车	0.30	0	0	0	0	0.50	0.30	0.50	0	0.30	0	0
600079	人福科技	0	0	0.90	0	0.40	0	0	0	0.50	0	0	0
600089	特变电工	0.60	0.60	0	0	0	0	0.30	0.10	0	1.30	0.50	0
600105	永鼎光缆	0	0.70	0	0	0	0	0	0	0	0	0	0.40
600193	创兴科技			1.00	0	0	0	0	0.30	0	0	0.30	0
600257	洞庭水殖	0	0	0	0	0	1.00	0.50	0.30	0	0.50	0	0
600275	武昌鱼	0		0	0.30	0.40	0	0	0.50	0	0	0	0
600295	鄂尔多斯	0	0	0	0	1.00	0	0	0	0	0	0	0
600400	红豆股份	0	0	0	0	0	0	0.40	0.30	0.10	0	0	0
600611	大众交通	0	0	0	0	0	0	0	0	0.65	0.50	0	0
600635	大众公用	0	0	0	0	0	0	0.30	0.30	0.35	0.20	0	0.10
600662	强生控股	0	0	0.10	0	0	0.35	0.50	0	0	0.30	0	0
600779	水井坊	0	1.30	0	0.10	0	0	0	0	0	0	0	0
600884	杉杉股份	0.40	0.50	0	0.50	0	0	0	0	0	0	0	0

第八章 本书的主要贡献与该领域研究前瞻

本书研究了中国经济转型背景下中国管理层收购后的上市公司治理情况,在以下方面取得了贡献。

第一节 本书的主要贡献

置于我国经济改革开放的历史背景下,我们从公司实际控制人的角度界定了 19 家样本上市公司。我们发现,它们是乡镇集体企业、城市街道集体企业或国有企业。他们的一个共同特征是:均处于高度竞争性的领域并有一个核心创始人或团队。这个创始人或团队带领这个企业经历了改革开放初期的长期发展,将公司从小到大并逐渐繁荣壮大。或者他们拯救企业于危难之际,带领企业从濒临破产的边缘走出来。在核心创业者的带领下,这些企业在 20 世纪 90 年代初期成为上市公司。本书中称这个核心创始人为"Guru"(精神宗师),他们是拥有高度企业家精神的创业者。在 MBO 当年,这 19 家样本公司 26 位创始人的平均年龄为 45 岁。按照赖特等人(2000,2001)的分析,企业管理者的思维模式分为两种:经理型和企业家型。MBO 的目标取向也分为两类:推进效率型和推动创新型。这样,按照管理层的思维方式和目标取向进行两两组合以后,可以将 MBO 分为四类:效率型、复苏型、创新型和失败型。我们界定中国上市公司的 MBO 属于创新型 MBO。

一、MBO 后董事会的变革

根据西方经验,私募股权机构(简称 PE 机构,在 20 世纪 80 年代曾被称为 LBO 机构)支持的 MBO/LBO 等,无论是在公司治理还是运营改革上,PE 机构发挥作用的主要通道就是董事会,这也是近年来西方学术界对 PE 机构研究的前沿性问题之一。因此,我们在书中对中国 MBO 后企业董事会的变化进行了详尽分析。

我们从董事会结构和独立董事特征、行为、薪酬、持股等角度进行的分析发现:MBO 后中国上市公司的董事会规模有缩小的趋势;独立董事的比例和人数均显著增加,独立董事的选择上仍以学者为主;执行董事比例比较稳定;制衡性股东派出董事明显减少直至基本消失;董事的薪酬和持股激励大幅度增长,解决了激励机制问题等。但从 MBO 后公司独立董事的构成和行为看,离真正发挥监督和价值创造者角色的作用,尚存在明显差异。而西方 Buyout 给我们的启示是,董事会和独立董事的作用主要是价值创造而非监督经营者。对处于转型和成长期中的企业来说,价值创造职能更应成为董事会的第一职能(Zahra,S.;Filatotchev,I.;Wright,M.,2010)。西方的研究值得监管部门、实务界和理论界正确解读董事会乃至公司治理的真正意义。

在董事会构造和行为模式方面,参照西方 MBO 后 PE 机构组建的董事会,本书借鉴后能够得出的直接政策性建议是——在维持公众公司的条件下,我国 MBO 后的上市公司乃至更一般的上市公司董事会可以从私募股权机构控制的公司董事会中学习到以下经验:(1)重新聚焦于公司的战略形成和业绩讨论;(2)减少董事会规模,以实现有效合作;(3)增加非执行董事的投入时间和加强与管理层之间的非正式沟通;(4)使得董事会成员能够获取更多、更深入的企业信息;(5)探寻改革非执行董事的薪酬结构。

二、MBO 后的关联交易

本书对 MBO 当年及之后控制性股东的投票权(Controlling/Voting Rights)和现金流权(Cash Flow Rights)差异的研究发现,统计意义上的两权分离非常显著,MBO 后各年度与 MBO 前 1 年度的配对检验 P 值均小于 0.1%。MBO 上市公司在 2001—2007 年间,现金流权的平均值为 0.252,控制权平均为 0.33,这些数据与民营公司总体差异不大,但分离度平均为 1.6,明显小于我国民营上市公司的总体水平。但纵向比较看,MBO 公司的两权分离度指标在显著上升。MBO 上市公司终极控制人的两权分离度的显著上升,主要原因有两个:一是控制链的延长;二是终极控制人在控制链上的持股比例下降。

本书针对 MBO 后的上市公司与终极控制人及其他关联方之间发生的主要关联交易进行分析,根据上市公司年报公告的数据信息将关联交易分为以下六种:(1)商品或劳务的关联购销(包括采购和销售);(2)资金占款;(3)关联担保;(4)资产置换;(5)股权转让;(6)租赁等。我们进行了手工统计。就关联交易总金额而言,在 1% 的显著性水平下,MBO 后第 4 年、第 3 年的数值与 MBO 前 3 年的数值显著不同,MBO 后第 3、第 4 年样本公司的关联交易显著超越 MBO 之前水平。对于样本公司在 MBO 后第 3、第 4 年份显著增长的关联交易,我们认为以支持效应为主,而非掏空效应。主要原因如下:

其一,由于大部分 MBO 样本公司的管理层收购发生在 2001、2002 或 2003 年(19 个样本中有 16 个),MBO 后第 3、第 4 年是 2005 或 2006 年,此时我国资本市场启动了一个重要的制度改革——股权分置改革。管理层直接或间接持有的股权在股改之前均为非流通股,管理层在 2005 年均看到了流通的前景,股改事件极大地改变了管理层的预期。因此,做好上市公司的业绩、提高资本市场上市公司的股价和总市值,可以直接提高管理层的持股收益,支持效应成为管理层的新动机。

其二,在证券监管机构对上市公司加强监管的环境背景下(特别是 2001 年以后对公司治理的持续严格监管),关联交易尤其是损害中小股东利益的关联交易成为监管的重中之重,掏空的关联交易日益减少,而支持性的关联交易不断出现。对关联交易多因素的回归分析结论是,随着控制性投东或管理层持股的两权分离度的增加,MBO以后公司关联交易的总规模在上升,其中主要是关联购销行为的增加。公司的资产规模、负债率和关联交易存在着显著的正相关关系,其中负债率的上升会导致公司获得的担保融资显著增加。

三、MBO后的公司财务绩效变化

为了反映MBO样本公司的财务绩效变化,我们必须扣除行业因素的影响。本书采用包括MBO样本公司在内的5家同行业公司计算出行业的各财务指标数值,然后将MBO样本公司的数据与同行业公司数据进行比较,以反映MBO企业相对于同行业的变化。我们的分析结论如下:

(一)盈利能力在MBO后发生向上的转折

样本公司的ROE在MBO当年下降幅度最大。MBO之后,公司的ROE虽然仍在下降,但是已经大幅减少,第3年已经不再下降,并且开始显著超越行业水平。MBO前后,ROE发生了趋势性的转变,转折发生在MBO后第1年。因此,我们认为MBO是公司应对困境的一种战略。MBO前,公司的ROE虽然略好于行业平均水平但已经处于不断下降的状态,通过MBO使得公司的综合盈利能力得到了扭转,并在MBO后第3年开始超越行业平均水平,ROE开始出现增长。

MBO公司的销售净利率高于行业水平,属于行业中的优质公司。MBO当年属于转折时点,MBO之后销售净利率开始增长,相比同行业增长速度的优势重又扩大。EBITDA指标的增长率呈现了较大的波动,从-3年到-1年实现了较快增长,但$t=0$年和MBO之后头两年,EBITDA的增长率就是行业的中位数水平,第3年出现较央增长,相比行业增长率超越了4%。

(二)营运能力在MBO后得到了改善

MBO后,行业的资产周转率在大幅度下降,而样本公司的表现则好于行业水平。这说明MBO后公司的营运能力得到了改善,相比行业优势较为明显。

(三)偿债能力有所下降

MBO之后样本公司的流动性在增强,但相比同行业水平,流动比率变差了。无论是否扣除行业水平,MBO后样本公司的负债率均出现上升。

(四)现金流量得到改善

未经行业调整的样本公司的现金流量增长率在MBO之前呈现不断下跌趋势,但MBO后下跌速度趋缓、在$t=3$年开始出现正增长的好转趋势。总体来看,MBO后现金净流量的增长率得到了改善。

(五)资产规模上升

MBO前后公司的资产增长率在扣除行业因素后,年度增长率均为正。这说明相对行业而言,样本公司的资产规模呈现增长趋势。

（六）资本投资趋势下降

MBO 前，资本投资起伏变化很大。就未经行业调整的比率看，MBO 前资本投资在增长，MBO 后出现下降趋势。样本公司在 MBO 后的资本投资总体趋势出现了下降。

从以上的分析我们得出的结论是：MBO 之后，公司的盈利能力、营运能力、现金情况均有所增强；资产总量等规模指标增速放缓；资本投资呈现下降趋势，但偿债能力有所下降。

另外，我们还通过对美的电器 MBO 后财务绩效的案例研究，提出了中国企业管理层收购的"自由控制资产的代理成本假说"。该假说认为：在企业产权不清的状况下，管理层控制了优质资产或潜在优质资产而不愿意投入上市公司，这部分资产属于"自由控制资产"；而在产权清晰后，管理层自由控制资产投入上市公司并进行相关业务重组，提高了上市公司的财务绩效。这样，我们认为，管理层收购带来企业经营绩效增长现象的合理解释是创造了一种新激励机制。但是这种新激励机制在中国企业中表现为产权清晰后消除了自由控制资产的代理成本而增加了企业绩效，并不是西方理论提出的外部债权激励、消除自由现金流量的代理成本、外部购并专家的监督机制等原因。

四、MBO 后的股息政策变化

通过对 MBO 公司股息政策的研究，我们发现，在管理层获取控制股权之后，上市公司并没有进一步增加股息支付，而是继续维持原先的股利政策。在 MBO 事件发生的前3 年到后 3 年，样本公司的每股现金股息、每股股票股利的差异都没有通过统计显著性检验。其中一个发现是，MBO 前 1 年的现金股息处于考察期间的最高水平。该现象可以解释为，由于收购前 1 年的净资产是收购价格的直接依据或者对收购价格有重大影响，管理层通过多派发现金股息可以降低净资产并进而降低收购价格。

本书否定了"MBO 后公司进行高现金分红或称恶性分红"的假设命题。我们发现，MBO 公司本身就是一类具有高现金分红能力的公司。在研究的 10 年跨度时间内，MBO公司超越总体的现金股息水平和股息支付率是一直持续且稳定的。MBO 前后股息政策并没有变化，这使得"公司因 MBO 而改变分红政策并损害了中小股东的利益"的论点不能成立。

五、品牌价值与 MBO 的产权改革

最后，本书从一个新的视角对 MBO 进行了案例再研究。我们选择了企业的品牌价值的研究视角。品牌价值是长远的，也是变动的，其形成需要企业长期的投入积累。我们的研究发现：企业品牌价值背后是企业的产权问题。只有明晰企业家在品牌形成过程中的人力资本产权，才能保证品牌价值得到发展，才能实现企业自主创新，增加企业的品牌价值。MBO 解决了企业产权问题，承认了创业企业家凝聚在企业品牌中的人力资本投资积累。管理层收购的不仅是企业股权和资产，更是企业品牌。在收购后，企业家团队利益的长期化，来自于企业未来的剩余索取权的激励机制使得企业家团队有积极动力

增加对品牌的广告投入、技术开发等，以使得品牌价值升值，获取长远超额利益，在企业家人力资本—品牌价值—企业价值—管理层的股权价值之间形成了一个正向的反馈环路。

第二节 进一步研究的问题

关于 MBO、LBO 以后企业治理机制发生的变化，目前，国际学术界的研究已经和对私募股权机构（PE）的研究密不可分。目前，除了本书的前文内容之外，关于 PE 机构在 LBO/MBO 中作用的研究，西方学术界在以下问题上产生了大量研究成果。这些问题是关于 MBO/LBO 和 PE 领域研究的前沿性问题。

一、PE 是否属于短期投机者

这个问题非常关键，涉及到如何从长期和根本上看待 PE 机构及其投资。近年来，针对 PE 基金的一个集中性批评意见就是：他们投资时间太短，是短视的投机者。批评者认为，一个方面，PE 的投资实际上是在进行"快速炒作"（Quick Flips），而非长期持有公司。另一个方面，PE 为实现快速退出，收购后的公司会减少资本支出，以增加当前的现金流，但这会损害企业未来的现金流和长期的竞争力。西方一些财经媒体经常发表评论，认为 PE 基金是投机的，在投资企业后不到一年时间即将企业上市，然后实现获利退出，而这些企业被证明均是绩差、包装乃至伪装上市的公司。一个典型案例是瑞富（Refco）公司，在 2004 年 6 月被著名的私募股权基金托马斯·H·李（Thomas H. Lee Partners）收购，2005 年 8 月即实现上市，随后基金退出，但该企业不久后宣告破产。这个公司引发了大规模的法律诉讼，投资者认为，PE 基金在将企业上市的过程中存在欺诈犯罪行为。社会"左翼"力量和工会组织等甚至在 PE 机构集会时进行示威游行，公开的口号就是：PE 机构是蝗虫！（意即像蝗虫一样快速吃完一片农田，然后飞去另外一片农田，蝗虫掠过之后，庄稼颗粒无收。）[①]

如果我们将投资期限在 2 年内的 PE 投资认定为炒作，那么，统计数据并不支持 PE 基金的投资是"炒作"。PE 基金的投资期限在 20 世纪 90 年代以后在增加，卡普兰和斯特龙伯格（Kaplan & Strömberg，2009）的数据库中只有 12% 的交易在 2 年内退出。考虑到二次收购（Secondary Buyout）近年来迅速增长，将每一个 PE 基金的持股时间进行计算就低估了 PE 基金整体的持股时间。二次收购以后，斯特龙伯格（Strömberg，2008）发现，杠杆收购后的企业在 PE 基金所有权之下的平均时间为 9 年，相比卡普兰（1991）的平均持股时间 6.82 年，说明 20 世纪 80 年代以后 PE 基金的持股时间在增加。以下是西方

---

① 2007 年 2 月，在欧洲私募股权和风险投资（European Private Equity & Venture Capital Summit）高峰会议期间，一些被 PE 收购后的企业的雇员举行抗议示威，标语牌上写着"蝗虫的聚会"、"蝗虫瘟疫"等口号。2007 年 8 月，德国一家被美国 PE 收购后的企业员工举行示威，将巨大的蝗虫造型钉在了工厂大门的十字架上。等等。

对杠杆收购交易中私募股权机构从进入到退出的时间的研究,见表8.1。

表 8.1　LBO 中私募股权机构从进入到退出的期限

作者	国家	交易类型	研究发现
Kaplan(1991)	美国	LBOs	多样化的期限。LBO 后企业保持私有平均(中位数)达 6.8 年。在 7 年后,56%的样本企业仍然保持私有。领先的 PE 机构支持的 LBO 的期限并无更长或更短,分支机构或整个公司 LBO 的期限没有差异
Wright,et al. (1993)	英国、法国、瑞典、荷兰	MBOs	不同的股票市场和资产交易市场的发展程度、法律基础的差异等影响到 PE 机构的组织和管理层的目标和角色扮演,PE 机构能够影响 Buyout 之后的退出时机和方式
Wright,et al. (1994)	英国	MBO	退出时间的长短受到管理层动机、融资结构、市场特征的影响。在大型杠杆收购或分支机构的收购中,PE 机构的退出显著更早
Wright,et al. (1995)	英国	MBOs,MBIs	退出时间不同。以 3—5 年期的退出率最高,71%的样本在 7 年后仍然保持私有。在短期内,MBI 的退出率大大高于 MBO,和 MBI 更高的失败率是一致的。退出率受到交易年份的影响(反映了经济状况)。要按时退出,PE 机构更会采取手把手的监督、给予管理层和退出相关的股权激励
Gottschalg(2007)	世界	投资早期和晚期的 PE 机构	PE 投资的平均期限为 5 年,高于上市公司的其他机构投资者
Jelic(2008)	英国	MBO/MBI	从进入到退出平均 46 个月;小型和 PE 支持的交易退出时间更长;PE 支持交易的 IPO 退出较早;由有声誉的 PE 支持的交易更能通过 IPO 退出
Strömberg(2008)	世界	PE 支持的收购	58%的交易在 5 年以上时间退出;在 2 年内实现退出的仅占 12%并且比例在下降
Caselli, Garcia-Appendini & Ippolito(2009)	意大利	投资早期和晚期的 PE 机构	投资的期限短于美国和英国;退出主要通过出售(Trade Sale);基金的内含收益率正相关于:交易时的价值低估、目标企业风险、PE 机构的经验、基金规模等

来源:Gilligan & Wright(2010)。

二、PE 退出后的企业业绩是否可持续

为验证 PE 机构是否是"快速炒作"的投机者,近年来,学者们进一步研究了 PE 机构退出以后企业经营业绩是否可持续表现优异。具体选择了反向杠杆收购后的企业业绩这样一个特殊问题。

被 PE 收购了的企业实现重新上市,这个现象被称为"反向杠杆收购"(Reverse Leveraged Buyouts,简记为 RLBO)。RLBO 后,企业的财务绩效和股票收益与股票市

场、同行业公司等相比表现如何呢？由于企业上市以后，PE 基金实现了退出。通过对 RLBO 案例的研究，学者们可以观察 PE 基金退出后的企业是否有持续超额收益。

霍尔特豪森和拉克尔（Holthausen & Larcker，1996）研究了 1983—1988 年的 90 个美国大型 PTP 交易后重新上市的案例发现，这些企业的财务业绩在上市当年显著优于同行业企业，而且财务绩效的优越性持续了 4 年。这是对第一次杠杆收购中案例的研究，之后，曹和勒纳（Cao & Lerner，2007）扩大了样本区间，选择了 1981—2003 年期间的 526 个美国 RLBO 案例进行研究，发现在股票上市以后 3 年和 5 年的期限内，经行业调整的股票业绩持续出现正超额收益，RLBO 的公司股票收益超越了同期其他 IPO 企业和证券市场整体。因此，较多学者的结论是：PE 退出后的企业财务绩效能够持续超越同行业，业绩呈现出持续性，股票也具有持续超越证券市场指数的收益率。即 PE 给目标企业带来的是持续的竞争优势，PE 并非短视投机者。

以下是西方以 RLBO 为主的研究结果，详见表 8.2。

表 8.2　私募股权机构退出后的企业绩效

作者	国家	交易类型	研究发现
Holthausen & Larcker(1996)	美国	反向 LBO	在反向 LBO 中，企业的负债率和管理层持股比例下降，但是和没有经过 LBO 的一般上市公司相比，仍处于较高水平。企业在 IPO 之前的会计绩效显著好于行业均值；在 IPO 后的 4 年中，企业的会计绩效仍然好于行业均值，但是处于下降趋势。财务绩效的变化与内部人持股的变化正相关，但与负债率变化无关
Bruton, et al. (2002)	美国	反向 LBO	在重新上市之初，代理成本问题没有立即出现，但几年后重新出现
Jelic, Saadouni & Wright(2005)	英国	反向 MBO/MBI	PE 机构支持的反向上市与无 PE 机构支持的反向上市相比，IPO 首日的抑价率更高，但长期业绩更好。声誉好的 PE 机构支持的反向 MBO 会更早上市、绩效更好
Cao & Lerner (2007,2009)	美国	反向 LBO	对 1981—2003 年的 526 个反向 LBO 样本研究，3—5 年的股票收益和其他 IPO 以及证券市场指数相比一样或更好（依据时间段）。但随着时间延长，反向 LBO 的股票回报率在下降
Jelic(2008)	英国	反向 MBO/MBI	在 IPO 后的 5 年里，企业的就业、财务杠杆、销售、周转效率等均提高，特别是更有声誉的 PE 支持的企业。而对于非通过上市退出的案例并无上述效应
Von Drathen & Faleiro(2008)	英国	反向 LBO 的上市和其他 IPO	在 1990—2006 年的 128 个反向 LPO 支持的 IPO 样本和 1121 个其他非反向 LPO 的 IPO 样本，前者的股票收益率超过后者和证券市场指数，这种收益率的超越和 IPO 以后 PE 机构继续持有的股权比例相关

来源：Gilligan & Wright(2010)。

三、PE 参与的 MBO/LBO 收购投资是否损害了就业、税收

对 PE 收购的经常性批评就是,PE 机构收购之后会削减就业和工资、降低成本,以提高生产效率和经营业绩。因此,企业经营绩效的改善是以牺牲员工就业和工资增长为代价的,这种争议还会引起一些国际性组织和政治力量的关注。

卡普兰(1989b),利希滕贝格和希格尔(Lichtenberg & Siegel,1990)研究了美国 20 世纪 80 年代的大型 PTP 收购,发现在收购后企业就业增长了,但是没有同行业其他企业增长得快。戴维斯(Davis)等人(2008)研究了 1980—2005 年美国杠杆收购的大样本,也同样发现并购后企业就业增加了,但是没有同行业其他企业增长的快。但他们发现,这些企业在被收购前的就业增长率就落后于同行业。埃姆斯和赖特(Amess & Wright,2007a)研究了英国 1999—2004 年的大样本杠杆收购,发现收购后的企业就业增长率和其他企业相似,但是工资增长较慢。见表 8.3。

总体上看,经历 PE 收购后的企业就业增长了,但与同行业企业相比,增长较慢。因此,实证研究并不支持 PE 收购后将进行裁减员工的说法,但也不支持收购后将大量增加雇员的观点。在就业上的这些实证研究说明,PE 控制下的企业带来的价值增长主要来自于经营效率的提高,也即劳动力数量上没有大的变化。

表 8.3　MBO/LBO 的就业、工资与人力资源效应

作者	国家	分析对象	交易类型	研究发现
Wright & Coyne(1985)	英国	企业	MBO	44%的企业减少了雇员;18%的企业 Buyout 之前的工作岗位取消了,之后重新雇佣,但是用人少于 Buyout 之前
Kaplan(1989)	美国	企业	LBO	Buyout 之后企业就业小幅增长,但是经行业调整后的就业率是下降的
Lichtenberg & Siegel(1990)	美国	工厂	LBO/MBO	在 LBO 后的 3 年内,非生产工人减少了 8.5%,但生产员工未变
Muscarella & Vetsuypens(1990)	美国	企业	RLBO (反向杠杆收购)	在 LBO 和 IPO 之间,公司的平均(中位数)雇佣人数发生了下降,但是未进行资产剥离的 LBO 样本公司和行业对比组中最好的 15%的公司有同样的就业增长;分支机构的 LBO 更可能发生就业增长
Smith(1990)	美国	企业	LBO	Buyout 之后的企业就业发生了小幅增长,但经过行业调整后的就业率是下降的
Wright,et al. (1990a)	英国	企业	MBO	25%的企业在 Buyout 之后减少了就业
Opler(1992)	美国	企业	LBO	在 Buyout 之后的企业就业发生了小幅增长

续表 8.3

作者	国家	分析对象	交易类型	研究发现
Robbie,Wright & Thompson(1992); Robbie & Wright(1995)	英国	企业	MBI	38％的公司在收购后减少了就业
Wright,Thompson & Robbie(1992)	英国	企业	MBOs,MBIs	在 MBO 当年,就业平均减少了 6.3％, 但之后,也就是研究期间,企业就业增长了 1.9％
Robbie,Wright & Ennew(1993)	英国	企业	破产企业的 MBO	在 Buyout 时,超过 3/5 的企业未对冗员进行处理;1/6 的企业减少了 20％以上的冗余员工,员工人数平均从 75 名减少到 58 名
Amess & Wright (2007a)	英国	企业	MBO 和 MBI	1999—2004 年间,MBO 公司在产权变更之后就业增长了 0.51％,而 MBI 公司就业下降了 0.81％
Amess & Wright (2007b)	英国	企业	MBOs 和 MBIs (PE 支持和非 PE 支持的)	在控制样本选择的内生性后,PE 支持的和非 PE 支持的 Buyout 的企业就业效应并无显著差异
Cressy,Munari & Malipiero(2007)	英国	企业	PE 支持的和非 PE 支持的企业	在并购后的第一个 4 年内,Buyout 公司的就业和对比公司相比是下降了,但第 5 年开始上升。Buyout 公司最初的理性改革创造了更多的就业基础
Work Foundation (2007)	英国	企业	MBI,MBO	根据 Wright,et al.（2007）和 Amess & Wright(2007a)的同样数据,MBO 增加了就业,MBI 减少了就业。保留职位的工人通常都经历了严重的工作安全感的下降。在收购之前,削减就业就已经计划好了
Wright,et al.（2007）	英国	企业	MBOs,MBIs	平均来说,MBO 后的企业就业,最初是下降了,但之后的增长甚至超过了收购之前的水平;在 MBI 中,企业就业下降了。大部分的 MBO 和 MBI 的企业就业增加了
Amess,Girma & Wright(2008)	英国	企业	LBOs,MBOs, MBIs,一般的收购行为	PE 支持的 LBO 对企业就业没有显著影响,但非 PE 支持的 LBO 和普通收购对企业就业都有负面的影响
Davis,et al.（2008）	美国	企业和二厂	PE 支持的 Buyout 和非 PE 支持的	在 Buyout 之前,PE 相比控制组的企业就业增长更慢,在 Buyout 之后,PE 组企业就业下降更快,但在第 4—5 年,PE 组企业就业和对比组相同,Buyout 产生了相似的、更多的友好环境中的工作

续表 8.3

作者	国家	分析对象	交易类型	研究发现
Jelic(2008)	英国	企业	MBOs,MBIs	更有声誉的 PE 支持的企业在 Buyout 之后以及退出以后,企业就业均增长
Weir,Wright & Jones(2008)	英国	企业	PTPs	PE 支持的案例在公司下市后的最初年份就业减少,但之后就业大幅度增加。非 PE 支出的收购案例在交易后第 1 年就业即增加
工资水平				
Lichtenberg & Siegel(1990)	美国	工厂	MBOs,LBOs	非生产工人的相对薪酬发生了下降
Amess & Wright (2007)	英国	企业	MBOs,MBIs	在 MBO 和 MBI 企业中,平均工资比非 Buyout 的同行对比企业要低
Wright,et al. (2007)	英国	企业	MBOs,MBIs	在收购之后,企业员工的工资相比收购之前增长了;大部分的样本公司的工资都增长了
Amess,Girma & Wright(2008)	英国	企业	LBO,MBO,MBI,收购(PE 支持的和非 PE 支持的)	在一般收购之后员工的工资上升,而 LBO 之后员工的工资下降
HRM 人力资源管理				
Wright,et al. (1984)	英国	企业	MBO	65% 的企业在收购之前认同工会组织,收购后的认同率下降为 60%;40% 的企业认同一个工会;在收购后,8% 的企业进行了广泛的职工持股(ESOP)
Bradley & Nejad (1989)	英国	分支机构	国家运输公司(National Freight Corporation)的 MEBO	员工持股产生了更大的合作效应,更超过绩效。ESOP 提高了员工的成本意识
Pendleton,Wilson & Wright(1998)	英国	企业和员工	私有化的 MEBO	员工持股产生了拥有感,并参与企业决策。员工所有者的意识显著提高,并和更高水平的承诺和满意度相关
Wright,et al. (1990a)	英国	企业	MBO	在收购前,58% 的企业拥有工会,收购后,51% 的企业拥有工会;14.3% 的企业拥有更广泛的员工持股;在收购前,股票期权的企业比例为 6%,之后为 10.4%
Bacon,Wright & Demina(2004)	英国	企业	MBOs,MBIs	Buyout 导致企业就业增加、采取新的报酬制度、增加员工参与;内部人和增长性的 Buyout 产生更多有利于员工承诺的就业政策

续表 8.3

作者	国家	分析对象	交易类型	研究发现
Bruining, Boselie, Wright & Bacon (2005)	英国和荷兰	企业	MBOs	MBO 导致增加员工的培训和技能;英国的这些效应强于荷兰
Amess, Brown & Thompson(2006)	英国	企业	MBOs	MBO 企业中的员工对自己的工作拥有更多的处置权
Work Foundation (2007)	英国	企业	MBOs, MBIs	根据 Wright, et al. (2007)和 Amess & Wright(2007a)的数据,在 MBI 中,工资一般大幅下降
Bacon, Wright, Demina, Bruining & Boselie(2008)	英国和荷兰	企业	MBOs, MBIs, PE 支持的和非 PE 支持的	内部人领导的 Buyout(非 PE 支持)体现出极大的管理层承诺行为;而 PE 支持的 Buyout 的管理层承诺行为增加较少
Bacon, Wright, Scholes & Meuleman (2009)	泛欧洲	企业	所有的 PE 支持的 500 万欧元以上的 Buyout 交易	对工会的认知、成员的态度等变化不明显;由于各种监管规制,减员和降薪很少发生;大部分企业报告说咨询委员的作用增强,对企业决策、绩效考核、未来计划等进行干预;PE 机构根据社会环境调整计划;各国传统产业关系的差异依然
Boselie & Koene (2009)	荷兰	企业	单个企业的 PE 支持的 Buyout 谈判	在 PE 支持的 Buyout 交易中,远离的高层管理者对员工承诺和信任有负面效应,扩大了不稳定感,使得人力资源的改变无效。负债压力主导了高层管理者的决策,使得管理层的其他行为受限制。分支机构的人力资源经理关注分支机构自身的职责,增加了总部与分支机构的政治关系。高层管理者进行显示的人事管理设计和组织是很重要的。但人力资源经理作为一线经理的商业伙伴,导致总部与分支人力资源部门之间的紧张,限制了地方人力资源部门进行有预见性的公司人事管理提议

　　杠杆收购中采用的负债产生了抵税效应,但是很难准确估算。卡普兰(1989a)认为,因负债抵免的税收可以解释企业价值增量的 4%—40%。4%的数字是假设杠杆收购的负债在 8 年内还清,个人所得税完全抵消了公司所得税的抵税效应;而 40%的数字是假设杠杆收购的负债是永续存在的,并没有考虑个人所得税抵消效应,真实效果可能介于两者之间。因此,在 20 世纪 80 年代采取高杠杆负债收购的情形下,税收抵免对企业价值增量的贡献在 10—20 个百分点。在单纯由于负债产生的税收抵免和由收购后企业经营绩效提高而增加的税收之间存在抵消,后者大于前者。因此,总体上看,杠杆收账后带来的政府税收是增加的。进入 21 世纪以后,美国等西方国家的公司所得税率开始下降,

PE 收购中采取的负债也在大幅度下降,因此,负债的抵税效应确实增加了企业价值,但是效应在下降,很难准确计算。见表8.4。

表 8.4 MBO/LBO 的税收影响

作者	国家	交易类型	研究发现
Schipper & Smith(1988)	美国	LBOs	税收节约只占 LBO 价值获益部分的小部分;在估计的税收节约和收购要约溢价之间存在显著的相关性
Jensen,Kaplan & Stiglin(1989)	美国	LBO	政府的全部税收并未因为 LBO 而减少
Kaplan(1989b)	美国	LBOs	税收节约只占 LBO 价值获益部分的小部分;在估计的税收节约和收购要约溢价之间存在显著的相关性
Muscarella & Vetsuypens(1990)	美国	反向 LBO（RLBO）	控制样本公司和 Buyout 公司的税率几乎一致
Newbould,Chatfield & Anderson(1992)	美国	LBOs	根据税收结构,LBO 会支付更多税收;LBO 支付的大量溢价部分看起来是由于债务税盾效应引起的税收减少;在 1986 年税收改革法之后,不到 50% 的 LBO 收购溢价可归于税收减少
Renneboog,Simons & Wright(2007)	英国	PTP	在 PTP 交易中,股东财富收入(收购溢价)与之前企业税收或销售收入比例之间没有显著相关性,但是收购者会对债务或股权比例较低(标志着可以获得更多负债融资和收购后获得更多的抵税)的企业给予较高溢价
Weir,Jones & Wright(2008)	英国	PTPs	在下市前,目标企业的税收与行业没有显著差异,但下市后显著低于同行业。这说明 PTP 后企业的获利能力可能下降,不仅仅是债务的税盾效应所导致

四、PE 基金如何实现退出以及发生财务困境和破产失败情况

由于私募股权基金合约具有时间期限限制,因此交易的退出对基金来说是一个重要问题。表8.5列出了 PE 投资的退出方式。从 1970—2007 年中期的全部 17 171 个交易案例中,大部分交易发生在近期,有 54% 的交易在 2007 年末尚未实现退出。因此,所有的 PE 交易中,一半以上的交易尚未退出,这说明两个问题:第一,对 PE 投资对社会经济长期影响的研究尚未到成熟时期;第二,对 PE 投资绩效的经验研究存在着选择性偏差(因为这些研究只考察了已经退出的投资)。

表 8.5 私募股权投资 PE 的退出方式及持股时间

	1970—1984 年	1985—1989 年	1990—1994 年	1995—1999 年	2000—2002 年	2003—2005 年	2006—2007 年	全部期间
已实现退出的方式								
破产	7%	5%	5%	8%	6%	3%	3%	6%
IPO	28%	25%	23%	11%	9%	11%	1%	14%
出售给战略投资者	31%	35%	38%	40%	37%	40%	35%	38%
出售给财务投资者	5%	13%	17%	23%	31%	31%	17%	24%
出售给其他 PE 机构（二次收购）	2%	3%	3%	5%	6%	7%	19%	5%
出售给管理层	1%	1%	1%	2%	2%	1%	1%	1%
其他/未知	26%	18%	12%	11%	10%	7%	24%	11%
在 2007 年中期前尚未退出的比例	3%	5%	9%	27%	43%	74%	98%	54%
投资到退出的时间								
2 年内	14%	12%	14%	13%	9%	13%		12%
5 年内	47%	40%	53%	41%	40%			42%
6 年内	53%	48%	63%	49%	49%			51%
7 年内	61%	58%	70%	56%	55%			58%
10 年内	70%	75%	82%	73%				76%

数据来源：CapitalIQ 数据库,转引自 Kaplan & Strömberg(2009)。

在全部样本中,最常见的退出方式是将公司出售给战略买家(非财务型投资者),占全部退出方式的 38%,这也被称为贸易型出售(Trade Sale)。第二选择是出售给其他的私募股权基金即二次收购,占 24%,这种方式近年来增长迅速。第三是 IPO 公开上市实现退出,占 14%,但这种退出方式近年来显著减少。

由于收购的高负债,在全部统计样本中有多少交易最终是以破产告终呢? 结论是6% 的交易最终以破产清算。考虑到 2002 年以后的交易尚无足够时间观察,因此,不包括 2002 年以后交易的破产比例为 7%。若考虑 PE 基金持股企业的平均时间为 6 年,则年度的破产比率为 1.2%,尚低于穆迪报告给出的 1980—2002 年间美国公司债券发行人年度 1.6% 的破产违约率。由于 PE 企业信息的非公开性,有 11% 的比例为未知退出方式,因此,破产的比例可能会提高。安德拉德和卡普兰(Andrade & Kaplan,1998)的研究发现,20 世纪 80 年代的大型 PTP 交易中,23% 的案例最终以破产告终。以下是西方学者对 MBO/LBO 中发生财务困境、破产原因和效果等的研究。见表 8.6。

表8.6　MBO/LBO中发生财务困境、破产的研究

作者	国家	交易类型	研究发现
Bruner & Eades (1992)	美国	LBO	由于债务利息和优先股股息的原因,企业较低的获利能力导致企业在收购后3年内无法生存
Kaplan & Stein (1993)	美国	LBO	收购交易时定价支付过多导致了财务困境
Wright, et al. (1996)	英国	MBO/MBI	失败的收购交易与未失败的交易相比,负债率更高、流动性比率更低、企业更小、劳动生产率更低
Andrade & Kaplan (1998)	美国	LBO	高财务杠杆和财务困境的净效应经过市场收益率调整后还是创造了价值
Citron, Wright, Rippington & Ball (2003)	英国	MBO/MBI	在失败的收购中,担保的债权人平均收回了62%的贷款
Citron & Wright (2008)	英国	MBO/MBI	在收购交易中,多层次的担保债权人结构并未在求偿过程中导致无效率,与其他一般担保债权人相比,收购交易中的担保债权人的清偿率显著更高
Strömberg(2008)	世界	PE支持的收购	在破产与交易规模之间没有显著相关关系;分支机构的收购显著,更不会发生财务困境;PE支持的交易更有可能发生破产倾向;破产概率在不同时间段上没有区别;对财务困境企业进行的杠杆收购显著可能失败
Demiroglu & James (2009)	美国	PTP	由声誉好的PE机构支持的收购交易更少可能发生财务困境或者破产
Wilson, Wright & Atlanlar(2009)	英国	MBO/MBI	收购交易(Buyout)的失败率高于其他非收购交易;MBI的失败率高于MBO;PE机构支持的收购交易失败率更低于非PE机构支持的收购交易

五、关于PE基金收益率的问题

关于PE基金包括MBO/LBO基金以及投资早期的风险投资(Venture Capital,简记为VC)基金的收益率,主要有下面一些问题:(1)PE基金中的绩效表现是否存在差异? (2)优秀PE基金的超额收益是怎么来的? (3)优秀PE基金的超额收益是否可以持续?

下面我们进行具体的分析。

(一)PE基金的表现确实存在很大的差异性

好的基金管理人管理的基金和差的基金管理人管理的基金,其业绩差异显著。以卡

普兰和肖尔（Kaplan & Schoar，2005）发表在《金融学期刊》上的代表性研究为例。他们统计了美国 1980—2001 年的 746 只在 500 万美元规模以上的 PE 基金，这些基金募集在 1995 年以前，到 2001 年时均已经结束。在 746 只基金中，有 78% 为 VC 基金、22% 为收购基金（Buyout）。在计算出每只基金的内部收益率后，和同时期的标准普尔 500 指数的收益率进行对比，按简单算术平均计算，全部 PE 基金的收益率略低于标准普尔指数的收益率，前者为后者的 0.96。若以收益最差的前 25%（四分位）计算，基金的收益率只相当于标准普尔指数的 0.45。但若以收益从好到差排在前面的 75% 基金计算，该指标则为 1.14，显著优于证券市场指数。卡普兰和肖尔进行了各种各样的计算，发现 PE 基金中确实存在显著的收益差异。

（二）基金业绩是否存在可持续性呢？

卡普兰和肖尔两位学者的研究发现：优秀的基金管理人（普通合伙人，General Partner，简记为 GP）的管理能力具有明显的可持续性，他们管理的 1 只基金能够超越同行业、超越指数，那么他们随后管理的第 2 只、第 3 只基金均有正的超额收益。卡普兰和肖尔的文献只发现了 3 只基金有持续的超额收益，但仅此就已经与证券投资基金存在显著区别了。一个学界公认的观点是——公募证券投资基金中并没有业绩持续性（Carhart，2002），即某明星基金经理管理的第 1 只基金成功了，第 2 只或后续的基金往往并不成功，股票投资中的超越收益往往被归结为运气好（也正因此，指数基金才大行其道）。

（三）业绩优异的 PE 基金及其绩效持续性是如何得来的呢？

学术界一般认为有两个原因。（1）PE 的基金管理人具有异质性的技能和人力资本，某些 PE 对于某类型的投资项目具有排他性的特殊能力，这被称为他们能够进行"专有性交易"（Proprietary Deal）。基金管理人具有的异质性人力资本（提供咨询和管理投入），说明 PE 基金的投资并非仅仅是提供资金，甚至资金不是主要因素。[①]（2）好的基金管理人在投资的时候，相比其他同行，能够获取更优惠的条件。比如入股目标企业的时候，能够通过和企业家、创业者谈判获取较优惠的条件（即以较低的市盈率投入资本获取股权），而企业之所以愿意接受，正是因为该 PE 管理人能够为企业带来急需的管理能力、咨询、资源网络以及看好投资者的声誉资本。

（四）优秀的 PE 管理人是否可以不断扩大其管理的基金规模呢？

PE 基金是否存在规模效应呢？研究发现，PE 基金的规模与绩效之间是正向关系，但是二者关系是凹型曲线关系，也即随着规模上升，基金绩效的增长速度变慢，套用经济学的话语，即规模的边际绩效递减（类似消费品的边际效用递减规律）。见表 8.7。这说明，PE 基金的规模增加虽然有利于提高绩效，但单位规模带来的绩效增长递减。结果就是，基金规模存在一个最优点，超过最优规模之后，基金的绩效会下跌。（1）优秀的 PE 管理人的管理才能、人力资本包括投入的时间，无法随着资金的增加而同比例增加，也即

---

① 2010 年以来，笔者在参加多个国内私募股权投资论坛时，经常发现国内某些顶级 PE 管理人挂在嘴边的话语："PE 是聪明的钱"、"PE 是辛苦的钱"。这些话语也就是在说，PE 管理人具有异质性人力资本。

PE 管理人的管理能力没有规模效应。这个论断与前面是一致的,即 PE 行业并非仅仅投钱,而是要投入普通合伙人的管理能力、资源、时间、精力等。(2)PE 管理人无法在某些好的项目中投入更多的钱,或者找到更多同样好的项目。就像国内目前的快速消费品行业如食品、快餐等,企业的盈利能力和成长性均很好,但 PE 很难将钱投进去。另外,在某一个行业的起步时期,好的投资对象并不多。

表 8.7　LBO/MBO 基金的收益率研究

作者	国家	交易类型	研究发现
Kaplan(1989)	美国	LBO 基金	并购基金投资者获得了市场指数调整后收益率 37%(中位数)
Ljungqvist & Richardson(2002)	美国	VC 基金和 LBO 基金	1981—1993 年募集的成熟阶段,投资基金在扣除费用后的内部回报率(Internal Rate of Return,简记为 IRR)超过了标普 500 指数收益;基金收益率与投资时机和目标公司风险显著相关;并购基金一般收益率超过了 VC 基金,收益率的差异部分是源自交易中采用的投资杠杆不同
Jones & Rhodes-Kropf (2003)	美国	VC 基金和 LBO 基金	LBO 基金取得按价值加权的 IRR 为 4.6%,而 VC 基金的价值加权的 IRR 为 19.3%,这一结论和投资者承担的风险因素不同一致;各基金的收益率差异很大
Cumming & Walz (2004)	美国、英国、欧洲大陆共 39 个国家	MBO/MBI、LBO 和 VC 基金	基金投资者的收益与基金的特征、法律质量和公司治理机制相关
Kaplan & Schoar (2005)	美国	VC 和 Buyout 基金	LBO 基金在扣除费用前的收益率超过了标普 500 指数,但在扣除费用后的收益率低于标普 500 指数;与共同基金不同,明星基金具有业绩的可持续性;20 世纪 80 年代成立的基金收益率更高;平均收益率的计算存在缺陷(不同市场风险的差异;对大型和首次募集基金可能存在选择性偏差);在投资繁荣时期,募集的基金往往不能继续后续募资,因此业绩也往往较差
Groh & Gottschalg (2006)	美国和非美国	MBO	美国的 Buyout 基金,风险调整后的收益显著好于标准普尔指数
Knigge, Nowak & Schmidt(2006)	多个国家	VC 和 Buyout 基金	与 VC 基金不同,Buyout 基金的绩效主要取决于基金经理的经验,而与市场择时无关
Driessen, Lin & Phalippou(2007)	美国	VC 和 Buyout 基金	在 24 年的 797 个成熟的 PE 基金中,显示 VC 基金拥有很高的市场贝塔值,而 Buyout 基金的贝塔值很低。风险调整后的 PE 基金收益率很低。大型的、经验丰富的 PE 基金的超额收益率主要来自于风险头寸的暴露,而非异常的绩效导致

续表 8.7

作者	国家	交易类型	研究发现
Froud,Johal,Leaver & Williams(2007);Froud & Williams(2007)	英国	大型和中型 PE 基金	GP(中型成功的基金)期望能够获得的分享收益为 500 万—1500 万英镑;GP(大型、成功的基金)期望能够获得的分享收益为 0.5 亿—1.5 亿英镑
Lerner,Schoar & Wongsunwai(2007)	美国	VC 和 LBO 基金	1991—1998 年间,早期和后期的 VC 基金相比 Buyout 基金有更高的收益率;不同机构类型的收益率差异明显;对业绩不太敏感、不成熟的有限合伙人(Limited Partner,简记为 LP)的存在使得表现差的 GP 能够融到新基金
Ljungqvist,Richardson & Wolfenzon(2007)	美国	LBO 基金	当机遇提升、竞争放松、信贷条件宽松的时候,已经成立的基金会加速投资获取更高的收益率;首次成立的基金对市场条件不敏感,可能投资风险更大的项目;业绩优秀的基金的后续收益率较为普通
Metrick & Yasuda (2007)	美国	VC 和 LBO 基金	与 VC 基金相比,Buyout 基金经理管理的每美元创造的收入较低;但 Buyout 基金的每个合伙人、每个投资专家的收入的现值显著超过 VC 基金经理;Buyout 经理的收入更多来自于费用,而非分享收益;Buyout 基金经理根据以前的经验募集更大规模的基金,结果导致每个合伙人带来的收入更多,而 VC 基金的每美元带来的收入下降
Nikoskelainen & Wright(2007)	英国	LBO	1995—2004 年间,英国已经实现退出的 321 个 LBO 案例,投资者的收益与 LBO 后的公司治理机制相关。基金收益与目标企业的规模、Buyout 之后进行的收购正相关,在 Buyout 和 Buyin 之间存在差别
Phalippou & Gottschalg(2007)	美国和非美国	LBO 基金	研究了 1980—2003 年间募集的基金,经过样本选择偏差和未退出投资的会计估值的调整,平均基金收率从略高于到低于基准标普 500 指数 3%。在包含基金费用的条件下,基金年度超过标普指数 3%。VC 基金的收益率差于 Buyout 基金。过去的绩效对解释基金收益最为重要
Diller & Kaserer (2008)	欧洲	VC 和 MBO 基金	基金的收益显著受到基金现金流入的影响。PE 基金的收益率由 GP 的技术以及单独的投资风险所决定

来源:Gilligan & Wright(2010)。

六、私募股权投资行业繁荣与衰退的周期循环特征

近 30 年来,PE 行业出现融资与交易规模的周期循环变化特征,若采用市场估值比例($VL/EBITDA$),即用总收购价格除以企业的经营现金流指标衡量,该指标越高,表明并购市场给予目标企业的估值越高。实践中的该市场估值指标存在显著周期性变化。第一次 PE 浪潮兴起于 1982 年前后,终结于 1989 年;第二次 PE 浪潮兴起于 2003 年前后,终结于 2007。估值比例总是在收购浪潮结束时显著高于收购浪潮开始阶段,而且第二次浪潮中的估值比例显著高于第一次浪潮。

类似的,采用($EBITDA/VL$)$/rh$ 指标,分子采用标准普尔 500 指数的 $EBITDA$ 除以企业价值,反映大型企业的经营现金收益指标(也即估值比例的倒数),分母是美林高收益债券(垃圾债券)的收益率。这个指标的含义是:如果 PE 收购全部采取垃圾债券融资,现有的美国标普 500 大型企业的投资收益率能够超过(或不足)于垃圾债券收益率多少?很明显,若该指标较高的年份,PE 基金的活动应该上升,反之,则应该下降。对该指标的实际验证发现,在 20 世纪 80 年代末期和 2005—2006 年间,PE 活动达到顶峰时期,该指标同时也达到最高区间值。

既然 PE 行业呈现典型的繁荣衰退周期循环特征,那么,其背后的原因是什么呢?学术界的研究认为,是信贷市场的起伏变化深刻影响着该行业的兴衰。当债权融资市场条件优惠时,此时相对于 PE 交易的风险而言,则可能是定价错误的。那么,对于目标企业未来的既定偿债现金流量,较低的融资成本就可以在当前融到更多的资金。那么,PE 融资和 PE 交易的规模就会增加。卡普兰和斯坦因(Kaplan & Stein,1993)证明了在 20 世纪 80 年代的杠杆收购浪潮中,垃圾债券市场的繁荣、有利的融资环境导致了收购浪潮。2007 年,金融危机的爆发反过来也说明了之前信贷市场的低利率环境导致了收购资金的充溢。

逻辑上紧接着的问题就是,为什么 PE 投资深刻依赖于信贷市场呢?原因在于,PE 基金的投资以及在杠杆收购中债务的应用,主要取决于信贷市场的状况,而并非取决于被投资企业本身实际需要的负债水平。这是 PE 领域研究的一个重大发现。

阿克塞尔森、詹金森、斯特龙伯格、魏斯巴赫(Axelson,Jenkinson,Strömberg,Weisbach,2007)研究了 1985—2007 年期间目标企业分布在全世界的 153 个大型杠杆收购,目的是解释交易中的融资结构。一般来说,世界各国各行业上市企业的资产负债率一般为 20%—30%(Rajan & Zingales,1995),而在 PE 交易的融资结构中,负债率则一般为 75%。那么,为什么 PE 收购中采取高负债呢?PE 交易的融资结构是由哪些因素决定的呢?他们的研究发现是:所有能够解释上市公司资本结构即融资结构的因素,如企业规模、盈利能力、成长能力、业绩波动性等企业自身的一些特征,都不能解释 PE 交易中所采取的负债率。但有趣的是,他们统计了 28 个可获得数据的子样本,发现这些企业在上市时期被 PE 收购之前的负债率,是可以用上述各种企业自身的特征来解释,但被 PE 收购之后采取的负债率,就不能由这些因素解释。而最主要的解释因素是:债务市场

中的利率水平。因此,该文的结论也符合 PE 实务界人士经常说的一句话:"PE 投资决策的重要因素,是看这个交易能够融到多少资金"。而 PE 最终能够融到的资金,也决定了最终的收购价格。

扬奎斯特、理查森、沃芬森(Ljungqvist,Richardson,Wofenzon,2007)研究了 1981—2000 年募集成立的 207 个 PE 基金,投资对象包括 2274 个目标企业。他们也发现 PE 的投资与利率水平变化正相关。

这些研究都说明,导致 PE 市场繁荣与衰退周期循环特征的原因在于债务融资的可获得性。既然债务信贷市场存在周期循环性,为什么上市公司的负债没有呈现周期变化特征呢?解释原因如下:(1)上市公司在信贷市场宽松、定价错误的时候,不愿增加负债,因为上市公司的投资者不喜欢高负债的企业。(2)PE 基金能够在信贷市场繁荣时多借债,因为他们是市场的常客,他们在贷款者中已经建立了声誉。伊瓦西纳和科夫纳(Ivashina & Kovner,2008),德米尔奥卢和詹姆斯(Demiroglu & James,2007)都发现,声誉越好、越著名的 PE 基金越能够获得低价的贷款和更宽松的贷款合约。(3)阿克塞尔森、斯特龙伯格、魏斯巴赫(Axelson,Strömberg,Weisbach,2009)的研究认为,PE 基金中对基金管理人的薪酬合约激励导致普通合伙人会尽量在每个交易中多负债,因为普通合伙人分享整个基金的收益,而不承担基金的损失。

卡普兰和斯特龙伯格(2009)进一步通过比较两个回归模型,试图解释基金融资规模与基金收益的相互关系。第一个回归是:用 1984—2004 年间每年成立的 PE 基金的内含报酬率的平均值作为因变量,用当年和前 1 年所有 PE 基金融资规模与美国股票市场总市值的比例作为自变量,发现二者呈现显著为负的线性关系,即当年和前 1 年的 PE 基金融资规模越大,当年的基金收益率越低。第二个回归是:采用相反的因果关系,将某年度 PE 基金全行业的融资规模作为因变量,用基金前 1 年度和前两年度的平均收益率作为自变量,发现二者之间存在显著为正的线性关系,即基金的收益越高,随后基金的融资规模越大。

如此的因果关系可以构建一个 PE 基金融资规模与收益之间的系统动态学上的正反馈环路:PE 基金某年很好的收益—更多的 PE 融资—基金收益变差—PE 基金融资减少—基金的收益变好。这个过程可以自我循环、周而复始,而这样的循环过程,正可以解释私募股权投资领域繁荣与衰退的周期性特征。

第三节　结束语

综述之,通过本课题的研究,我们认为有助于客观准确的评价和认识特殊历史背景下的中国特色 MBO,使得监管者和社会大众抛开偏见、陈见或者某种情绪化倾向来看待 MBO 这个事物。本书最后的成果主要归结为以下几点:

第一,将特殊中国经济改革开放历史背景下的上市公司管理层收购归结为"创新型

MBO"。

第二,中国特色的 MBO 并没有借助于外部高度杠杆负债融资或者外部 PE 机构的监管。收购后的董事会需要为企业的战略转型而发挥价值提升作用,这是西方 LBO/MBO 实践和理论研究的共识。在中国管理层或大股东控制下的上市公司中,董事会和独立董事在有效监督管理层和提升企业价值之间,存在双重角色扮演的要求。我们的实证研究发现,中国 MBO 公司的董事会尚未能够充分认识到并重视外部董事、独立董事对于企业的价值提升和价值增值作用。在独立董事的人选、挑战管理层和执行董事等方面,仍然存在需要提升的空间。

第三,MBO 后控制性股东也即管理层,对企业更多的是给予"支持之手",而非"攫取之手"。上市公司实际控制人或管理层的两权分离度在上升,并与 MBO 前存在显著差异。随着两权分离度的增加,MBO 公司的关联交易总规模在上升,其中主要是关联购销行为的增加。MBO 后第 3、4 年的关联交易显著异于 MBO 之前。关联交易规模的增长主要体现了控制性股东对上市公司的支持效应,而非掏空效应。

第四,在控制了行业因素之后,MBO 后上市公司的综合盈利能力、销售净利率、资产周转(运营能力)、现金流量显著好于 MBO 之前,偿债能力削弱,资本投资减少。另外,通过案例研究,我们提出了中国企业 MBO 的"自由控制资产的代理成本假说",认为在企业产权不清的状况下,管理层控制了优质资产或潜在优质资产而不愿意投入上市公司,这部分资产属于"自由控制资产";而在产权清晰后,管理层将这部分资产投入上市公司,并进行相关业务的重组,以提高上市公司的财务绩效。

第五,MBO 后企业的品牌价值获得了长远发展的保证。MBO 解决了企业的产权问题,承认了创业企业家凝聚在企业品牌中的人力资本投资积累。企业品牌价值背后是企业的产权问题。通过 MBO,企业家不仅收购了企业股权和资产,更是明晰了企业的品牌所有权,这为上市公司的品牌价值投资和长远发展提供了保证。

第六,MBO 后公司股息政策保持稳定,并没有增加股息支付、改变股息政策,而是继续维持原先的股利政策。我们发现,MBO 公司本身就是一类具有高现金分红能力的公司。因此,公司因 MBO 而改变分红政策并损害了中小股东的利益的论断是错误的。

在本章上一节"进一步研究的问题"中,我们看到:在西方 21 世纪以来的 LBO 第二次浪潮中,PE 机构的特殊作用被广泛、深入地研究,并成为金融学和管理学的一个研究热点和前沿问题。因此,我们认为,本课题的进一步研究方向是:对中国创新型 MBO 的价值创造机制进行进一步的深入论证。在中国当前的 PE 投资浪潮中,缺乏对该类机构的深入了解和研究。在中国管理层收购的实践中,也缺少私募股权投资机构的介入。具体来看,研究问题包括 PE 机构的运营机制;PE 机构对被投资企业治理的参与,如介入董事会、改革激励机制、提高运营效率等;对公司战略形成、投资、兼并收购、上市等过程的变革和引导;对 PE 机构在 MBO/LBO 企业中的"价值增值"(Value Added)、价值创造(Value Creation)作用,对 PE 机构参与国有企业重组改革、经济结构调整中的作用,PE 机构投资企业后的退出机制,创业板或中小企业板上市公司中的私募股权机构特征和作用,包括有 PE 机构支持的企业的 IPO 抑价、IPO 后的股票长期收益,等等,都需要进一步研究。

另外,对控制性股东与上市公司之间的关联交易行为的变化需要进一步的深入研究,需要进行更深入的案例研究,仅仅进行样本统计描述和回归分析是不够的。本书进行的样本统计和回归分析,略去了各个案例的特殊性。在当前中国上市公司关联交易"隐蔽性"不断加强的趋势下,更需要进一步的案例研究。MBO 中管理层股东的特殊性使得该类公司与一般民营控股企业关联交易的性质和特征可能存在差异。

最后,对创业企业家的股权传承问题的研究,也是未来 MBO 研究的方向之一。西方 MBO 的最主要动机之一就是:私人企业、家族企业的创始人要解决股权退出问题。本书界定的 19 家样本 MBO 公司的企业家,都属于中国改革开放后的第一代企业家,他们通过 MBO 实现了股权清晰,解决了中国特色的历史问题。但随着他们年龄的衰老,如何实现股权继承或者退出?在股权分置改革完成以后,这批通过 MBO 实现了控股权的管理者,如何退出企业、寻找到接班人?他们的控股权转让给谁才最有利于企业的发展?二次 MBO(Secondary MBO)可能是一种出路,也即通过现有管理层实现对创业者股东股权的全盘收购。在目前私募股权资本爆发性增长的今天,是否会出现更大范围的民营企业、国有企业实施以西方 Buyout 类型操作的管理层收购和杠杆收购,我们拭目以待。

参考文献

英文部分

1. Gilligan, J. & M. Wright. Private equity demystified (2nd edition) [M]. London: ICAEW, 2010.

2. Walter, C. E. & Howie, F. J. T.. Privatizing China: the stock markets and their role in corporate reform[M]. Singapore : John Wiley & Sons(Asia) Pte Ltd, 2003.

3. Wood, G., Wright, M.. Private Equity and Human Resource Management: An Emerging Agenda, Human Relations[M]. Forthcoming 2010.

4. Wright, M., T. Buck, I. Filatotchev. Corporate governance in transition economics [A]. K. Keasey, S. Thompson & M. Wright. Corporate Governance: Accountability, Enterprise and International Comparisons[C]. 2005, Chapter 17: 415-442.

5. Liu, G. & Sun, P.. Ownership and control of Chinese public corporations: a state—dominated corporate governance system[A]. K. Keasey, S. Thompson & M. Wright. Corporate Governance: Accountability, Enterprise and International Comparisons [C]. 2005, Chapter 16: 389-414.

6. Cornelli, F. & Karakas, O., Private equity and corporate governance: do LBOs have more effective boards? [A]. Lerner, J. & Gurung, A.. The Global Impact of Private Equity Report 2008[C]. Globalization of Alternative Investments, Working Papers Volume 1, World Economic Forum, 2008: 65-84.

7. Strömberg, P.. The new demography of private equity[A]. Lerner, J. & Gurung, A. (eds). The Global Impact of Private Equity Report 2008 [C]. Globalization of Alternative Investments, Working Papers Volume 1, World Economic Forum, 2008: 3-26.

8. Acharya, V., Kehoe, C. & Reyner, A.. Private Equity vs PLC Boards in the U. K. : A comparison of practices and effectiveness[J]. Journal of Applied Corporate Finance, 2009, 21(1): 45-56.

9. Amess, Kevin. The effects of management buyouts on firm-level technical inefficiency: evidence from a panel of UK machinery and equipment manufacturers [J]. The Journal of Industrial Economics, 2003, Volume L1(3): 35-44.

10. Amess, Kevin & Mike Wright. The Wage and Employment Effects of Leveraged Buyouts in the UK[J]. International Journal of the Economics of Business, 2007, 14 (2):179-95.

11. Andrade, Gregor & Steven Kaplan. How Costly is Financial (Not Economic Distress)? Evidence from Highly Leveraged Transactions That Became Distressed [J]. Journal of Finance, 1998, 53(5):1443-94.

12. Ulf Axelson, Per Stromberg & Michael S. Weisbach. Why Are Buyouts Leveraged? The Financial Structure of Private Equity Funds[J]. Forthcoming in Journal of Finance, 2009.

13. Barney, J. , M. Wright & D. Ketchen. The Resource Based View of the Firm: Then Years After 1991[J]. Journal of Management, 2001(27):625-642.

14. Bruton, G. & D. Ahlstrom. An institutional view of China's venture capital industry Explaining the differences between China and the West[J]. Journal of Business Venturing, 2003(18):233-259.

15. Bruner, R. & L. Paine. Management Buyouts and Managerial Ethics[J]. California Management Review, 1988(30):89-106.

16. Cheung, Y-L. , P. R. Rau & A. Stouraitis. Tunneling, propping, and expropriation: Evidence from connected party transactions in Hong Kong[J]. Journal of Financial Economics, 2006(82):343-386.

17. Claessens, S. , Djankov, S. & Lang, L. H. P.. The separation of ownership and control in East Asian corporations[J]. Journal of Financial Economics, 2000(58):81-112.

18. Cumming, D. , Siegel, D. S. & Wright, M. , Private equity, leveraged buyouts and governance[J]. Journal of Corporate Finance, 2007, 13(4):439-460.

19. Djankov, S. , R. La Porta, F. Lopez-de-Silanes & A. Shleifer. The law and economics of self-dealing[J]. Journal of Financial Economics, 2008(88):430-465.

20. Filatotchev, I. , K. Starkey & M. Wright. The Ethical Challenge of Management Buyouts as a Form of Privatization in Central and Eastern Europe[J]. Journal of Business Ethics, 1994(13):523-532.

21. Faccio, M. & L. Lang. The ultimate ownership of western European corporations [J]. Journal of Financial Economics, 2002(65):365-395.

22. Gottschalg, Oliver. Private equity and leveraged buyouts[J]. Study for the European Parliament, IP/A/ECON/IC/2007-25.

23. Harris, Richard, Donald Siegel & Mike Wright. Assessing the Impact of Management Buyouts on Economic Efficiency: Plantlevel Evidence from the United Kingdom[J]. The Review of Economics and Statistics, 2005, 87(1):148-53.

24. Holthausen, D. & D. Larcker. The Financial Performance of Reverse Leveraged Buyouts[J]. Journal of Financial Economics, 1996, 42(3):293-332.

25. Houston, D. & J. Howe. The Ethics of Going Private[J]. Journal of Business Ethics, 1987(6):519-525.

26. Jensen, M. C.. Agency costs of free cash flow, corporate finance and takeovers[J]. American Economic Review, 1986, 76(2):323-329.

27. Jensen, Michael. Eclipse of the Public Corporation[J]. Harvard Business Review, 1989, 67(5):61-74.

28. Jensen, M. C., The modern industrial revolution, exit, and the failure of internal control systems[J]. Journal of Finance, 1993, 48(3):831-880.

29. Jones, T. & R. Hunt. The Ethics of Management Buyouts Revisited[J]. Journal of Business Ethics, 1991(10):833-840.

30. Kaplan, Steven. Management Buyouts: Evidence on Taxes as a Source of Value[J]. Journal of Finance, 1989a, 44(3):61-32.

31. Kaplan, Steven. The Effects of Management Buyouts on Operating Performance and Value[J]. Journal of Financial Economics, 1989b, 24(2):217-54.

32. Kaplan, Steven & Antoinette Schoar. Private Equity Returns: Persistence and Capital Flows[J]. Journal of Finance, 2005, 60(4):1791-1823.

33. Kaplan, S. N. & Stromberg, P.. Leveraged buyouts and private equity[J]. Journal of Economic Perspectives, 2009, 23(1):121-146.

34. Lintner, J.. The Distribution of Income of Corporations among dividends, Retained Earning, and Taxes[J]. American Economic Review, 1956:46.

35. Lowenstein, L.. Management Buyouts [J]. Columbia Law Review, 1985 (85): 730-784.

36. Lynall M., B. Golden, A. Hillman. Board composition from adolescence to maturity: a multitheoretic view[J]. Academy of Management Review, 2003, 28(3):416-431.

37. Meuleman, M., K. Amess, M. Wright, L. Scholes. Agency, strategic entrepreneurship, and the performance of private equity-backed buyouts[J]. Entrepreneurship Theory and Practice, 2009, 33(1):213-239.

38. Miller, M. H. & Modigliani F.. Dividend Policy, Growth, and the Valuation of Shares[J]. The Journal of Business, 1961(10).

39. Nikoskelainen, E. & M. Wright. Value creation and corporate governance in leveraged buyouts[J]. Journal of Corporate Finance, 2007, 13 (4).

40. Peng, Qian, K. C. Wei & Zhishu Yang. Tunneling or propping: evidence from connected transactions in China [J]. Journal of Corporate Finance, 2011 (17): 306-325.

41. Schadler, F. & J. Kahns. The Unethical Exploitation of Shareholders in Management Buyout Transactions[J]. Journal of Business Ethics, 1990(9):595-602.

42. Smith, Abbie J.. Corporate ownership structure and performance: the case of management buyouts[J]. Journal of Financial Economics, 1990(27):143-164.

43. Sun, P. , M. Wright & K. Mellahi. Is Entrepreneur-Politician Alliance Sustainable During Transition? The Case of Management Buyouts in China[J]. Management & Organization Review, 2010(6):101-122.

44. Wright M. , Thompson, S. & Robbie, K.. Venture capital and management-led leveraged buyouts: A European perspective[J]. Journal of Business Venturing, 1992 (7):47-71.

45. Wright, M. , I. Filatotchev, T. Buck & K. Robbie. Accountability and Efficiency in Privatisation by Buyout in CEE[J]. Financial Accountability and Management, 1994 (10):195-214.

46. Wright, M. , Hoskisson, R. E. , Busenitz, L. W. & Dial, J.. Entrepreneurial growth through privatization: the upside of management buyouts [J]. Academy of Management Review, 2000, 25(3):591-601.

47. Wright, M. , Hoskisson, R. E. & Busenitz, L. W.. Firm rebirth: buyouts as facilitators of strategic growth and entrepreneurship[J]. Academy of Management Executive, 2001, 15(1):111-125.

48. Wright, Mike. , Robert E. Hoskisson, Lowell W. Busenitz & Jay Dial. Finance and management buyouts: agency versus entrepreneurship perspectives [J]. Venture Capital, 2001, Vol. 3, (3):239-261.

49. Wright, M.. Venture capital in China: A view from Europe[J]. Asia Pacific Journal of Management, 2007(24):269-281.

50. Zahra, S. A. Corporate Entrepreneurship and Financial Performance: the case of management leveraged buyouts[J]. Journal of Business Venturing, 1995, 10(3):225-247.

51. Zahra, S. , I. Filatotchev & M. Wright. How do Threshold Firms Sustain Corporate Entrepreneurship? The Role of Boards and Absorptive Capacity [J]. Journal of Business Venturing, 2010(24):248-260.

52. Wright, M. , Burrows, A. , Ball, R. , Scholes, L. , Meuleman, M. & Amess, K.. The implications of alternative investment vehicles for corporate governance: a survey of empirical research [R]. Report prepared for the Steering Group on Corporate Governance. Paris: OECD, 2007.

53. Acharya, Viral, Moritz Hahn & Conor Kehoe. Corporate Governance and Value Creation Evidence from Private Equity [EB/OL]. http://papers. ssrn. com/sol3/

papers. cfm? abstract_id＝1324016.

54. Ulf Axelson, Tim Jenkinson, Per Stromberg & Michael S. Weisbach. Leverage and Pricing in Buyouts: An Empirical Analysis[EB/OL]. http://papers. ssrn. com/sol3/papers. cfm? abstract_id_1027127.

55. Cao, Jerry X. & Josh Lerner. The Performance of Reverse Leveraged Buyouts[EB/OL]. http://papers. ssrn. com/sol3/papers. cfm? abstract_id_937801.

56. Davis, Steven, John Haltiwanger, Ron Jarmin, Josh Lerner & Javier Miranda. Private Equity and Employment[EB/OL]. U. S. Census Bureau Center for Economic Studies Paper CES-WP-2008-08-07. http://papers. ssrn. com/sol3/papers. cfm? abstract_id_1107175.

57. Guo, Shouron, Edith Hotchkiss & Weihong Song. Do Buyouts (Still) Create Value? [EB/OL]. http://papers. ssrn. com/sol3/papers. cfm? abstract_id_1108808.

58. Lerner, Josh, Morten Sorensen & Per Stromberg. Private Equity and Long Run Investment: The Case of Innovation[EB/OL]. http://papers. ssrn. com/sol3/papers. cfm? abstract_id_1088543.

59. Ljungqvist, Alexander, Matthew Richardson & Daniel Wolfenzon. The Investment Behavior of Buyout Funds: Theory and Evidence[EB/OL]. http://papers. ssrn. com/sol3/papers. cfm? abstract_id_972640.

60. Metrick, Andrew & Ayako Yasuda. Economics of Private Equity Funds[EB/OL]. Forthcoming in Review of Financial Studies, http://papers. ssrn. com/sol3/papers. cfm? abstract_id_996334.

61. Ludovic Phalippou & Oliver Gottschalg. Performance of Private Equity Funds[EB/OL]. Forthcoming in Review of Financial Studies, http://papers. ssrn. com/sol3/papers. cfm? abstract_id＝473221.

62. Weir, Charlie, Peter Jones & Mike Wright. Public to Private Transactions, Private Equity and Performance in the UK: An Empirical Analysis of the Impact of Going Private[EB/OL]. http://papers. ssrn. com/sol3/papers. cfm? abstract_id_1138616.

中文部分

【书籍】

1. 段亚林. 论大股东股权滥用及实例[M]. 北京:经济管理出版社,2001.

2. 段传敏. 科龙革命 500 天[M]. 广州:广州出版社,2002.

3. 胡杰武. 股权风云——中国上市公司管理层收购案例全集[M]. 北京:中国经济出版社,2008.

4. 刘凤军. 品牌运营论[M]. 北京:经济科学出版社,2000.

5. 刘岩. 管理层收购的困境与对策[M]. 北京:人民出版社,2006.

6. 郎咸平.中国式 MBO[M].北京:东方出版社,2006.

7. 毛蕴诗,汪建成.广东企业 50 强——成长与重构[M].北京:清华大学出版社,2005.

8. 宁向东.公司治理理论[M].北京:中国发展出版社,2005.

9. 宋泓明.MBO 与中国国有企业改革[M].北京:中国金融出版社,2006.

10. 上海证券交易所研究中心.中国上市公司治理报告(2004—2010 年各年分册)[M].
上海:复旦大学出版社,上海大学出版社,2004—2010.

11. 王静.品牌有价:1995—2004 中国品牌价值报告[M].北京:企业管理出版社,2005.

12. 王苏生,彭小毛.管理层收购——杠杆收购及其在公司重组中的应用[M].北京:中国
金融出版社,2004.

13. 魏建.管理层收购的成功之路[M].北京:人民出版社,2005.

14. 吴敬琏.当代中国经济改革教程[M].上海:上海远东出版社,2010.

15. 徐南铁.大道苍茫:顺德产权改革解读报告[M].广州:广东人民出版社,2002.

16. 原红旗.中国上市公司股利政策分析[M].北京:中国财政经济出版社,2004.

17. 张军.中国企业的转型道路[M].上海:格致出版社,2008.

18. 张立勇.中国上市公司管理层收购研究[M].北京:中国财政经济出版社,2005.

19. 周其仁.挑灯看剑——观察经济大时代[M].北京:北京大学出版社,2006.

20. [日]片庭浩久.管理层收购[M].张碧清译.北京:中信出版社,2001.

【论文】

21. 蔡昉.乡镇企业产权制度改革的逻辑与成功的条件——兼与国有企业改革比较[J].
经济研究,1995(10).

22. 陈国辉,赵春光.上市公司选择股利政策动因的实证研究[J].财经问题研究,2000(5).

23. 段海虹,范海洋.我国上市公司实施 MBO 后经营行为类比分析[J].上市公司,2003(1).

24. 何光辉,杨咸月.上市公司管理层收购的总体绩效与结构效应[J].经济科学,2007(2).

25. 何光辉,杨咸月.MBO 的金融与实体绩效研究综述[J].经济前沿,2009(6).

26. 李增福,唐春阳.中国上市公司股利分配行业差异的实证研究[J].当代经济科学,
2004(5).

27. 廖洪,张娟.我国上市公司管理层收购的财务绩效分析[J].经济管理,2004(22).

28. 廖理,张学勇.全流通纠正终极控制者利益取向的有效性——来自中国家族上市公司
的证据[J].经济研究,2008(8).

29. 林海.股利政策与上市公司收益的实证研究[J].世界经济,2000(5).

30. 刘德光.中国管理层收购的公平与效率——一个实证分析[J].经济社会体制比较,
2005(1).

31. 吕长江,韩慧博.股利分配倾向研究[J].经济科学,2001(6).

32. 吕长江,王克敏.上市公司股利政策的实证分析[J].经济研究,1999(12).

33. 毛道维,等.1999—2002 年中国上市公司 MBO 实证研究[J].中国工业经济,2003(10).

34. 谭劲松,郑国坚.产权安排、治理机制、政企关系与企业效率——以"科龙"和"美的"为

例[J].管理世界,2004(2).

35. 王红领,李稻葵,雷鼎鸣.政府为什么会放弃国有企业的产权[J].经济研究,2001(8).

36. 汪伟,金祥荣,汪淼军.激励扭曲下的管理层收购[J].经济研究,2006(3).

37. 魏建.管理层收购的失败与避免失败[J].经济管理,2003(10).

38. 魏建.股东筛选、财富转移与投资者保护[J].学术月刊,2004(11).

39. 魏兴耘.我国上市公司MBO实施效应及相关问题探讨[J].证券市场导报,2003(6).

40. 杨淑娥,等.我国股利分配政策影响因素的实证分析[J].会计研究,2000(2).

41. 杨咸月,何光辉.上市公司管理层收购的绩效出现结构性变化[J].中国工业经济,2007(1).

42. 杨咸月,何光辉.从"中关村"论我国管理层收购"做亏模式"的控制[J].中国工业经济,2006(7).

43. 益智.中国上市公司MBO的实证研究[J].财经研究,2003(5).

44. 赵燕凌.商标战华润获胜,东阿阿胶前景却蒙阴影[J].证券市场周刊,2005(49).

45. 赵燕凌,刘维志.黯然谢幕东阿阿胶[J].证券市场周刊,2006(29).

46. 周其仁."控制权回报"与"企业家控制的企业"[J].经济研究,1997(5).

47. 朱红军,陈继云,喻立勇.中央政府、地方政府和国有企业利益分歧下的多重博弈与管制失效——宇通客车管理层收购案例研究[J].管理世界,2006(4).

48. 李康,等.我国非全流通股权结构下实施MBO与大比例分红的理论与实证研究[N].证券时报,2003-05-21.

已发表的国家社科基金课题论文成果

1. Yao Li,Mike Wright,Louise Scholes . Chinese Management Buyouts and Board Transformation[J]. Journal of Business Ethics,2010(95):361-380.

2. Mike Wright,Yao Li,Louise Scholes. Management Buyout in Transition China[M]// Entrepreneurship,Governance and Ethics. Germany:Springer-Verlag. 2011.

3. 李曜.私募股权投资浪潮及其前沿问题[J].证券市场导报,2010(6).

4. 李曜.传统董事会亟待更换PE新引擎[J].董事会,2009(11).

5. 李曜.两种股权激励方式的特征、应用与证券市场反应的比较研究[J].财贸经济,2009(2).

6. 李曜.品牌价值长远发展的产权视角——青岛双星事件的思索[J].董事会,2008(6).

7. 李曜,袁争光.后MBO上市公司进行高现金分红了吗?[J].南开管理评论,2008(1).

8. 李曜.品牌价值与产权改革——MBO后的美的电器案例研究[J].当代经济科学,2008(1).(全文转载于中国人民大学复印报刊资料,《企业管理研究》F31,2008年第5期).

9. 李曜.企业管理层股票期权计划的价值评估[J].金融研究,2006(2).

10. 李曜,梁健斌.MBO后我国上市公司治理绩效四效应的实证研究[J].南开管理评论,2006(1).

11. 李曜,管恩华.上市公司股票增值权激励效果的实证研究[J].商业经济与管理,2005(10).

12. 李曜.中国上市公司管理层收购效应的实证研究[J].上海财经大学学报,2004(3).

13. 李曜.管理层收购中的默择为基金[J].证券市场导报,2004(5).

入选国际国内学术研讨会的论文

1. 李曜.管理层收购效应与自由控制资产假说[C].汕头大学"会计学与财务学国际学术研讨会".广东汕头,2005年6月.

2. 李曜.MBO后我国上市公司治理绩效四效应的实证研究[C].南开大学第三届公司治理国际研讨会.天津,2005年11月.

3. 李曜.后MBO公司进行了高现金分红吗?[C],品牌价值与产权改革[C].南开大学第四届公司治理国际会议.天津,2007年11月.

4. 李曜.股权激励的两种主流方式孰优孰劣——股票期权与限制性股票的比较研究[C].上海市社会科学界第六届学术年会.上海,2008年12月.

5. Yao Li, Wright Mike, Scholes Louise. Chinese Management Buyouts and Board Transformation[C]. At European Journal of Finance/Journal of Business Ethics, Joint Special Issues Conference on Law. Ethics and Finance, York University, Toronto,Canada,16-18th September 2010.

后　记

本书是在我主持的国家社科基金课题成果基础上修改完善而成。从 2005 年底获得基金资助到课题完成，前后的研究达 5 年之久。原本计划在 3 年内完稿，可实际工作起来，才发现最初的设想过于乐观了。

管理层收购（MBO）在 2004 年前后是国内非常热门的一个经济问题，争议极大，毁誉并存，不过总体上看负面的谴责远远超过正面的美誉。带着弄清真相，剖析中国 MBO 的特殊情形特别是 MBO 后企业的变化，我对杠杆收购（LBO）、管理层收购进行了深入研究和调研，最终形成了本书的成果。在本课题的研究中，我也着重研究了西方 MBO 的背景及其演变，结果发现西方社会对这个经济现象的评价一样是毁誉参半，情形和国内并无二样。西方的社会舆论和左派社会力量往往聚焦于资本家的贪婪、被收购企业员工的悲惨处境、对社会公平的破坏等，而西方的理论学者则往往执着于研究 MBO 在资源配置效率的提高、企业绩效的改善、股东价值的提升等方面，唱赞歌的更多。兴起于 20 世纪 80年代的 MBO/LBO，在 21 世纪以后再次复兴，并且更换了一个新的名字——"私募股权投资"（PE）。此次的 PE 浪潮从融资规模和投资对象来看，都远较以前更大，对社会的影响也更为广泛深远。直至当前，仍然吸引着众多学者和社会舆论的广泛关注。

按照我的理解，这个经济现象从总体上说，就是"效率与公平"这一对永恒矛盾的具体体现。本书的研究成果仅仅是从一个方面反映了中国经济改革中主要为解决历史问题（产权清晰问题）的 19 家中国上市公司的管理层收购变革，而未来更广泛的、类似于西方 Buyout 类型的收购、有 PE 基金担任主导的管理层收购和杠杆收购，还需要专门研究。

我于 2009—2010 年间在英国诺丁汉大学商学院管理层收购和私募股权研究中心（CMBOR）访学，在这里，我要感谢国家留学基金和上海财经大学资助我前往 CMBOR 访问，让我得以全面了解英国及欧洲管理层收购发展的历史和现状；感谢中心主任 MikeWright 教授和研究员 Louise Scholes 博士的热情邀请，并和我进行了多次讨论。从Mike 的诸多著作以及在我们（包括 Louise）后续一起进行的论文合作过程中，我深受启发。我从 Mike 身上看到了国际顶尖学者的超强理论思辨能力、智慧、勤奋与执着，这种孜孜以求、锐意进取的学术精神鞭策着我不断前行。Mike 现在离开了诺丁汉，前往伦敦帝国理工学院工作，我衷心祝他好运。

在本书的一些篇章中，我指导的研究生梁建斌、袁争光、宋春英、祝超、何帅、高成琳、王文雅、李勇等，他们和我一起撰写了相关章节的初稿；博士生张子炜进行了部分数据后期的更新处理工作。

感谢国家社会科学基金的支持,感谢国家留学基金的资助,感谢上海财经大学 211 项目的相关支持。

感谢我的家人——妻子汪海宁对我工作的支持,她给我提供了宽松自由的工作环境。我的孩子睿睿现在刚刚入学,已经遇到了学习上的困难,但我坚信他一定会克服并取得进步。

感谢世界图书出版公司吴小丹编辑等的辛苦工作。

一位获得诺贝尔奖的社会学家曾说过:"只有对这个世界怀有刻骨铭心的爱的人,才能获得真正的幸福。"完成本书搁笔之时,我对以上提及以及未能提及的在本项目的研究中帮助过我的人心怀深深的感激。我庆幸,学术研究工作能够让我心灵宁静、让我对众多人心怀感恩,从而体会到了人生真正的幸福。

李　曜

2011 年 11 月末讲学途中

于云南昆明翠湖畔

附表1 MBO样本公司的金字塔控制链(现金流权、控制权、两权分离度,按自然年度 2001—2007年)

代码	公司名称	layer1	type1	cash1(%)	voting1(%)	level1	type2	layer2	cash2(%)	voting2(%)	level2	type3	layer3	cash3(%)	voting3(%)	level3	type4	layer4	cash4(%)	voting4(%)	level4	type5	layer5	cash5(%)	voting5(%)	level5	type6	layer6	cash6(%)	voting6(%)	level6	type7	layer7	cash7(%)	voting7(%)	level7
000023	深天地A	3	深圳市国资委	66.71	66.71	1.00	深圳市国资委	3	66.71	66.71	1.00	集体控股	4	29.68	40.00	1.35	集体控股	4	29.68	40.00	1.35	集体控股	4	29.68	40.00	1.35	集体控股	4	25.09	33.81	1.35	集体控股	4	31.85	33.81	1.06
000055	方大A	3	个人控股	24.32	27.36	1.12	个人控股	3	24.29	27.33	1.12	个人控股	3	24.29	27.33	1.12	个人控股	3	24.29	27.33	1.12	个人控股	3	23.82	26.85	1.13	个人控股	3	19.99	22.54	1.13	个人控股	3	15.58	17.45	1.12
000062	深圳华强	3	集体控股	52.50	52.50	1.00	集体控股	3	52.50	52.50	1.00	集体控股	5	15.01	45.00	3.00	集体控股	5	15.01	45.00	3.00	集体控股	5	15.00	45.00	3.00	集体控股	5	13.15	45.00	3.42	集体控股	5	7.19	45.00	6.26
000407	胜利股份	3	集体控股	17.31	17.31	1.00	集体控股	3	18.12	18.12	1.00	集体控股	3	18.12	18.12	1.00	集体控股	3	18.12	18.12	1.00	集体控股	3	18.12	18.12	1.00	集体控股	3	14.23	14.23	1.00	集体控股	3	9.23	9.23	1.00
000527	美的电器	4	个人控股	15.82	30.68	1.94	个人控股	4	15.82	30.68	1.94	个人控股	4	15.82	30.68	1.94	个人控股	4	15.82	30.68	1.94	个人控股	4	15.82	30.68	1.94	个人控股	4	25.19	50.87	2.00	个人控股	4	43.76	50.91	1.16
600066	宇通客车	3	郑州市政府	17.19	17.19	1.00	郑州市政府	3	17.19	17.19	1.00	郑州市政府	3	17.19	17.19	1.00	集体控股	4	13.72	18.92	1.38	个人控股	4	27.65	27.65	1.00	集体控股	3	31.40	31.40	1.00	集体控股	3	30.36	31.40	1.03
600079	人福科技	3	集体控股	22.08	29.76	1.35	集体控股	3	19.15	25.81	1.35	集体控股	3	21.29	28.69	1.35	集体控股	3	15.53	20.93	1.35	集体控股	3	15.53	20.93	1.35	集体控股	3	15.83	21.33	1.35	集体控股	3	12.41	16.72	1.35
600089	特变电工	2	集体控股	21.11	21.11	1.00	集体控股	2	21.11	21.11	1.00	集体控股	3	11.04	14.06	1.27	个人控股	3	11.04	14.06	1.27	个人控股	3	11.04	14.06	1.27	个人控股	3	10.28	13.10	1.27	个人控股	3	10.28	13.10	1.27
600105	永鼎股份	3	家族控股	49.86	49.86	1.00	家族控股	3	47.80	47.80	1.00	家族控股	3	47.80	47.80	1.00	家族控股	3	43.24	45.74	1.06	家族控股	3	34.79	36.80	1.06	家族控股	3	34.79	36.80	1.06	家族控股	3	34.79	36.80	1.06
600193	创兴置业	4	个人控股	26.58	49.59	1.87	个人控股	4	26.58	49.59	1.87	个人控股	4	26.58	49.59	1.87	个人控股	4	26.58	49.59	1.87	个人控股	4	26.58	49.59	1.87	个人控股	4	26.58	49.59	1.87	个人控股	4	17.85	32.81	1.84
600257	洞庭水殖	2	国有资产管理局	21.79	21.79	1.00	集体控股	4	23.57	29.90	1.27	集体控股	4	23.57	29.90	1.27	集体控股	4	29.47	29.91	1.02	个人控股	4	29.47	29.91	1.02	个人控股	4	22.14	28.47	1.27	个人控股	4	22.37	23.48	1.05
600275	武昌鱼	3	鄂州市政府	68.69	68.69	1.00	鄂州市政府	3	68.69	68.69	1.00	集体控股	4	29.00	29.00	1.00	个人控股	3	27.25	28.19	1.03	集体控股	3	26.22	27.12	1.03	个人控股	3	22.93	23.72	1.03	集体控股	3	34.90	34.90	1.00
600295	鄂尔多斯	4	集体控股	43.36	43.80	1.01	集体控股	4	43.36	43.80	1.01	集体控股	4	43.36	43.80	1.01	集体控股	4	43.36	43.80	1.01	集体控股	4	43.36	43.80	1.01	集体控股	4	40.47	40.70	1.01	集体控股	4	40.47	40.70	1.01
600400	红豆股份	2	集体控股	70.27	70.27	1.00	个人控股	3	19.31	27.48	1.42	个人控股	4	19.45	27.48	1.42	个人控股	2	16.10	27.48	1.71	个人控股	4	16.10	27.48	1.71	个人控股	4	12.90	27.48	2.13	个人控股	4	12.90	27.48	2.13
600611	大众交通	4	集体控股	6.58	23.38	3.55	集体控股	4	5.81	23.38	4.02	集体控股	4	5.81	23.38	4.02	集体控股	4	5.37	23.38	4.35	集体控股	4	5.37	23.38	4.35	集体控股	4	3.91	20.76	5.31	集体控股	4	3.80	20.34	5.35
600635	大众公用	3	集体控股	25.33	28.14	1.11	集体控股	3	22.99	25.54	1.11	集体控股	3	22.99	25.54	1.11	集体控股	3	22.99	25.54	1.11	集体控股	3	23.28	25.87	1.11	集体控股	3	18.82	20.91	1.11	集体控股	3	18.31	20.34	1.11
600662	强生控股	3	集体控股	11.50	32.87	2.86	集体控股	3	11.50	32.87	2.86	集体控股	3	11.50	32.87	2.86	集体控股	3	11.50	32.87	2.86	集体控股	3	11.50	32.87	2.86	集体控股	3	11.50	32.87	2.86	集体控股	3	11.50	32.87	2.86
600779	水井坊	3	成都市国有资产管理局	48.44	48.44	1.00	成都市政府	3	48.44	48.44	1.00	集体控股	4	32.79	48.44	1.48	集体控股	4	32.79	48.44	1.48	集体控股	4	32.79	48.44	1.48	集体控股	4	20.25	39.71	1.96	集体控股	4	20.25	39.71	1.96
600884	杉杉股份	3	集体控股	36.66	36.66	1.00	集体控股	3	36.66	36.66	1.00	集体控股	3	23.10	36.66	1.59	集体控股	3	36.66	36.66	1.00	集体控股	3	36.66	36.66	1.00	集体控股	3	32.09	32.09	1.00	集体控股	5	32.13	32.13	1.00
	平均			33.19	38.90	1.36			31.03	32.51	1.42			23.07	32.40	1.61			23.08	31.93	1.63			23.30	31.85	1.61			21.17	30.81	1.74			21.58	29.43	1.82

注:控股层次(Layer)是从终极控制人到上市公司,包括上市公司。对于最终终极控制人为国有独资或国家的公司,一般以Cash表示现金流权,表头中voting表示投票权(控制权),Level表示两权分离度(控制权/现金流权)。表中cash1、voting1、level1、…、7分别表示2001、2002、2003、…、2007年。对于集体控股加职工持股会的公司,不再上溯到个人;公司上溯到个人中也未披露职工持股会组织的股权分配。对于集体控股加股职工持股会控股的公司,由于我国公司治理是逐步完善的,很多公司的终极控制人是从后续年报中获取相关信息的。